Guia de Configuração para o

Asterisk PBX

Como construir e configurar um PABX com software livre

Abordando as versões 11 e 12.

Flavio E. Gonçalves

Sexta Geração

6º. Edição/Março/2014

rev. 10.0

Histórico de impressão:

Primeira Edição: Março de 2005

Data do arquivo: 15/05/2014

ISBN: **978-1499576856**

Marcas registradas

Várias designações são marcas registradas. Onde as encontramos e pudemos identificar elas começam com letras maiúsculas. As marcas Digium, Asterisk, IAX e DUNDi, são marcas registradas da Digium Inc. Este trabalho não é patrocinado nem endossado pela Digium Inc.

Críticas sugestões erros de grafia

Todas as pessoas que eu conheço detestam ser criticadas. Eu não me excluo desse grupo, mas gostando ou não, as críticas, quando construtivas, são a melhor forma de evolução e melhoria constante. Este livro e o curso no qual se baseia tiveram uma boa retroalimentação de alunos e leitores durante os anos de 2005 e 2006. Os capítulos de bilhetagem e uma abordagem mais profunda de AMI e AGI contida no capítulo quatorze foram sugestões de usuários. Outra sugestão acatada foi o uso de placas Digium e configuração real nos cursos.

Por mais que nos esforcemos, sempre existem erros de grafia e conteúdo. Ficamos agradecidos a qualquer um que os aponte e nos permita corrigir. Quaisquer erros podem ser comunicados para info@sippulse.com

Prefácio

Esta é a sexta geração do eBook Asterisk Guia de Configuração, a primeira foi lançada em março de 2005. Fiz o teste do dCAP da Digium em Maio de 2006 e tive o privilégio de passar na primeira tentativa, o livro ajudou bastante, apenas dois dos vinte alunos do Asterisk Bootcamp passaram no dCAP..

O Asterisk PBX é revolucionário nas áreas de telefonia IP e PABX baseado em software. Durante anos, o mercado de telefonia foi ligado a equipamentos proprietários, fabricados por grandes companhias. A convergência de dados e voz, em pouco tempo vai fazer com que a telefonia seja apenas mais uma aplicação das redes, tornando os atuais equipamentos PABX obsoletos. Com a entrada do Asterisk, mais e mais empresas poderão experimentar recursos como URA - Unidade de Resposta Audível, DAC – Distribuição Automática de Chamadas, mobilidade, correio de voz e conferência, antes restritas a poucos usuários.

Não tive a pretensão de ensinar tudo que existe sobre o Asterisk, pois isto seria muito difícil. Minha proposta neste material é proporcionar ao leitor acesso aos principais recursos e a partir deles descobrir e implantar recursos mais avançados. Eu espero que vocês se divirtam tanto, aprendendo o Asterisk quanto eu me diverti escrevendo sobre ele.

Flávio Eduardo de Andrade Gonçalves
CTO, SipPulse Soluções de Roteamento e Bilhetagem em SIP
flavio@sippulse.com

Principais mudanças da última edição:

A última revisão do livro tinha se concentrado nas versões 1.6 e 1.8. A versão 1.8 é muito importante e uma das mais estáveis. Ela consolidou conceitos como segurança usando TLS/SRTP, suporte a IPv6 e suporte a CCSS (Call Complementary Support Services) que permite rediscar de forma automática após o telefone de destino liberar.

A versão 10 é uma versão de poucas mudanças com a introdução de Conferência de alta fidelidade abordado no capítulo "Funções Típicas de um PABX".

A versão 12 é a versão do novo canal SIP, o chan_pjsip além da nova interface ARI (Asterisk Restful Interface) que vem modernizar o AMI.

O capítulo sobre H.323 se tornou obsoleto e removemos do livro. Este capítulo não era abordado nos cursos e gerava alguma confusão. Talvez retorne em um livro avançado.

Também removemos o capítulo sobre Elastix. Apesar do Elastix continuar sendo importante na comunidade de Asterisk, ele merece um livro inteiro sobre ele. Não vou entrar aqui na polêmica entre usar o Asterisk puro versus as distribuições prontas. Ambos tem o seu lugar no mercado.

Agradecimentos

Além de agradecer minha família que tem sempre me apoiado, gostaria de agradecer a todos os colaboradores do livro ao longo destes três anos e abro aqui uma lista dos principais:

Ana Cristina Gonçalves – Logística

Clarice Loch Gonçalves – Foto da Capa

Guilherme W. Góes, dCAP – Texto e Revisão

Felipe Pasa, dCAP – Revisão nos capítulos 1,2,3 e 4 e testes no R2 digital e DAC

Convenções

Para facilitar o entendimento algumas convenções sobre formataçãoforam adotadas. Seguem abaixo as principais.

Linha de comando do Linux – Lucida Sans 9/Negrito

`Arquivo de configuração – Lucida Console 9/Negrito`

```
Console do Asterisk – Lucida Console 10 – Com borda
```

```
Output de comandos ou telas – Lucida Console 8 - Azul
```

Sumário

1

Introdução ao Asterisk

O Asterisk PBX é um poderoso software que permite transformar um ordinário PC em uma poderosa central telefônica multi-protocolo. Neste capítulo, você aprenderá sobre as possibilidades que o Asterisk pode lhe proporcionar e um pouco sobre a sua arquitetura básica. Recentemente tem crescido a popularidade de distribuições prontas como o TrixBox, Elastix e AsteriskNOW. Neste livro vamos abordar o Asterisk normal, pois ele é a base para entendermos as distribuições prontas. As distribuições prontas estão ajudando muita gente a instalar e usar o Asterisk, pois eliminam a necessidade de conhecer o Linux e sua interface de linha de comando, mas também em muitos casos acabam levando a instalações inseguras e grandes prejuízos.

Objetivos do capítulo

Ao final deste capítulo você estará apto à:

- Explicar o que é o Asterisk e qual a sua relação com outros projetos
- Descrever qual é o papel da Digium neste processo
- Reconhecer a arquitetura básica do Asterisk
- Reconhecer componentes da arquitetura tais como Codecs, Canais e Aplicações
- Apontar diversos cenários de uso do Asterisk
- Apontar as principais fontes de consulta de informação

Definições e conceitos básicos

O Asterisk é um software de PABX que usa o conceito de software livre. Ele é licenciado através de uma licença do tipo GPL – Gnu Public License. A Digium, empresa que promove o Asterisk, investe em ambos, o desenvolvimento do código fonte e em hardware de telefonia de baixo custo que funciona com o Asterisk. O Asterisk foi inicialmente projetado para operar sobre a plataforma Linux, mas hoje é possível executá-lo em outras plataformas como

OpenBSD, FreeBSD, NetBSD, MacOS X, Solaris e Windows utilizando Cygwin, com ou sem hardware conectado à rede pública de telefonia.

O Asterisk permite conectividade em tempo real entre a rede pública de telefonia e redes VoIP. A rede pública de telefonia é freqüentemente referida pela sua sigla em inglês PSTN (Public Switched Telephony Network).

O Asterisk é muito mais que um PABX padrão. Com ele você não apenas tem um excepcional upgrade do seu PABX "convencional", como também adiciona novas funcionalidades a ele, tais como:

- Mobilidade para conectar colaboradores trabalhando de casa com o PABX do escritório sobre conexões de banda larga.
- Interconexão entre escritórios em vários estados sobre as redes IP. Isto pode ser feito pela Internet ou por uma rede IP privada.
- Dar aos funcionários correio de voz, integrado com a "web" e seu e-mail.
- Construir aplicações de resposta automática por voz, que podem conectá-lo ao sistema de pedidos, por exemplo, ou ainda outras aplicações internas.
- Dar acesso ao PABX da companhia para usuários que viajam, conectados sobre VPN de um aeroporto ou hotel.
- E muito mais...

O Asterisk inclui muitos recursos que só eram encontrados em sistemas de mensagem unificada "topo de linha" como:

- Música em espera para clientes esperando nas filas, com suporte a *streaming* de media, bem como música em formato MP3.
- Filas de chamada onde agentes de forma conjunta atendem as chamadas e monitoram a fila.
- Integração com softwares para a sintetização da fala (*text to speech*).
- Registro detalhado de chamadas, CDR (*Call Detail Records*), para integração com sistemas de tarifação e bancos de dados SQL.
- Integração com reconhecimento de voz (*automatic speech recognition*).
- A habilidade de interfaceamento com linhas telefônicas analógicas e digitais como ISDN em acesso básico (2B+D) e primário (30B+D).

O que é o AsteriskNOW

O Asterisk na sua forma pura, também conhecido como Asterisk Classic (denominação do pacote Debian) hoje esta sendo considerado muito mais como um toolkit (ferramenta de desenvolvimento) do que propriamente um produto acabado. O AsteriskNOW é uma iniciativa em transformar o Asterisk em um "software appliance". A distribuição inclui um Linux customizado, uma interface gráfica e todo o software necessário para rodar o Asterisk.

A distribuição é GPL de forma que você pode baixar e usar gratuitamente. Nos últimos anos tem crescido muito o uso de distribuições deste tipo como o TrixBox e Elastix, e o AsteriskNow é certamente uma resposta a este movimento.

Qual o papel da Digium?

A Digium é sediada em Huntsville, no estado do Alabama nos EUA, e é a criadora e desenvolvedora primária do Asterisk, o primeiro PABX de código aberto da indústria. Metade do desenvolvimento é feito pela empresa e metade pela comunidade. Quando usado em conjunto com as placas de telefonia, ele oferece excelente relação custo/benefício para o transporte de voz e dados sobre arquiteturas TDM, comutadas e redes baseadas no protocolo IP.

Ela é hoje é a principal patrocinadora e mantenedora do Asterisk e um dos líderes na indústria de PABX em código aberto. Mark Spencer, seu CTO foi o criador do Asterisk e é hoje um dos nomes mais respeitados na indústria de telefonia IP.

A Digium oferece o Asterisk em três tipos de licenciamento:

- **Asterisk GPL (GNU Public License).** A licença GPL é a mais encontrada, ela permite que você use e altere o código. A restrição existente é que quaisquer alterações no código fonte têm de ser redistribuídas. Em outras palavras, se você altera o código fonte do Asterisk tem de fornecer as modificações.
- **Asterisk Business Edition.** É uma licença comercial do Asterisk. Ela não possui recursos adicionais em comparação com a versão GPL, com exceção da proteção contra cópia. A grande vantagem da licença comercial é para desenvolvedores que não desejam abrir o código fonte de seus produtos e não podem ou não querem usar a versão GPL.
- **Asterisk OEM.** Foi criado para fabricantes de centrais telefônicas que não desejam mostrar aos seus clientes que a central é baseada em Asterisk.

O projeto Zapata Telephony

O projeto Zapata Telephony foi conduzido por Jim Dixon. Ele é o responsável pelo desenvolvimento do hardware da DIGIUM e pela sua principal biblioteca, a libpri. É interessante ressaltar que o hardware também é aberto e pode ser produzido por qualquer empresa. Hoje a placa com quatro E1/T1s é produzida pela Digium, Sangoma, OpenVox, entre outras. A história do projeto Zapata Telephony pode ser vista em:

http://www.asteriskdocs.org/modules/tinycontent/index.php?id=10)

De qualquer forma, nos últimos anos tem havido um movimento forte na adoção de SIP Trunking o que deve levar a uma redução do mercado de placas de telefonia a médio e longo prazo.

Porque o Asterisk?

O Asterisk traz uma mudança profunda nos paradigmas de comercialização e implantação de sistemas de telefonia. Vamos mostrar algumas razões que estão catalisando este movimento em direção a plataforma de telefonia IP com software livre. O AsteriskNOW é um exemplo de solução que torna a instalação e a operação mais fáceis através de um CD de auto-instalação e uma interface gráfica.

Sistema aberto

Sistemas abertos mudam a relação de poder. Eles dão poder ao usuário enquanto sistemas proprietários dão poder ao fornecedor. Se você possui um sistema aberto, pode escolher o fornecedor de interfaces, telefones e serviços. Se, no entanto seu sistema usar tecnologia proprietária, o fabricante tem o poder de indicar os equipamentos e serviços dando para você muito menos poder de barganha.

Redução de custos

É um dos principais fatores que estão catalisando a adoção do Asterisk. Além do custo dos equipamentos, o Asterisk está sendo adotado, muitas vezes, em conjunto com operadoras VoIP com forte redução nas contas de telefonia. Esta redução ocorre por causa das baixas tarifas das operadoras VoIP e também pela comunicação com filiais, funcionários e representantes por linhas de dados existentes e pela Internet.

Se o custo do Asterisk for comparado com centrais digitais com os mesmos recursos, o Asterisk é sem dúvida, muito mais econômico. Recursos como correio de voz e distribuição automática de chamadas sempre foram muito dispendiosos em plataformas tradicionais de telefonia.

Controle Total

Este é um dos benefícios mais citados, ao invés de esperar alguém configurar o seu PABX proprietário (alguns nem mesmo dão a senha para o cliente final), configure você mesmo! Total liberdade de configuração e personalização.

Melhoria da Produtividade

A melhoria da produtividade vem dos recursos avançados que o sistema proporciona, como por exemplo, diretório dos usuários, o que reduz o tempo em que os usuários ficam procurando telefones dentro da empresa. Um auto-atendedor com URA, Unidade de Resposta Audível, que direciona automaticamente as ligações baseada na opção escolhida pelo usuário, sem precisar de uma telefonista. Discagem a partir de um cliente de e-mail como o Outlook. Chamada na tela do contato no Outlook quando uma chamada é recebida, entre outros. Existem ganhos de produtividade também associados a administração do PABX que agora não mais depende do fabricante da central. Através de uma interface gráfica e amigável, é possível criar ramais, salas de conferência e gerir a central como um todo.

Melhoria no Atendimento

A melhoria no atendimento pode ser sentida com recursos como correio de voz e registro de chamadas perdidas alertados por email. Estes recursos permitem a empresa retornar sempre as ligações e manter uma comunicação mais rápida com o cliente. O uso de unidade de resposta audível, filas de atendimento e música em espera permitem tornar o Asterisk uma excepcional central de atendimento.

Roda em Linux e é código aberto

Uma das coisas mais fantásticas do Linux é a comunidade de software livre. Quando eu acesso o Wiki (*http://www.voip-info.org*), ou os fóruns de software em código aberto eu percebo que a adoção de usuários é muito rápida, milhares de questões e relatos de problemas são enviados todos os dias. O Asterisk é provavelmente um dos softwares que mais pessoas têm disponíveis para testes e avanços. Entre a versão 1.0 e a 1.2, mais de 3000 modificações ou correções foram efetuadas. Isto torna o código estável e permite a rápida resolução de problemas.

Principais objeções ao Asterisk

É comum ouvirmos também objeções ao Asterisk. Vamos rebater algumas destas objeções abaixo:

A participação de mercado do Asterisk é muito pequena?

A participação no mercado é medida na maioria das vezes através do volume de vendas. Como o Asterisk é um software gratuito, ele não aparece nas estatísticas de vendas de PABX IP. No entanto são 1 milhão de downloads por ano e mais de 300.000 sistemas instalados. Este volume de sistemas é estimado pelo número de placas vendidas anualmente. De acordo com a VoIP-Supply (*http://blog.voipsupply.com*), distribuidor voltado ao mercado de VoIP, estima-se que a Digium tenha vendido mais de quatro milhões de portas de gateway (FXS, FXO e E1).

Se ele é gratuito como o fabricante sobrevive?

A Digium é uma companhia com mais de 100 funcionários muito bem capitalizada. Ela sobrevive da venda de placas de telefonia (analógicas e digitais), da venda do PBX baseado em Asterisk chamado Switchvox, licenciamento de software comercial, licenciamento de CODECs G729, treinamento, certificação e serviços. A empresa demonstrou lucro nos últimos 24 trimestres (Jun/2008).

Como encontro suporte técnico?

A Digium fornece suporte técnico para aqueles que compram a versão "Business Edition". Nos últimos anos centenas de profissionais certificados conhecidos como dCAP (Digium Certified Asterisk Professional) foram formados. Eles constituem a primeira linha para suporte e implantação de Asterisk. Este esquema é muito semelhante ao usado por todos os outros fabricantes de equipamentos para telefonia IP.

O Asterisk não suporta mais de 200 ramais?

Isto não é verdade. Um único servidor é capaz de suportar centenas de ligações simultâneas e milhares de ramais. O Asterisk é altamente escalável com o uso de balanceadores de carga e um projeto adequado.

Só "nerds" conseguem instalar o Asterisk!

Com o AsteriskNOW ou outra distribuição pronta, qualquer profissional de redes com algum conhecimento de telefonia é capaz de instalar e configurar. Usando uma interface gráfica é possível ter um sistema básico operacional em menos de quatro horas.

E se o servidor falhar?

Uma das vantagens do Asterisk é poder ser usado em sistemas com tolerância a falhas. É relativamente simples e barato possuir dois servidores em paralelo. Tente fazer isso com uma central digital convencional!

Nossa empresa não usa software livre!

Sua empresa provavelmente já usa software livre, apenas ainda não se deu conta. Boa parte dos dispositivos embarcados e "appliances" usam Linux (software livre) como sistema operacional, então existe uma grande chance de você já estar usando software livre. O software dos principais fornecedores de telefonia IP também roda sobre Linux que é livre. Se sua empresa tem uma política contra o uso de software livre você pode licenciar a versão "Business Edition".

Usar a CPU do PC para processar o áudio é condenável!

O Asterisk usa a CPU do servidor para processar os canais de voz, ao invés de ter um DSP (processador de sinais digitais) dedicado a cada canal. Enquanto isto permitiu que o custo fosse reduzido para as placas E1/T1em até quatro vezes, tornou o sistema, sim, dependente do desempenho da CPU. Com um dimensionamento correto, o Asterisk é capaz de lidar com grandes volumes de chamadas. Recentemente a Digium lançou uma placa chamada TC400B com DSPs para aqueles que desejam processar a voz (transcodificação, cancelamento de eco e DTMF) em processadores de sinais digitais (DSPs) dedicados sem usar a CPU principal do computador. Esta placa possui um custo bastante razoável se comparado com o custo de licenciamento individual do codec G.729 já embutido.

Arquitetura do Asterisk

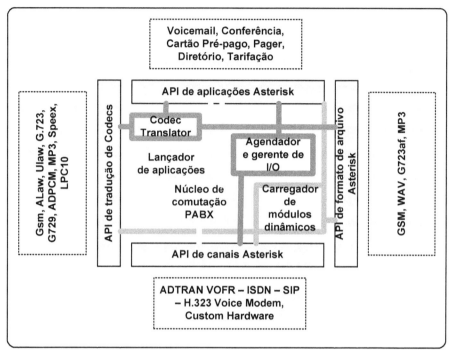

A figura acima mostra a arquitetura básica do Asterisk. Vamos explicar abaixo os conceitos relacionados à figura acima como canais, codecs e aplicações.

Canais

Um canal é o equivalente a uma linha telefônica na forma de um circuito de voz digital. Ele geralmente consiste de um sinal analógico em um sistema POTS[1] ou alguma combinação de CODEC e protocolo de sinalização como GSM+SIP ou ULAW+IAX2. No início as conexões de telefonia eram sempre analógicas e por isso, mais suscetíveis a ruídos e eco. Mas recentemente, boa parte da telefonia passou para o sistema digital, onde o sinal analógico é codificado na forma digital através do codec PCM (Pulse Code Modulation). Isto permite que um canal de voz seja codificado a uma taxa de 64 kilobits/segundo.

O Asterisk possui vários módulos para suportar diferentes tecnologias, tanto para os padrões TDM que utilizam as placas baseadas no projeto Zapata Telephony, quanto os protocolos de

---

[1]POTS – Plain Old Telephony System, sistema de telefonia convencional, baseado normalmente em linhas analógicas.

redes baseados na pilha TCP/IP como o SIP, todos os módulos de canal são precedidos pelo sufixo CHAN.

Canais para acesso a rede pública de telefonia:

- chan_dahdi - Placas compatíveis com o projeto Zapata, tais como Digium, Xorcom e Sangoma, (antigo chan_dahdi na versão 1.2).
- chan_khomp - Placas compatíveis com ISDN, MFC/R2 e GSM da Khomp.
- chan_mISDN - Placas BRI, muito comuns no mercado europeu.
- chan_capi - Placas compatíveis com Dialogic, também conhecido por chan_dialogicdiva (disponível para versão 1.6).

Canais para uso com voz sobre IP

- chan_sip   - Protocolo SIP - Session Initiation Protocol.
- chan_iax   - Protocolo IAX2 -Inter-Asterisk Exchange Protocol 2.
- chan_h323 - Protocolo ITU H323.
- chan_mgcp - Protocolo MGCP- Media Gateway Control Protocol.
- chan_sccp - Protocolo Skinny – Padrão de telefonia IP da Cisco.

> Nota: Uma lista completa dos canais pode ser encontrada em http://www.voip-info.org/wiki-Asterisk+channels

Canais com uso específico no Asterisk

- chan_console: Módulo para placas de som (OSS ou ALSA), permite o uso de um canal na console do servidor usando uma placa de som.
- chan_local: Pseudo canal, simplesmente faz o loopback dentro do plano de discagem em um contexto diferente. Utilizado para o roteamento recursivo dentro de uma Unidade de Resposta Audível (URA).

Codecs e Conversões de CODEC

O papel dos CODECs (COder/DECoder) é codificar a voz em um formato específico para transporte em uma rede digital. Cada tipo de CODEC possui um uso específico. Alguns como o G.729, por exemplo, permitem que se codifique o sinal de áudio à velocidade de 8 kilobits/segundo, uma compressão de 8 para 1 em comparação com a codificação PCM (Pulse Code Modulation) usada na rede pública. Além disso, a codificação de voz permite a utilização de diversas outras funcionalidades, como por exemplo:

- Detecção de voz (VAD).
- Transmissão de dados descontinua (DTX).
- Geração de ruído de conforto (CNG).

- Maior robustez frente à perda de pacotes.

Existem diversos CODECs que se pode utilizar, tanto para áudio quanto para vídeo, sendo que o Asterisk pode fazer a tradução de um CODEC para outro de forma transparente. Entretanto, alguns CODECs no Asterisk são suportados apenas no modo "travessia-direta" (pass-through), em outras palavras, eles não podem ser traduzidos, dado que o Asterisk não entende o fluxo de bits utilizado por eles, como o que ocorre nos CODECs de vídeo utilizado em vídeo-chamada. Uma mensagem de erro comum na configuração indevida dos CODECs é apresentada pelo Asterisk da seguinte forma: "no translation path", ou seja, sem caminho para tradução, neste caso o Asterisk não suporta um determinado codec em uma das pontas da chamada ou em ambas. O Asterisk, assim como nos canais tem suporte aos CODECs providos por seus respectivos módulos, os módulos de CODECs são denominados pelo prefixo "codec" ex: "codec_g729.so".

O Asterisk suporta os seguintes CODECs de áudio:

- G.711 - ulaw (usado nos EUA) – (64 Kbps)
- G.711 - alaw (usado na Europa e no Brasil) – (64 Kbps)
- G.722 - siren 7 e 14 – Codec High Definition com 7 e 14 Khz (16-48Kbps)
- G.723.1 - Modo travessia-direta (pass-through)
- G.726 - 32kbps no Asterisk 1.0.3, 16/24/32/40kbps
- G.729 - Precisa de licença, a menos que esteja usando o modo pass-through.(8Kbps)
- GSM - (12-13 Kbps) – A transcodificação é otimizada pelo Asterisk.
- iLBC - (15 Kbps) Muito resistente a perda de pacotes.
- LPC10 - (2.5 Kbps) Desativado por padrão, voz robotizada.
- Speex - (2.15 - 44.2 Kbps) possui uso de banda variável (VBR)

> Nota: Uma lista completa dos codecs suportados pelo Asterisk pode ser obtida com o comando "CLI> `core show codecs`"

Novos Codecs

Novos codecs foram adicionados nas últimas versões e alguns merecem destaque.

- VP8 – É um codec de vídeo semelhante ao H.264 liberado pelo Google como OpenSource. É o padrão quando se usa WebRTC. O Asterisk possui suporte como passthrough.
- Opus – Opus é um codec royalty-free, definido na RFC6716. Ele inclui as tecnologias do SILK da Skype e do CELT da Xiph.org. Ele permite desde áudio com qualidade de voz com alta compressão (6 kbps) até áudio em estéreo de alta qualidade usado

para música. O Asterisk 12 suporte o Opus em passthrough. Existe um patch disponível para implantar transcoding em Opus.

- Silk – O Silk é conhecido como o codec do Skype. Ele é um codec muito flexível e de alta qualidade para voz. O Asterisk inclui suporte completo ao SILK.

Protocolos de sessão

Enviar dados de um telefone a outro seria fácil se os dados encontrassem seu próprio caminho para o outro telefone. Infelizmente isto não acontece, é preciso um protocolo de sinalização para estabelecer as conexões, determinar o ponto de destino, e também questões relacionadas à sinalização de telefonia. O Asterisk suporta diversos protocolos de sessão para voz sobre IP. Os mais importantes são:

- SIP
- H323
- IAX v1 e v2
- SCCP (Cisco Skinny)

Aplicações

Para conectar as chamadas de entrada com as chamadas de saída ou outros usuários do Asterisk, são usadas diversas aplicações como o (Dial), por exemplo. A maior parte das funcionalidades do Asterisk é criada na forma de aplicações como, por exemplo, correio de voz (VoiceMail), conferência (Meetme), captura de chamada (PickUp), ente muitas outras. Você pode ver as aplicações disponíveis no Asterisk usando o comando:

```
CLI>core show applications
```

Além das aplicações na versão padrão existem aplicações que podem ser adicionadas a partir do pacote asterisk-addons e de terceiros. Você mesmo pode desenvolver as suas próprias aplicações se este for o caso.

Visão geral do Asterisk

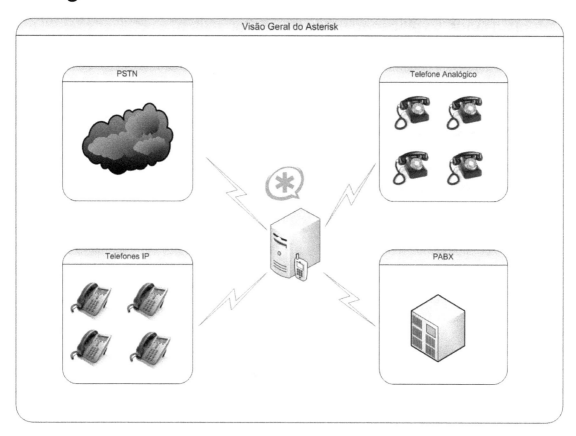

O Asterisk é um PABX multi-protocolo que integra tecnologias como TDM[2] e telefonia IP com funcionalidades avançadas como URA, DAC e correio de voz. Neste momento, é provável que você não esteja entendendo todos estes termos, mas ao longo dos capítulos, você estará cada vez mais familiarizado. Na figura acima podemos ver que o Asterisk pode se conectar a uma operadora de telecomunicações ou um PABX usando interfaces analógicas e/ou digitais. Os telefones podem ser IP ou analógico. Ele também pode atuar como um softswitch, media gateway, correio de voz, servidor de conferência avançado e filas de atendimento com música em espera.

---

[1]TDM – TDM - Multiplexação por Divisão de Tempo, toda a telefonia convencional está baseada neste conceito, quando falamos em TDM estamos nos referindo a circuitos T1 e E1. O circuito E1 é mais comum no Brasil e Europa, e T1 é mais usado nos EUA e Japão.

Diferenças entre o velho e o novo mundo

Telefonia usando o velho modelo de PABX/Softswitch

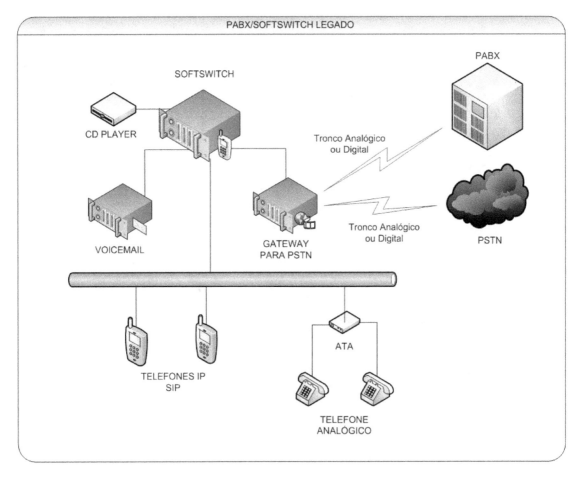

Antes do Asterisk, os diversos componentes de telefonia eram fornecidos como unidades separadas. Os custos e riscos eram altos e a maior parte dos equipamentos proprietária.

Telefonia do jeito Asterisk

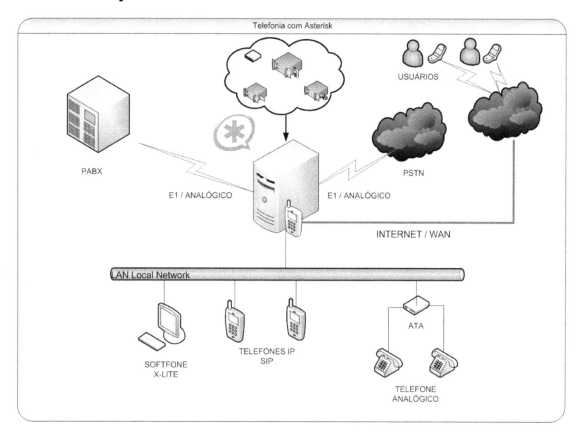

Com o Asterisk é possível ter todas estas funções de forma integrada, correio de Voz, gravação de chamada e música-de-espera, por exemplo, são apenas algumas das aplicações disponíveis no Asterisk. A capacidade do sistema de integrar a rede de telefonia publica com a rede de dados é impressionante, para você ter uma idéia é possível executar uma série de comandos através de um telefone público. Além disso o licenciamento do software é gratuito (GPL General Public License) e pode ser feito em um único ou em vários servidores de acordo com um dimensionamento apropriado. Algumas vezes, é mais fácil implantar o Asterisk do que até mesmo especificar e licenciar um sistema de telefonia convencional.

Construindo um sistema de testes

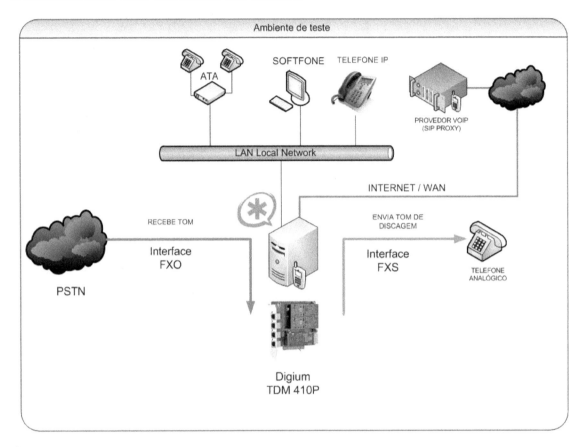

É comum iniciar construindo uma máquina de teste. A máquina de teste mais simples é um PABX 1x1 com pelo menos uma linha e um telefone. Existem várias formas de fazê-lo, vamos examinar algumas.

Um FXO, Um FXS

Uma forma simples para criar um sistema de teste é usar uma placa Digium modelo TDM 410P com capacidade para até 4 portas analógicas, para nosso ambiente de testes uma FXO e uma FXS é o suficiente. Conecte a porta FXO a uma linha telefônica analógica (convencional) e um telefone analógico à porta FXS, com isso você tem o PABX 1x1. Embora esta seja uma forma simples pode ser custoso adquirir um hardware apenas para testes.

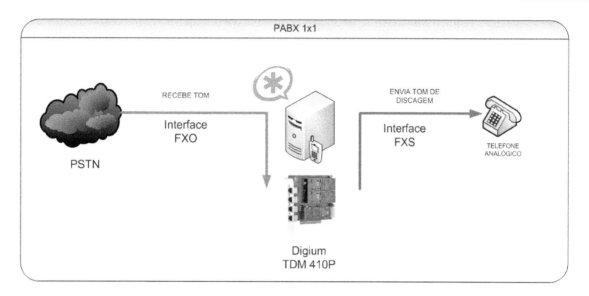

Provedor de serviço VoIP, softfone ou ATA

Uma forma mais econômica é criar um Asterisk de teste puramente baseado em IP, ou seja sem placas de telefonia. Você pode contratar um número de telefone junto a um provedor de serviços de voz sobre IP ou simplesmente comprar créditos para efetuar chamadas. Existem vários provedores VoIP disponíveis no mercado e algumas operadoras tradicionais já oferecem este serviço. No lugar do telefone você pode usar um softphone gratuito, softphones são programas que fazem o papel de telefone em seu computador, sendo necessário apenas um fone de ouvido com microfone. Existem vários softphones disponíveis na internet como o Zoiper, X-Lite, SJPhone e Ekiga. Você pode também adquirir um adaptador de telefonia analógica (ATA) para ligar telefones analógicos (comuns) a ele. O ATA é um hardware de baixo custo utilizado para transformar o seu telefone analógico em um ramal IP.

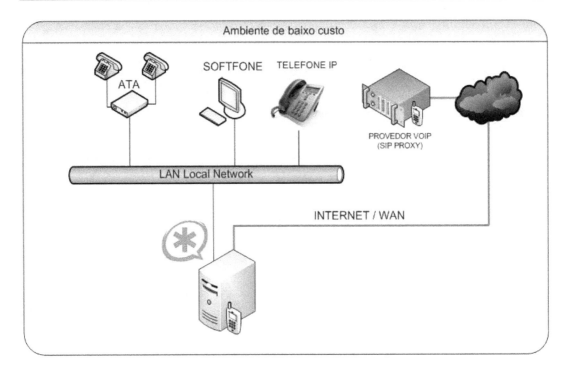

Placa clone FXO, Softfone ou ATA

Esta é a forma que eu usei para testar o Asterisk. Existem algumas placas de fax/modem padrão V.90 que operam com o Asterisk. As placas X100P e X101P da Digium eram baseadas nestes chips. É possível conectar uma linha telefônica em uma placa destas. Depois que a Digium descontinuou a produção, alguns fabricantes passaram a produzir estas placas com o nome X100P clone. Elas possuem um baixo custo por porta se comparadas as placas fabricadas pela Digium e demais fabricantes.

ATA com porta FXO

Outra forma bem econômica de montar um ambiente de testes é adquirindo um ATA com duas portas, sendo uma FXO (para entrada da linha telefônica), e a outra FXS (para conectar o telefone), deste modo não é necessário instalar nenhum hardware no servidor, e seus ramais podem ser softfones ou mais ATAs conectados a sua rede.

Abaixo um exemplo utilizando um ATA com uma porta FXO e uma FXS.

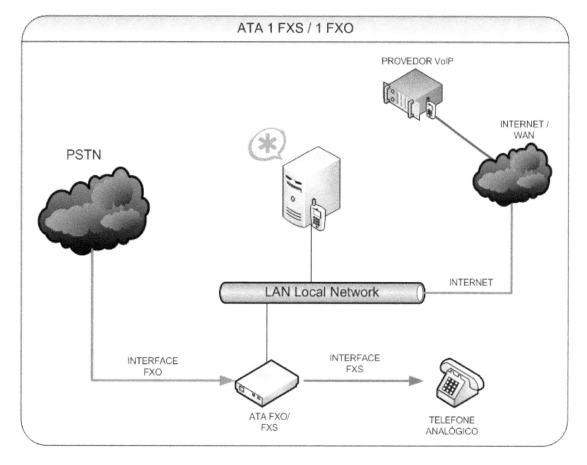

Cenários de uso do Asterisk

Existem diferentes cenários onde o Asterisk pode ser usado. Vamos listar alguns, explicando as vantagens e possíveis limitações.

IP PBX

O cenário mais comum é a instalação de um novo PABX ou a substituição de um PABX existente. Se você comparar o Asterisk com outras alternativas, irá descobrir que ele possui uma excelente relação custo/benefício, contra centrais digitais e principalmente IP.

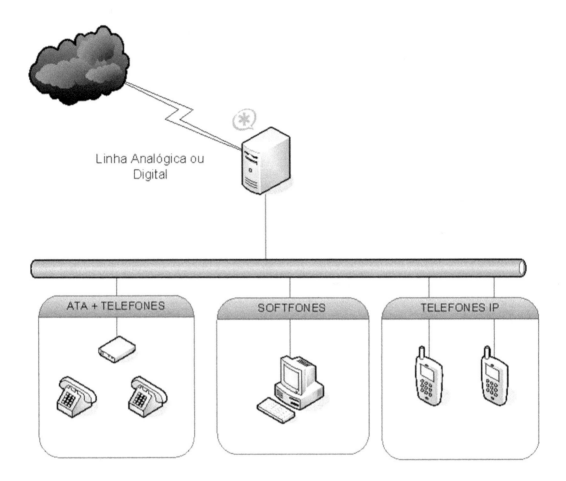

Atualização de PABX existente para suportar VoIP.

Você pode ver na imagem abaixo um dos cenários mais comuns. As grandes companhias normalmente não desejam assumir grandes riscos e querem preservar investimentos já feitos. Habilitar uma central antiga para o mundo IP usando o Asterisk pode ser uma alternativa excelente. Com isso é possível usar telefones IP, ATAs e softfones em escritórios remotos e mesmo se conectar a provedores de serviço com melhores taxas.

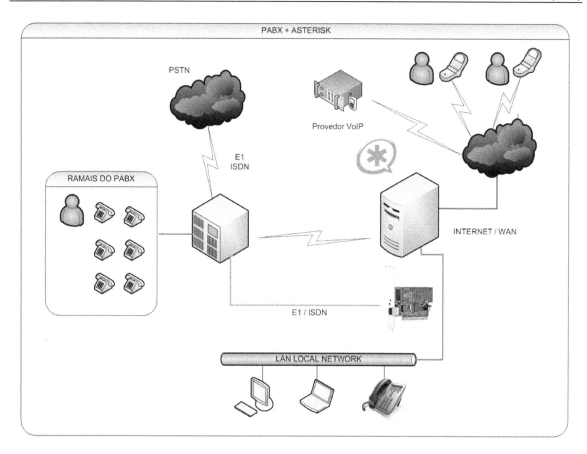

Interligação de filiais através de VoIP

Uma aplicação muito útil para VoIP é a conexão de filiais usando uma rede WAN existente ou mesmo a Internet. Isto permite a você evitar as tarifas das operadoras para as ligações entre a matriz e as filiais. É possível inclusive, utilizar como saída os troncos existentes nas filiais a partir de outros escritórios, de forma que não seja necessário pagar as taxas de telefonia interurbana.

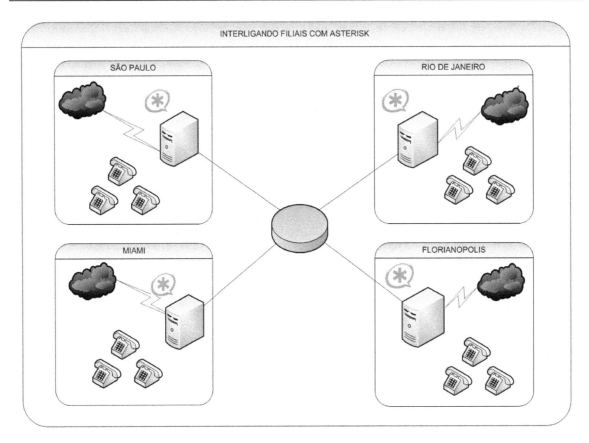

Servidor de aplicações (URA, Conf., Voicemail)

Você pode usar também o Asterisk como um servidor de aplicações para um PABX existente ou conectado diretamente à rede pública. O Asterisk pode fazer os papeis de correio de voz, recepção de fax, gravação de chamadas, URA conectada a um banco de dados ou mesmo um servidor de áudio conferência. Se você integrar o Asterisk ao e-mail você terá um sistema de mensagens unificado que é uma solução muito dispendiosa em outras plataformas. Para estas aplicações o Asterisk é uma excelente opção com um custo relativamente baixo.

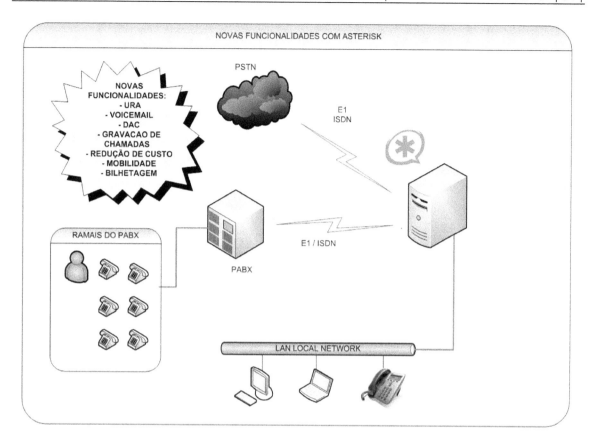

Media Gateway

A maioria dos provedores de voz sobre IP usam um SIP proxy para fazer o registro, localização e autenticação dos usuários. De qualquer forma a ligação tem de ser encaminhada na maioria das vezes para a rede pública de telefonia. Isto pode ser feito diretamente através de um gateway PSTN usando interfaces digitais T1/E1 ou analógicas. Em muitos casos, no entanto é preciso entroncar com um provedor de terminações usando conexões SIP ou H.323. O Asterisk pode atuar nesta arquitetura como um media gateway traduzindo protocolos de sinalização e CODECs, sendo que, o seu custo chega a ser uma ordem de grandeza menor que as soluções proprietárias de outras empresas.

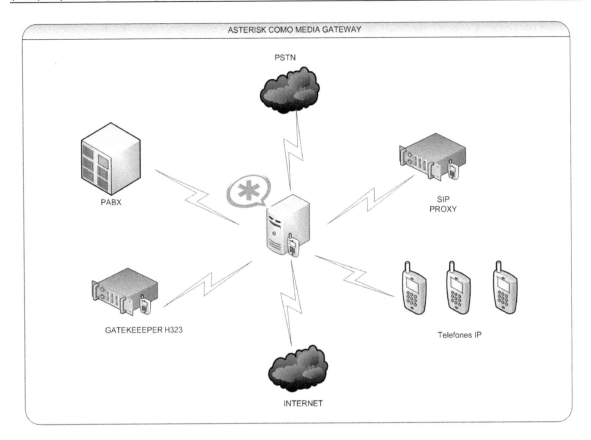

Plataforma para central de atendimento

Uma central de atendimento é uma solução muito complexa. Ela combina diversas tecnologias como DAC (distribuição automática de chamadas), URA (unidade de resposta audível), supervisão de chamadas e agentes, relatórios com estatísticas de TMA(Tempo Médio de Atendimento) e TME (Tempo Médio de Espera), entre outras coisas. Basicamente existem três tipos de Contact Centers ou Call-Centers, como são conhecidos no Brasil, os do tipo ativo, receptivo e misto. Nos receptivos o Asterisk pode atuar como PABX, DAC, URA, CTI, gravador digital e as soluções de telefonia podem ser criados totalmente dentro dele. No caso do ativo é possível integrar vários discadores preditivos existentes no mercado (alguns open source) como o VICIDIAL, ou mesmo desenvolver o seu próprio. Discadores preditivos são programas que lêem uma lista de números de telefone (mailling), discam de forma automática para cada um deles de forma simultânea e na medida em que as chamadas são atendidas elas então são encaminhadas a uma fila de atendimento responsável por uma determinada operação. Operações mistas, também conhecidas como "blended" também são possíveis.

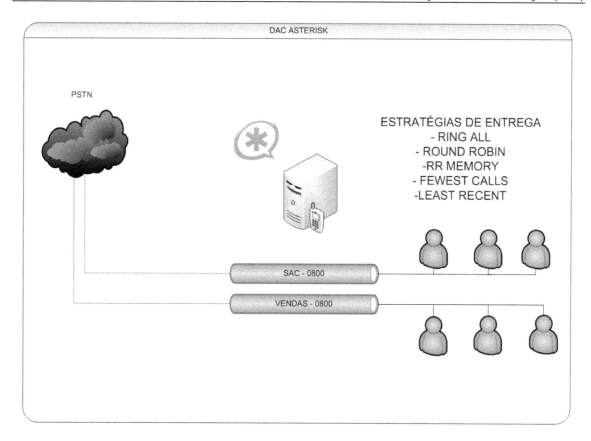

Encontrando informações e documentação

Nesta seção vamos mostrar as principais fontes de informação relativas ao Asterisk.

- URL http://wiki.asterisk.org - Web site da comunidade sobre documentação do Asterisk.
- URL: http://www.voipexperts.com.br – Este é um dos sites no Brasil com muitas informações sobre o Asterisk, tutoriais, downloads e calculadoras IP.
- URL: http://www.asterisk.org - Este é o principal site sobre o Asterisk. Lá você pode encontrar informações sobre:
    - Suporte - http://www.asterisk.org/support
    - Base de informações - http://kb.digium.com/
    - Fórum - http://forums.digium.com/
    - Rastreamento de erros - https://issues.asterisk.org/
- URL: http://www.voip-info.org - Uma das melhores referências sobre o Asterisk e outros assuntos relacionados a VoIP. Alguns artigos podem se tornar um pouco confuso com a mistura de exemplos das versões 1.2, 1.4, 1.6 e recentemente 1.8.

- URL http://svn.digium.com/view/asterisk/branches/ - Este é SVN oficial do projeto, aqui você encontra toda a documentação relativa ao desenvolvimento de todas as versões disponíveis do Asterisk. São de grande auxílio para entender as novidades das últimas versões.

Resumo

O Asterisk é um software open source com licença GPL, que transforma um PC comum em uma poderosa central telefônica. Foi criado por Mark Spencer sócio fundador da Digium Inc. que comercializa placas de telefonia, outras versões do Asterisk e licenças do CODEC G.729. O Hardware de telefonia também é aberto e foi desenvolvido por Jim Dixon fundador do projeto Zapata Telephony. A arquitetura do Asterisk se compõe basicamente de:

- **CANAIS** que podem ser analógicos, digitais ou IP (VoIP).
- **PROTOCOLOS** de comunicação como o SIP, H323, MGCP e IAX que são responsáveis pela sinalização das chamadas.
- **CODECs** que fazem a codificação da voz, permitindo que seja transmitida com compressão de até oito vezes (G729a), além de permitir geração de ruído de conforto e uma maior robustez a perda de pacotes.
- **APLICAÇÕES** que são responsáveis pela funcionalidade do PABX. Alguns exemplos são correio de voz, conferência e URA.

O Asterisk pode ser usado em inúmeras aplicações, desde um PABX para uma pequena empresa até sistemas de resposta automática de alta densidade.

Questionário

1. Marque as opções corretas. O Asterisk tem quatro componentes básicos de arquitetura:

☐ CANAIS

☐ PROTOCOLOS

☐ AGENTES

☐ TELEFONES

☐ CODECS

☐ APLICAÇÕES

2. Marque as opções corretas, O Asterisk permite os seguintes recursos:

☐ Unidade de Resposta Audível - URA

☐ Distribuição Automática de Chamadas - DAC

☐ Telefones IP

☐ Telefones Analógicos

☐ Telefones digitais de qualquer fabricante.

3. Para tocar música em espera o Asterisk necessita de um CD Player conectado a uma interface FXO. A afirmação está:

☐ CORRETA

☐ INCORRETA

4 - É responsável pelo atendimento automático de clientes, normalmente toca um menu e espera que usuário selecione uma opção. Em alguns casos pode ser usado em conjunto com um banco de dados e também com conversão de texto para fala. Estamos falando de uma:

☐ URA

☐ IVR

☐ DAC

☐ SMU

5 - Nas plataformas de telefonia convencional, recursos como URA, DAC e Correio de voz estão incluídos no PABX. Esta afirmação está:

☐ CORRETA

☐ INCORRETA

6 - Marque as opções corretas. É possível interligar usando o Asterisk várias filiais através de voz sobre IP reduzindo a despesa com ligações de longa distância. Em uma filial:

☐ O Asterisk pode ser a central telefônica para todos os usuários.

☐ O Asterisk pode se integrar a uma central telefônica existente

☐ Podem ser usados apenas telefones IP ligados a um Asterisk centralizado

7 – O Asterisk pode ser utilizado como uma plataforma para central de atendimento?

☐Sim

☐Não

8. O Asterisk é capaz de suportar no máximo 200 ramais em um único servidor.

☐ Falso

☐ Verdadeiro

9. No Asterisk é possível processar a transcodificação e o cancelamento de eco. Marque todas que se aplicam.

☐ Por software usando a CPU do servidor

☐ Por hardware usando uma placa TC400B

☐ Por hardware usando um módulo de cancelamento de eco na placa E1

☐ Não é possível transcodificar CODECs no Asterisk

☐ O Asterisk só faz cancelamento de eco por software

10. O FXS é usado para _____ enquanto o FXO é usado para _____

☐ Troncos, Ramais

☐ Telefones analógicos, Telefones Digitais

☐ ISDN, MFC/R2

☐ Ramais, Troncos

2

Baixando e instalando o Asterisk

Este capítulo vai ajudá-lo a preparar seu sistema para a instalação do Asterisk. O Asterisk funciona em muitas plataformas e sistemas operacionais, mas decidimos manter as coisas simples e ficar em uma única plataforma e distribuição do Linux. O objetivo é que o livro seja o mais agnóstico possível em relação a sistema operacional e distribuição. No entanto para os exemplos, usaremos o CentOS neste livro. As instruções abaixo podem funcionar com outras distribuições de Linux, substituindo a parte de instalação das dependências. O Asterisk funciona na maioria das distribuições como o OpenSuSe, Fedora, Red Hat, Ubuntu, Debian e Slackware.

Objetivos do capítulo

Ao final deste capítulo você deverá estar apto à:

- Dimensionar o hardware necessário ao Asterisk
- Instalar o Linux e as bibliotecas necessárias
- Baixar os códigos fonte do Asterisk
- Compilar o Asterisk
- Iniciar o Asterisk na carga do sistema
- Carregar o Asterisk com um usuário diferente de `root`.

Hardware Mínimo

O Asterisk não necessita de muitos recursos de hardware para rodar, no entanto existem algumas dicas para escolher o melhor hardware para as suas necessidades. Você deve levar em consideração os seguintes fatores quando escolher o hardware.

Número total de usuários registrados: Define quantos registros por segundo você precisa suportar.

Número de chamadas simultâneas: Definem quantas conversações em rede você precisa processar em um adaptador de rede de um servidor Asterisk.

Quais CODECs você precisa suportar: Codecs de alta complexidade vão requerer muito processamento de CPU/FPU (Central Processor Unit/Floating Point Unit). Uma única sessão com o codec iLBC pode precisar de até 18 MIPS (milhões de instruções por segundo) para ser processada.

Cancelamento de eco: O cancelamento de eco usa bastante CPU/FPU. Em alguns casos você deve escolher usar cancelamento de eco por hardware usando um DSP na placa de telefonia, principalmente se seu sistema tem de processar mais de 30 linhas simultâneas.

Disponibilidade: É recomendado o uso de uma arquitetura com RAID1 ou RAID5 para aumentar a disponibilidade do seu disco, servidores com qualquer tipo de redundância, sempre é preferível. Lembre-se que o Asterisk é uma aplicação 24x7.

Redundância nas interfaces de telefonia: A Xorcom (http://www.xorcom.com) , a Red-fone(http://www.red-fone-com) e a Khomp (http://www.khomp.com.br), possuem boas soluções para isto utilizando equipamentos com conexões USB e TDMoE (TDM Over Ethernet). Estes equipamentos garantem alta disponibilidade na interconexão com a PSTN.

O principal componente de um servidor Asterisk é o adaptador de rede. Um bom adaptador como os encontrados em máquinas do tipo servidor é recomendado. A CPU é muito importante, principalmente para transcodificar CODECs de alta complexidade como G.729 e o iLBC e também para processar o algoritmo de cancelamento de eco em software. Você também pode escolher usar um DSP (Digital Signal Processors) dedicado para transcodificação, afim de não comprometer a carga do CPU, a Digium provê um cartão com DSP dedicado chamado TC400B, capaz de suportar até 120 chamadas simultâneas com codec G.729.

A recomendação é escolher um equipamento do tipo servidor de um fabricante conceituado. Para saber exatamente quantas chamadas simultâneas ou quantos usuários uma máquina específica suporta, você deve testar este hardware com uma ferramenta de teste de stress como o SIPP (http://sipp.sourceforge.net). Alguns fabricantes de hardware como a Xorcom publicam os seus resultados no website.

Nota: Algumas poucas aplicações do Asterisk como o "Meetme" requerem uma fonte de clock para fornecer a temporização. Normalmente a fonte de clock do Asterisk é uma placa TDM. Se o seu sistema não tem uma placa TDM, você pode usar uma placa virtual provida pelo módulo dahdi_dummy. O dahdi_dummy usa a USB como fonte de temporização no kernel 2.4 e o RTC no kernel versão 2.6. Se você usar o Confbridge ao invés do meetme e não estiver usando IAX trunked poderá não usar nenhuma fonte de temporização.

Montando o seu sistema

O hardware necessário para o Asterisk não é muito complexo. Você não precisa de uma placa de vídeo sofisticada ou muitos periféricos. Segue algumas dicas:

Portas seriais, paralelas e USB podem ser completamente desabilitadas para evitar o consumo de CPU tratando interrupções de hardware que não serão utilizados e também o uso compartilhado de endereços de IRQ, por estes motivos o ideal é que seja desativado tudo que não for utilizado na BIOS.

Uma boa placa de rede é essencial, protocolos de VoIP podem consumir boa parte da largura de banda da interface de rede e gerar muitas interrupções ao processador, prefira as interfaces Gigabit Ethernet de fabricantes conceituados.

Se você estiver usando uma das placas de telefonia da Digium ou de outro fabricante, consulte o manual da placa-mãe para determinar se os Slots PCI suportam estas placas, pois existem placas de PCI-5v, PCI-3.3v e as PCI-Express, consulte o manual do fabricante antes de adquirir uma placa de telefonia.

Preste atenção nos discos. Eles vão funcionar em regime de 24 horas por dia, sete dias por semana. Discos para desktops ou notebooks não são uma boa opção pelo seu curto tempo de vida, ainda mais se recursos de gravação de chamadas estiverem ativados. Prefira discos SCSI ou SAS projetados para servidores.

Uma dica para aumentar a vida útil do disco e poupá-lo de muitos acessos de escrita/leitura é criar uma partição em memória e utilizá-la como um buffer para os arquivos de gravação.

Questões de compartilhamento de IRQ

Muitas placas de telefonia como a X100P podem gerar grandes quantidades de interrupções, e atendê-las toma tempo, um pequeno atraso no atendimento destas interrupções pode por em risco a qualidade das chamadas, os sintomas mais comuns são picotes no áudio, linha muda ou até mesmo ruídos na linha. Os atrasos são comuns quando outro dispositivo do sistema está compartilhando a mesma IRQ com a placa de telefonia. Sempre que possível você deve evitar o compartilhamento de interrupções de hardware. Como a entrega precisa de IRQs é uma necessidade primária em telefonia, você não deve compartilhar IRQs. Mas nem sempre isto ocorre você deve prestar atenção ao problema. Caso esteja usando um computador dedicado para o Asterisk, desabilite na BIOS o maior número de dispositivos que você não vá usar, como portas paralelas, portas seriais, placas de som e controladores USB.

A maioria das BIOS para servidores permite que você aloque manualmente os endereços de IRQs. Vá até a BIOS e olhe na seção de IRQs. É bem possível que você consiga configurar as interrupções manualmente por SLOT, para executar esta tarefa verifique o manual do fabricante.

Uma vez iniciado o sistema, veja em /proc/interrupts as IRQs designadas.

#cat /proc/interrupts

```
CPU0
0: 41353058 XT-PIC timer
1: 1988 XT-PIC keyboard
2: 0 XT-PIC cascade
3: 413437739 XT-PIC wctdm <-- TDM400
4: 5721494 XT-PIC eth0
7: 413453581 XT-PIC wcfxo <-- X100P
8: 1 XT-PIC rtc
9: 413445182 XT-PIC wcfxo <-- X100P
12: 0 XT-PIC PS/2 Mouse
14: 179578 XT-PIC ide0
15: 3 XT-PIC ide1
NMI: 0
ERR: 0
```

Acima você pode ver as três placas da Digium cada uma com seu próprio endereço de IRQ. Se este for o caso, você pode ir em frente e instalar os drivers de hardware. Se não for o caso, volte na BIOS até que as placas não estejam compartilhando IRQs.

Uma aplicação contida no pacote de utilitários dahdi-tools chamada dahdi_test pode ser executada para medir o atraso na requisição da placa, os valores aceitáveis apresentados pelo dahdi_test devem ser maiores ou iguais a 99.98%, caso o seu sistema esteja apresentando valores inferiores a este reveja as configurações de IRQ.

Escolhendo uma distribuição do Linux.

O Asterisk foi originalmente desenvolvido para rodar em sistemas com Kernel Linux, embora possa ser usado em sistemas baseados em UNIX como BSD e OSX. No entanto, as placas TDM da Digium foram desenhadas para trabalhar com Linux i386 ou amd64. Se você for novo com Asterisk procure usar com Linux, é mais fácil.

Requisitos do Linux

Várias distribuições clássicas como OpenSUSE, RedHat, Mandriva, Fedora, Debian, Slackware e Gentoo foram usadas com sucesso com o Asterisk. Selecionamos o CentOS Linux (foi utilizado a versão estável desse projeto durante o desenvolvimento deste material). O mesmo pode ser obtido em: http://www.centos.org.

Pacotes necessários para compilação.

Os seguintes pacotes são pré-requisitos para a compilação do ASTERISK, LIBPRI e DAHDI:

- bison
- libssl-devel

- openssl
- libasound2-devel
- libc6-devel
- libnewt-devel
- zlib1g-devel
- gcc
- g++
- make
- libncurses5-devel
- doxygen
- libxml2-devel
- perl
- libuuid-devel
- Kernel sources

> Nota: O Asterisk exige o pacote DAHDI para a compilação de algumas aplicações, como por exemplo, o `meetme()`. Se você compilou o ASTERISK antes do DAHDI, você deverá recompilá-lo novamente para que as essas aplicações estejam disponíveis.
>
> As versões do ASTERISK posteriores a 1.6.1 utilizam uma nova API do Kernel, disponível na versão 2.6.21 e posteriores, denominada "timerfd()" para fonte de temporização, portanto a instalação do DAHDI nestas versões se torna opcional no caso de ausência de placas.

Instalando o Linux para atender ao Asterisk.

Usaremos a distribuição Linux CentOS para a instalação do Asterisk. Escolha a versão mais recente do CentOS. As imagens de instalação podem ser encontradas no site oficial em http://www.centos.org.

Escolhemos esta distribuição pelo seu grau de aceitação e por ser uma das distribuições suportadas pela Digium, esta distribuição é baseada no Linux RedHat Enterprise. Abaixo seguem as instruções da instalação do Asterisk a partir do zero.

A maioria das questões perguntadas é básica. Responda conforme o seu hardware e necessidades. No momento do particionamento, confirme que você vai apagar todo o disco. Sugerimos que você confirme que todos os arquivos ficarão em uma partição.

> **** Cuidado ! ****Todas as informações do seu disco rígido serão apagadas. Instale em um PC novo ou que você possa formatar !!!

Passo 1: Coloque o DVD do CentOS no DVD-ROM e inicialize o seu PC. A tela a seguir será apresentada, tecle ENTER para iniciar a instalação.

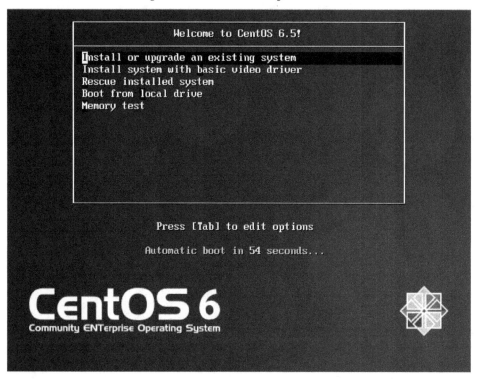

Passo 2: Nesta etapa um teste de integridade da mídia pode ser executado, no entanto este processo pode levar alguns minutos, selecione SKIP para continuar a instalação.

Passo 3: Selecione NEXT para continuar a instalação.

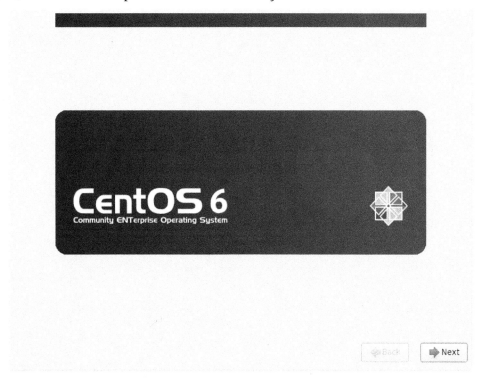

Passo 4: Selecione o idioma para prosseguir com a instalação.

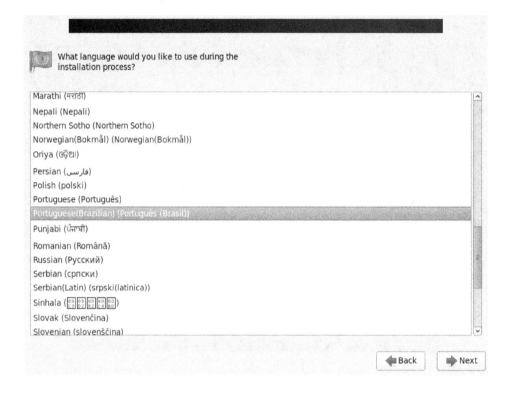

Passo 5: Selecione o modelo do teclado.

Passo 6: Escolha o dispositivo de armazenamento básico a menos que você tenha um storage.

Passo 7: CUIDADO! Nesta etapa o disco será particionado e **FORMATADO**, execute a instalação em um disco que possa ser totalmente apagado.

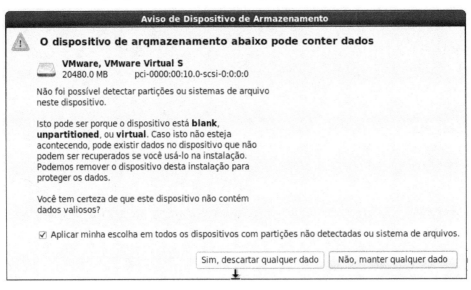

Passo 8. Selecione o nome da máquina e depois pressione "Configurar Rede" para configurar pelo menos uma placa de rede.

Passo 9: Configure um dispositivo de rede. Selecione eth0 e pressione o botão "Editar".

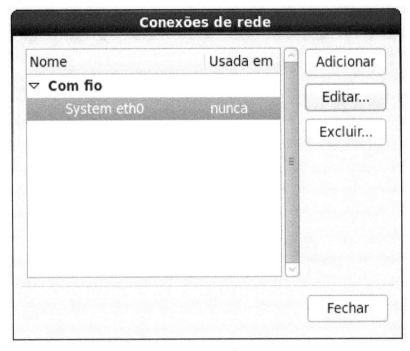

Passo 11: Selecione, conectar automaticamente a eth0. Se quiser atribuir um IP fixo à máquina, escolha a aba IPV4.

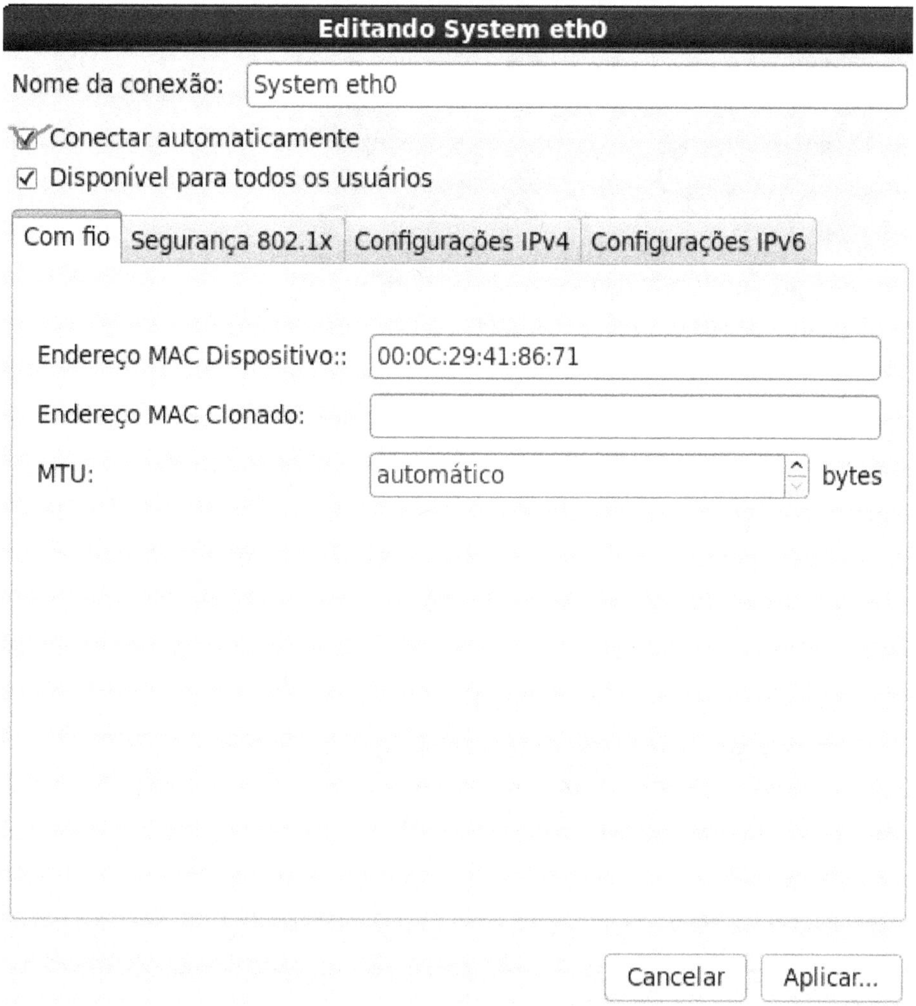

Editando System eth0

Nome da conexão: | System eth0 |

☑ Conectar automaticamente
☑ Disponível para todos os usuários

| Com fio | Segurança 802.1x | Configurações IPv4 | Configurações IPv6 |

Endereço MAC Dispositivo:: | 00:0C:29:41:86:71 |

Endereço MAC Clonado: | |

MTU: | automático | bytes

[Cancelar] [Aplicar...]

Passo 10: Escolha o fuso horário.

Por favor, selecione a cidade mais próxima do seu fuso horário: .

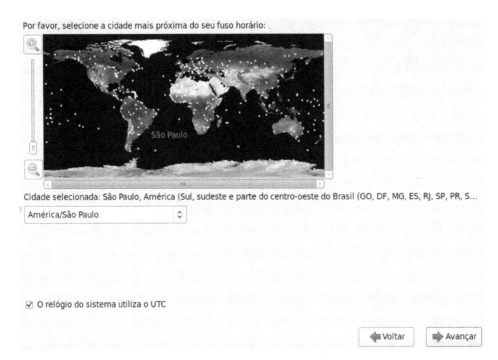

Cidade selecionada: São Paulo, América (Sul, sudeste e parte do centro-oeste do Brasil (GO, DF, MG, ES, RJ, SP, PR, S...

| América/São Paulo | ⌄ |

☑ O relógio do sistema utiliza o UTC

◀ Voltar   ➡ Avançar

Passo 11: Defina uma senha para o usuário root

A conta do usuário root é usada para administrar
o sistema. Digite uma senha para o usuário root.

Senha de root: `••••••••`

Confirmar: `••••••••`

◀ Voltar   ➡ Avançar

Passo 12: Selecione usar todo o espaço na partição.

Passo 13: Selecione Próximo, para iniciar a cópia dos arquivos e aguarde o término da instalação

Preparando o Linux para o Asterisk.

A instalação do sistema operacional está completa, vamos agora instalar os pacotes necessários para a instalação/compilação dos drivers das placas DAHDI e do próprio Asterisk.

Passo 1: Faça o login como root

Passo 2: Atualize os pacotes do Linux, este processo pode levar alguns minutos.

```
yum update
yum upgrade
```

Passo 3: Instale os pacotes necessários para o Asterisk:

```
yum install perl wget bison-devel openssl-devel libusb-devel newt-devel ncurses-devel
zlib-devel gcc gcc-c++ make kernel-devel libxml2-devel doxygen speex speex-devel
libxml2 libxml2-devel uuid-devel sqlite-devel
```

Para suporte à srtp compile manualmente a biblioteca libsrtp em http://srtp.sourceforge.net

Observação: Se você prefirir usar Debian ou Ubuntu, segue a lista dos pacotes abaixo:

```
apt-get install build-essential libxml2-dev zlib1g-dev zlib-bin libncurses5-dev libssl-dev
libspeexdsp-dev libspeex-dev libresample1-dev libtonezone-dev libtonezone2.0 g++
```

Para suporte à srtp compile manualmente a biblioteca libsrtp em http://srtp.sourceforge.net. **Em versões mais recentes do Debian (Sid) existe um pacote pronto chamado libsrtp1-dev.**

Definindo a versão do Asterisk

Antes de iniciar o processo de instalação devemos definir qual a versão será utilizada, aí estão algumas dicas. O Asterisk possui dois tipos de versão. As versões padrão (Standard) e as de suporte de longo prazo (LTS). Se o sistema for utilizado em um ambiente de produção onde estabilidade e disponibilidade do serviço é um ponto crucial então devemos optar por versões LTS onde muitos bugs já foram corrigidos e tem um suporte mais longo Abaixo uma tabela com as versões do Asterisk quando da publicação do livro.

Versão	Tipo	Data de Liberação	Correções de segurança	Fim de vida
1.4.X	LTS	2006-12-23	2011-04-21	2012-04-21
1.6.0.X	Standard	2008-10-01	2010-05-01	2010-10-01
1.6.1.X	Standard	2009-04-27	2010-05-01	2011-04-27
1.6.2.X	Standard	2009-12-18	2011-04-21	2012-04-21

1.8.X	LTS	2010-10-21	2014-10-21	2015-10-21
10.X	Standard	2011-12-15	2012-12-15	2013-12-15
11.x	LTS	2012-10-25	2016-10-25	2017-10-25
12.x	Standard	2013-12-20	2014-12-20	2015-12-20
13.x	LTS	2014-10 (estimado)	2018-10 (estimado)	2019-10 (estimado)

Este livro é compatível com as versões 1.8, 10, 11 e 12 do Asterisk.

Obtendo e compilando o Asterisk

Agora que você já instalou o Linux e as bibliotecas necessárias para compilação, vamos partir para a instalação do Asterisk.

Obtendo os códigos fonte do Asterisk e LibPRI

Os pacotes contendo o código fonte do Asterisk e o código fonte dos módulos e utilitários das placas DAHDI encontram-se no repositório oficial do projeto mantido pela Digium, o endereço é http://downloads.asterisk.org/pub/telephony. Para efetuar o download dos arquivos diretamente no terminal sem a necessidade de um navegador utilize o comando wget do Linux.

Entre no diretório /usr/src, senão existir crie o diretório. Novas versões são lançadas constantemente, e em sua maioria com apenas correções que alteram o nome do arquivo no repositório, para evitar este problema vamos utilizar a versão CURRENT que é correspondente ao último release estável do software.

A instalação completa do Asterisk envolve basicamente 3 (três) pacotes, são eles:

- Asterisk (O Software principal PABX)
- Libpri (Biblioteca contendo a sinalização ISDN-PRI)
- DAHDI (Drivers e Utilitários das placas de telefonia Digium e compatíveis)

Nota: O Asterisk-addons foi incorporado ao pacote Asterisk a partir da versão 1.8

Em alguns casos os pacotes como libpri e DAHDI são opcionais, no entanto é recomendado que todos sejam instalados, desta forma garantimos que não falte nenhum recurso que porventura possa ser necessário no futuro.

Um exemplo clássico de pacote opcional é a LIBPRI, uma biblioteca responsável por interpretar a sinalização utilizada na telefonia digital com o protocolo ISDN ou RDSI como é conhecido no Brasil, este assunto será abordado mais adiante.

Obtendo a LibPRI

```
cd /usr/src
wget http://downloads.asterisk.org/pub/telephony/libpri/libpri-1.4.14.tar.gz
```

Obtendo o Asterisk 11 (Long Term Support)

Descarregue os arquivos do repositório do Asterisk.

```
#cd /usr/src
wget http://downloads.asterisk.org/pub/telephony/asterisk/asterisk-11-current.tar.gz
```

Obtendo o Asterisk 12 (Standard)

Descarregue os arquivos do repositório do Asterisk.

```
#cd /usr/src
wget http://downloads.asterisk.org/pub/telephony/asterisk/asterisk-12-current.tar.gz
```

Obtendo os códigos fonte do pacote DAHDI

Dependendo a versão do Kernel o pacote DAHDI ainda é obrigatório na instalação do Asterisk, mesmo na ausência de placas, neste caso uma pseudo-placa (dahdi_dummy) é carregada para suprir a necessidade de uma fonte de temporização para algumas aplicações do Asterisk como o MeetMe (conferência).

Descarregue os arquivos do repositório do Asterisk.

```
cd /usr/src
wget  http://downloads.asterisk.org/pub/telephony/dahdi-linux-complete/dahdi-linux-
complete-current.tar.gz
```

Após obter todos os arquivos descompacte-os usando um pequeno laço de repetição com comando FOR do Linux. Tecle ENTER ao final de cada linha.

```
cd /usr/src
for filename in /usr/src/*.tar.gz
do
tar –xvzf $filename
done
```

Compilando e Instalando o pacote DAHDI

O pacote DAHDI pode ser encontrado em dois pacotes separados: dahdi-linux que é o pacote onde ficam efetivamente os drivers das placas para o kernel Linux e o dahdi-tools que contém os utilitários correlatos. Para simplificar o trabalho na hora de obter os pacotes um terceiro foi criado, denominado `dahdi-linux-complete` que nada mais é do que um pacote contendo o dahdi-linux mais o dahdi-tools.

Antes de compilar verifique as versões mais recentes dos pacotes e certifique-se de estar conectado à internet, isto porque no processo de instalação o programa faz o download dos firmwares das placas de telefonia.

Execute os seguintes comandos para compilar e instalar o pacote DAHDI.

```
cd /usr/src/dahdi-linux-complete-2.9.0+2.9.0.1
make all
make install
make config
```

Nota: Caso ocorra algum erro relacionado à localização dos cabeçalhos do Kernel (kernel Headers) será necessário definir o caminho do diretório através de uma variável $KSRC.

Para tal, execute o seguinte comando e repita o procedimento de compilação:

```
export KSRC=/usr/src/kernels/`uname -r`
```

 A instalação do dahdi-tools pode ser personalizada, lembrando que este é um procedimento opcional, para tal basta acessar o subdiretório /tools dentro do diretório dahdi-linux-complete. Os pacotes dahdi-linux e dahdi-tools estão separados por dois subdiretórios /linux (para os drivers) e /tools (para os utilitários).

Procedimento opcional para personalizar a instalação do dahdi-tools.

```
cd /usr/src/dahdi-linux-complete-2.9.0+2.9.0.1/tools
./configure
make install
make config
```

Observe que existe um (*) marcando as aplicações que serão compiladas, caso apareça um (XXX) na aplicação em que deseja instalar isto significa que existem dependências não encontradas que devem ser instaladas. Estas dependências são listadas no campo (Depends on) no canto inferior esquerdo da janela, depois de instaladas deve-se repetir o procedimento de compilação.

Após executar o `make config` serão instalados os scripts de inicialização do sistema para a carga automática dos drivers das placas DAHDI. Você deve editar o arquivo /etc/dahdi/modules e selecione apenas os módulos referentes ao hardware instalado. Este passo é importante, pois evita que sejam carregados ao Kernel os drivers ou módulos de placas que não foram instaladas no servidor.

O pacote dahdi-tool possui uma aplicação denominada `dahdi_hardware` que é capaz de identificar qualquer hardware compatível com DAHDI instalado no sistema.

Um exemplo da utilização do comando `dadhi_hardware`:

dahdi_hardware -v

usb:001/002	xpp_usb-	e4e4:1152	Astribank-multi FPGA-firmware
usb:001/003	xpp_usb-	e4e4:1152	Astribank-multi FPGA-firmware
pci:0000:01:0b.0	wctdm-	e159:0001	Wildcard TDM400P REV H

Observe na segunda coluna que o nome do módulo é sucedido pelo caracter (-) isso significa que o hardware foi identificado, mas seu módulo não foi carregado pelo Kernel, quando o módulo já esta carregado será apresentado o caracter (+).

Agora que o hardware foi identificado edite o arquivo /etc/dahdi/modules para carregar apenas o módulo necessário, para tal basta remover o comentário '#' na frente do nome do módulo, uma breve descrição do modelo da placa é incluída no arquivo para identificar o módulo correto. No caso da minha máquina de testes estou usando um Astribank 6FXS/2FXO. Observe no fim do arquivo o módulo xpp_usb descomentado:

```
# Contains the list of modules to be loaded / unloaded by /etc/init.d/dahdi.
#
# NOTE:   Please add/edit /etc/modprobe.d/dahdi or /etc/modprobe.conf if you
#         would like to add any module parameters.
#
# Format of this file: list of modules, each in its own line.
# Anything after a '#' is ignore, likewise trailing and leading
# whitespaces and empty lines.

# Digium TE205P/TE207P/TE210P/TE212P: PCI dual-port T1/E1/J1
# Digium TE405P/TE407P/TE410P/TE412P: PCI quad-port T1/E1/J1
# Digium TE220: PCI-Express dual-port T1/E1/J1
# Digium TE420: PCI-Express quad-port T1/E1/J1
#wct4xxp

# Digium TE120P: PCI single-port T1/E1/J1
# Digium TE121: PCI-Express single-port T1/E1/J1
# Digium TE122: PCI single-port T1/E1/J1
#wcte12xp

# Digium T100P: PCI single-port T1
# Digium E100P: PCI single-port E1
#wct1xxp

# Digium TE110P: PCI single-port T1/E1/J1
#wcte11xp

# Digium TDM2400P/AEX2400: up to 24 analog ports
# Digium TDM800P/AEX800: up to 8 analog ports
# Digium TDM410P/AEX410: up to 4 analog ports
#wctdm24xxp

# X100P - Single port FXO interface
# X101P - Single port FXO interface
#wcfxo

# Digium TDM400P: up to 4 analog ports
#wctdm

# Xorcom Astribank Devices
xpp_usb
```

Reinicialize o seu computador e verifique se os módulos foram carregados corretamente pelo Kernel com o comando `dahdi_hardware`.

Compilando e instalando a LibPRI

A instalação da libpri é de suma importância quando temos uma conexão Digital E1/T1 com a rede pública de telefonia (PSTN), sem esta biblioteca o Asterisk é incapaz de interpretar este tipo de sinalização muito comum em ambientes corporativos. Este assunto será abordado com mais ênfase no capítulo referente à telefonia digital.

A versão 1.4 da libpri é compatível com qualquer versão do pacote Asterisk e DAHDI.

```
cd /usr/src/libpri-1.4.14
make
make install
```

Compilando e baixando a biblioteca JSON

Na versão 12 existe uma biblioteca para suporte a JSON. Para tal é preciso baixar e compilar a biblioteca, pois não está disponível como um pacote.

```
wget http://www.digip.org/jansson/releases/jansson-2.4.tar.gz
tar -zxf jansson-2.4.tar.gz
cd jansson-2.4/
./configure --prefix=/usr/ && make clean && make && make install
```

Compilando e Instalando o Asterisk

Se você já compilou algum software no Linux, compilar o Asterisk vai ser bem simples. Execute os seguintes comandos para compilar e instalar o Asterisk. Mais uma vez, você poderá personalizar a instalação selecionando quais aplicações e módulos serão compilados, através do comando `make menuselect`. O procedimento de compilação é semelhante para todas as versões do Asterisk, alterando apenas a versão do pacote, abaixo um exemplo para cada uma delas. Os releases podem variar levemente, verifique antes de executar.

Compilando o Asterisk 11

```
cd /usr/src/asterisk-11.7.0
./configure            ;Verifica as dependências para compilação
make menuselect        ;Exibe um Menu para personalizar a instalação (Opcional)
make  all              ;Compila tudo que foi previamente selecionado
make install           ;Instala todos os arquivos no sistema operacional
make samples           ;Cria os arquivos de configuração em  /etc/asterisk
make config            ;Instala   o   script   de   inicialização   /etc/init.d/asterisk
ldconfig               ;linka algumas bibliotecas como libasteriskssl
```

Compilando o Asterisk 12

```
cd /usr/src/asterisk-12.0.0
./configure              ;Verifica as dependências para compilação
make menuselect         ;Exibe um Menu para personalizar a instalação (Opcional)
make                    ;Compila tudo que foi previamente selecionado
make install            ;Instala todos os arquivos no sistema operacional
make samples            ;Cria os arquivos de configuração em  /etc/asterisk
make config             ;Instala  o  script  de  inicialização  /etc/init.d/asterisk
ldconfig                ;linka algumas bibliotecas como libasteriskssl
```

Use o comando `make menuselect` para selecionar os módulos que serão compilados, ideal para personalizar uma instalação do Asterisk.

Por padrão, os módulos que podem ser compilados, ou seja, aqueles que possuem suas dependências encontradas, estarão previamente selecionados.

Screenshot do menuselect do Asterisk.

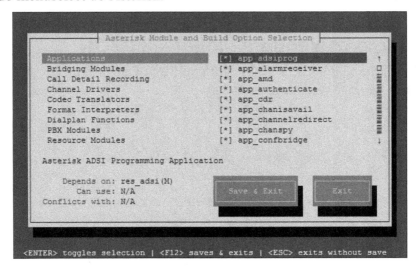

Iniciando e parando o Asterisk

Abaixo vamos aprender como iniciar e parar o Asterisk e também como coloca-lo na carga do Linux.

Iniciando em Primeiro Plano (Foreground)

Se a instalação foi concluída com sucesso, já é possível iniciar o Asterisk, para testar entre com o seguinte comando:

```
asterisk -vvvgc
```

Com este comando o Asterisk será carregado em primeiro plano (foreground), este modo de inicialização é muito útil para depuração do sistema, se por algum motivo desconhecido o Asterisk não carregar, será possível visualizar todas as mensagens durante o processo do carregamento. A desvantagem de carregar o Asterisk desta forma é que o usuário fica "preso" ao terminal do Asterisk, a única maneira de sair do prompt do Asterisk é finalizando o processo.

Ao final do carregamento um prompt será fornecido ao usuário.

```
*CLI>
```

Veja os comandos disponíveis na interface de linha de comando do Asterisk.

```
*CLI>help
```

Para sair do prompt de comando "CLI>", que foi carregado em primeiro plano use o comando core stop now este comando irá sair e interromper o processo do Asterisk.

```
*CLI>core stop now
```

Iniciando em Segundo Plano (Background)

A maneira mais comum de inicializar qualquer serviço no Linux é em segundo plano, ou seja, o sistema operacional é iniciado e o Asterisk é carregado de forma automática sem nenhuma intervenção direta do usuário, a grande vantagem deste modo de inicialização é que o usuário fica "livre" do prompt de comando do Asterisk. Deste modo o usuário pode conectar e desconectar da CLI do Asterisk sem que o processo seja encerrado, também é possível que múltiplos usuários conectem simultaneamente a uma mesma instancia do Asterisk. No processo de compilação do Asterisk está incluso a instalação de um Shell script responsável por iniciar o Asterisk em Background.

Para iniciar o Asterisk em Segundo plano digite:

#/etc/init.d/asterisk start

Para finalizar o processo do Asterisk em segundo plano digite:

#/etc/init.d/asterisk stop

Parâmetros de linha de comando do Asterisk.

Também é possível passar parâmetros ao Asterisk, por padrão quando é carregado sem nenhum parâmetro ele é lançado como um "daemon", ou seja, em segundo plano (Background).

/sbin/asterisk

Você pode acessar a console de um processo do Asterisk que já esteja em execução usando o comando abaixo. Mais de um usuário pode se conectar ao prompt do Asterisk simultaneamente.

/sbin/asterisk -r

Outro comando que produz o mesmo resultado, este na verdade é um atalho para asterisk -r

rasterisk

Parâmetros disponíveis

Você pode verificar as opções de inicialização do ASTERISK disponíveis utilizando
asterisk -h

 # asterisk -h

```
Asterisk 12.0.0, Copyright (C) 1999 - 2013, Digium, Inc. and others.
Usage: asterisk [OPTIONS]
Valid Options:
   -V               Display version number and exit
   -C <configfile>  Use an alternate configuration file
   -G <group>       Run as a group other than the caller
   -U <user>        Run as a user other than the caller
   -c               Provide console CLI
   -d               Enable extra debugging
   -f               Do not fork
   -F               Always fork
   -g               Dump core in case of a crash
   -h               This help screen
   -i               Initialize crypto keys at startup
   -I               Enable internal timing if DAHDI timer is available
   -L <load>        Limit the maximum load average before rejecting new calls
   -M <value>       Limit the maximum number of calls to the specified value
   -m               Mute debugging and console output on the console
   -n               Disable console colorization
   -p               Run as pseudo-realtime thread
   -q               Quiet mode (suppress output)
   -r               Connect to Asterisk on this machine
   -R               Same as -r, except attempt to reconnect if disconnected
   -s <socket>      Connect to Asterisk via socket <socket> (only valid with -
r)
   -t               Record soundfiles in /var/tmp and move them where they
                    belong after they are done
   -T               Display the time in [Mmm dd hh:mm:ss] format for each line
                    of output to the CLI
   -v               Increase verbosity (multiple v's = more verbose)
   -x <cmd>         Execute command <cmd> (implies -r)
   -X               Execute includes by default (allows #exec in asterisk.conf)
   -W               Adjust terminal colors to compensate for a light background
```

Diretórios de instalação do Asterisk.

O Asterisk é instalado em diversos diretórios. Estes diretórios podem ser alterados
modificando-se o arquivo asterisk.conf.

```
[directories](!)
astetcdir => /etc/asterisk
astmoddir => /usr/lib/asterisk/modules
astvarlibdir => /var/lib/asterisk
astdbdir => /var/lib/asterisk
astkeydir => /var/lib/asterisk
astdatadir => /var/lib/asterisk
astagidir => /var/lib/asterisk/agi-bin
astspooldir => /var/spool/asterisk
astrundir => /var/run/asterisk
astlogdir => /var/log/asterisk
```

```
astsbindir => /usr/sbin

; Changing the following lines may compromise your security.
;[files]
;astctlpermissions = 0660
;astctlowner = root
;astctlgroup = apache
;astctl = asterisk.ctl
;[options]
;internal_timing = yes
```

Arquivos de log do Asterisk e rotação de logs,

O Asterisk armazena os logs de suas mensagens no diretório /var/log/asterisk. O arquivo de configuração dos logs do Asterisk é o logger.conf.

```
;
; Logging Configuration
;
; In this file, you configure logging to files or to
; the syslog system.
;
; "logger reload" at the CLI will reload configuration
; of the logging system.

[general]
; Customize the display of debug message time stamps
; this example is the ISO 8601 date format (yyyy-mm-dd HH:MM:SS)
; see strftime(3) Linux manual for format specifiers
;dateformat=%F %T

; This appends the hostname to the name of the log files.
;appendhostname = yes

; This determines whether or not we log queue events to a file
; (defaults to yes).
;queue_log = no

; This determines whether or not we log generic events to a file
; (defaults to yes).
;event_log = no


; For each file, specify what to log.

; For console logging, you set options at start of
; Asterisk with -v for verbose and -d for debug
; See 'asterisk -h' for more information.

; Directory for log files is configures in asterisk.conf
; option astlogdir

[logfiles]
;
; Format is "filename" and then "levels" of debugging to be included:
;     debug
;     notice
;     warning
;     error
;     verbose
```

```
;    dtmf
;
;
; Special filename "console" represents the system console
;
; We highly recommend that you DO NOT turn on debug mode if you are simply
; running a production system.  Debug mode turns on a LOT of extra messages,
; most of which you are unlikely to understand without an understanding of
; the underlying code.  DO NOT report debug messages as code issues, unless
; you have a specific issue that you are attempting to debug.  They are
; messages for just that -- debugging -- and do not rise to the level of
; something that merit your attention as an Asterisk administrator.  Debug
; messages are also very verbose and can and do fill up logfiles quickly;
; this is another reason not to have debug mode on a production system unless
; you are in the process of debugging a specific issue.
;
;debug => debug
console => notice,warning,error
;console => notice,warning,error,debug
messages => notice,warning,error
;full => notice,warning,error,debug,verbose

;syslog keyword : This special keyword logs to syslog facility
;
;syslog.local0 => notice,warning,error
;
```

Existem alguns comandos de console que podem ser usados para tratar os arquivos de log.

```
CLI> logger list channels

Channel                      Type    Status    Configuration
-------                      ----    ------    -------------
/var/log/asterisk/messages   File    Enabled   - Warning Notice
Error
Console   Enabled    - Warning Notice Error

CLI> logger rotate

  == Parsing '/etc/asterisk/logger.conf': Found
Asterisk Event Logger restarted
Asterisk Queue Logger restarted
```

Você pode programar a rotação de logs do Asterisk usando o daemon logrotate. Esta configuração é importante, pois ela impede que os arquivos de log se acumulem no servidor e acabe enchendo o disco, se isto acontecer o serviço Asterisk poderá ser interrompido. Crie um novo arquivo chamado asterisk dentro do diretório /etc/logrotate.d/ com o seguinte conteúdo:

```
/var/log/asterisk/messages        /var/log/asterisk/*log           {
                                                          missingok
                                       rotate                    5
                                                             weekly
               create       0640      asterisk          asterisk
                                                        postrotate
                      /usr/sbin/asterisk    -rx    'logger   reload'
                                                         endscript
    }
```

Esta configuração irá criar semanalmente um novo arquivo de log, totalizando no máximo cinco arquivos, sinta-se a vontade para alterar o numero de arquivos e a freqüência de rotação dos logs.

Você pode obter mais informações sobre o logrotate nas páginas de manual com o comando:

```
#man logrotate
```

Iniciando o Asterisk com usuário não root

É mais seguro executar o Asterisk com um usuário diferente do usuário root. No caso de uma falha de segurança como, por exemplo, um ataque do tipo "buffer overflow" ou força-bruta é mais seguro que o Asterisk tenha sido iniciado com um usuário sem privilégios administrativos, caso isto venha acontecer o invasor terá total controle do sistema.

Para alterar o usuário de execução do Asterisk você deve seguir os seguintes passos.

Passo 1: Edite o arquivo. vi /etc/init.d/asterisk

Passo 2: Retire o comentário das seguintes linhas do arquivo removendo o # do início de cada linha:

/etc/init.d/asterisk

```
AST_USER="asterisk"
AST_GROUP="asterisk"
```

Passo 3: Para alterar os direitos do usuário asterisk nas pastas utilizadas para a execução do Asterisk, digite:

```
cd /
chown -R asterisk:asterisk /etc/asterisk
chown -R asterisk:asterisk /var/lib/asterisk
chown -R asterisk:asterisk /var/log/asterisk
chown -R asterisk:asterisk /var/run/asterisk
chown -R asterisk:asterisk /var/spool/asterisk
chown -R asterisk:asterisk /dev/zap

chmod -R 760 /etc/asterisk
chmod -R 760 /var/lib/asterisk
chmod -R 760 /var/log/asterisk
chmod -R 760 /var/run/asterisk
chmod -R 760 /var/spool/asterisk
chmod -R 760 /dev/dahdi
```

Passo 4: Teste as alterações realizadas digitando:

```
/etc/init.d/asterisk  restart
```

Considerações sobre a instalação

É importante observar alguns aspectos práticos com relação ao hardware e a operação do sistema.

Sistemas em produção

Se o Asterisk for instalado em um ambiente de produção, deve-se prestar atenção no projeto do sistema. O servidor deve ser otimizado de forma que as funções de telefonia tenham prioridade sobre os outros processos do sistema. Na maioria dos casos o Asterisk não deve rodar outros processos, principalmente se forem intensivos em CPU. Se forem necessários processos que utilizam muita CPU como um banco de dados, por exemplo, estes devem ser instalados eventualmente em um servidor separado. De uma forma geral o Asterisk é um sistema sensível a variações na performance da máquina. Portanto evite utilizar o Asterisk em uma máquina que tenha uma utilização de CPU média superior a 40%.

Considerações sobre a rede

Se você vai usar telefones IP é importante que você preste atenção a algumas questões sobre a rede. Os protocolos de voz sobre IP são muito bons e resistentes a perdas de pacotes, atrasos e variações de atrasos. Entretanto se você abusar, a qualidade de voz não será boa. Só é possível garantir a qualidade da voz utilizando mecanismos de qualidade de serviço (QoS) fim-a-fim, o que é inviável principalmente em telefonia sobre a Internet. Desta forma seguem algumas recomendações:

- Implante QoS fim-a-fim sempre que possível. Mesmo em switches de 100Mbps onde é raro ter um congestionamento, vale a pena, um vírus ou uma condição de rede inesperada pode por tudo a perder;

- Seja conservador, use, por exemplo, uma conexão de Internet exclusiva para softfones e telefones IP. Na maioria das vezes os backbones têm folga no tráfego, mas a conexão de acesso é congestionada pelo próprio usuário com downloads, e-mails, etc;

- Evite hubs, as colisões nestes equipamentos, causam variação no atraso (*jitter*). Jitter é um dos piores inimigos da telefonia IP.

- Oriente os usuários de telefonia sobre a Internet onde não é possível garantir a qualidade. Manter as expectativas em um nível realista evita problemas futuros e comentários como "Se eu soubesse que era assim....".

- Quando usar uma rede IP privada com equipamentos que suportam QoS fim-a-fim, se a qualidade da voz estiver ruim, verifique imediatamente, é provável que exista algum problema na sua rede. Com QoS bem implementado a qualidade de voz é perfeita, "sem desculpas".

Temporização

Até a versão 1.6.1 o Asterisk dependia do DAHDI para fazer a temporização necessária para módulos como o meetme(), musiconhold() e Asterisk trunking. A partir dela, uma nova API permitiu que outros módulos fossem usados. Estes módulos são:

1. res_timing_timerfd – Usa um mecanismo provido diretamente pelo Linux e é muito eficiente. Ele depende da versão do Kernel do Linux, pelo menos 2.6.25 e glibc mínima de 2.8.
2. res_timing_dahdi.so –Usa uma placa DAHDI ou o módulo dahdi_dummy.
3. res_timimg_pthread.so – Usa POSIX threads de forma a prover a temporização a menos eficiente de todas.

O Asterisk seleciona automaticamente a fonte de temporização pela ordem acima de forma automática dependendo do que está disponível.

Resumo

Neste capítulo você aprendeu sobre os requisitos mínimos de hardware do Asterisk, como baixar, compilar e instalar o Asterisk. Também vimos que o Asterisk deve ser executado com um usuário diferente do root, por motivo de segurança. Não se esqueça de verificar seu ambiente de rede antes de iniciar um servidor Asterisk em produção.

Questionário

1. Qual a configuração mínima para o Asterisk.

_____

_____

2. As placas de telefonia para o Asterisk têm um processador próprio (DSP), não precisando assim de muita CPU do servidor.

☐ Correto

☐ Incorreto

3. Para que a telefonia IP funcione com perfeição é necessário que a rede possua QoS fim-a-fim.

☐ Correto

☐ Incorreto

4. É possível obter uma boa qualidade de voz em uma rede que não esteja congestionada com switches de 100 Mbps.

☐ Correto

☐ Incorreto

5. Liste abaixo as bibliotecas necessárias para compilar o Asterisk.

---

6. Quando você faz uma instalação do Asterisk, o melhor é não instalar os pacotes de interface gráfica como o KDE e GNOME, pois o Asterisk é sensível na questão de CPU e interfaces gráfica roubam muitos ciclos de clock no CPU do servidor.

☐ Correto

☐ Incorreto

7. Os arquivos de configuração do Asterisk ficam em _____.

8. A fonte de maior prioridade para temporização no Asterisk 1.6.2 é:

☐ res_timing_timerfd

☐ res_timing_dahdi.so

☐ res_timimg_pthread.so

9. Para instalar os arquivos de configuração de exemplo você precisa executar o seguinte comando.

---

10. Porque é importante inicializar o Asterisk com um usuário diferente de root.

3

Construindo um PABX simples usando Asterisk

Neste capítulo você aprenderá a configurar o Asterisk dentro de uma configuração de PABX simples. O objetivo aqui é que você possa ter uma primeira experiência com o Asterisk, configurando um ou dois telefones IP, discando entre eles ou para uma extensão com uma mensagem inicial. Mais à frente, vamos mostrar, com detalhes, os canais SIP, IAX e DAHDI. É importante que você entenda os conceitos apresentados neste capítulo para prosseguir nos capítulos seguintes.

Objetivos do capítulo

Ao final deste capítulo você estará apto à:

- Entender e editar os arquivos de configuração
- Construir um PABX IP simples baseado no Asterisk
- Instalar telefones e softfones baseados em SIP
- Instalar e configurar um tronco SIP com uma operadora IP
- Instalar e configurar uma placa analógica p/conexão na linha telefônica
- Configurar um plano de discagem simples
- Discar entre ramais e para destinos externos
- Configurar a entrada de chamadas pelos troncos
- Configurar uma Unidade de Resposta Audível para auto-atendimento

Gramática dos arquivos de configuração

Antes de começarmos a configurar o PABX propriamente dito, precisamos entender um pouco como funciona a gramática dos arquivos de configuração. O Asterisk é controlado através de arquivos de configuração localizados no diretório /etc/asterisk. É importante entender o formato destes arquivos que é semelhante aos arquivos (.ini) do Windows. O ponto e vírgula é o caractere de comentário.

Arquivo de exemplo:

```
;
; A primeira linha sem ser comentário deve ser o título de uma sessão.
;
[sessao]
chave = valor ; Designação de variável
[sessao2]
objeto => valor ; Declaração de objeto
```

O interpretador do Asterisk interpreta (=) e (=>) de forma idêntica. A sintaxe é apenas para tornar o código mais legível. Embora os arquivos compartilhem a mesma sintaxe, existem pelo menos três tipos distintos de gramática.

Comentários nos arquivos de configuração

Todos os arquivos de configuração do Asterisk, ou seja, aqueles contidos no diretório /etc/asterisk, são comentados com o caractere ponto-e-vírgula (;) no início de cada linha, pois o caractere de comentário padrão dos sistemas baseados em Unix, hashtag (#), se confunde com o símbolo sustenido (#) utilizado na telefonia.

Gramática

Abaixo, uma tabela descritiva dos tipos de gramática encontrados nos arquivos de configuração do Asterisk.

Gramática	Criação dos Objetos	Conf. File	Exemplo
Grupo Simples	Todos na mesma linha	extensions.conf	exten=> 4000,1,Dial(SIP/4000)
Herança de Opções	As opções são definidas antes e os objetos herdam essas opções	chan_dahdi.conf	[channels] context=default signalling=fxs_ks group=1 channel => 1
Entidade Complexa	Cada entidade recebe um contexto	sip.conf, iax.conf	[cisco] type=friend secret=mysecret host=10.1.30.50 context=trusted [xlite] type=friend secret=xlite host=dynamic

Grupo simples

O formato de grupo simples é o mais básico e usado por arquivos de configuração onde os objetos são declarados com todas as opções na mesma linha. Os arquivos extensions.conf, meetme.conf e voicemail.conf seguem este formato.

```
[sessao]
objeto1 => opt1,opt2,opt3
objeto2 => opt1b,opt2b,opt3b
```

Neste exemplo, o objeto1 é criado com opções opt1, opt2 e opt3 enquanto o objeto 2 é criado com opt1b, opt2b e opt3b.

Formato de objeto com herança de opções

Este formato é usado pelo `chan_dahdi.conf` e outras interfaces onde há muitas opções. Entretanto, a maioria das interfaces e objetos compartilha o mesmo valor para opções. Nesta classe de arquivo de configuração, tipicamente existem uma ou mais seções que contém declarações de um ou mais canais ou objetos. As opções para o objeto são especificadas **acima da declaração** do objeto e podem ser mudadas para a declaração de outro objeto. É um conceito difícil de entender, mas muito fácil de usar. Considere o exemplo abaixo:

```
[sessao]
opt1 = bas
opt2 = adv
objeto=>1
opt1 = int
objeto => 2
```

As primeiras duas linhas configuram o valor da opção `opt1` e `opt2` para `bas` e `adv` respectivamente. Quando o objeto 1 é instanciado, ele é criado com sua opção 1 sendo `bas` e sua opção 2 sendo `adv`. Após declarar o objeto 1, mudamos o valor da opção 1 para `int`. E então criamos o objeto 2, agora o objeto 2 é criado com sua opção 1 sendo `int` e sua opção 2 permanece `adv`. Em poucas palavras os objetos herdam todas as opções declaradas acima dele, caso exista uma mesma opção declarada com valor diferente então será herdada a última.

Objeto entidade complexa

O formato objeto entidade complexa é usado pelo `iax.conf` e `sip.conf` e outras interfaces nas quais existem numerosas entidades com muitas opções e que tipicamente não compartilham um grande volume de configurações comuns. Cada entidade recebe seu próprio contexto (Às vezes existem contextos reservados tal como [general] para as configurações globais). As opções então são especificadas na declaração de contexto. Considere:

```
[entidade1]
opt 1 = valor 1
opt 2 = valor 2

[entidade2]
Opt 1 = valor 3
Opt 2 = valor 4
```

A entidade `[entidade1]` tem valores `valor1` e `valor2` para opções `opt1` e `opt2` respectivamente. A entidade `[entidade2]` tem valores `valor3` e `valor4` para as opções `opt1` e opt2.

Opções para montagem de um LAB

Para configurar um PABX simples será preciso em primeiro lugar definir o hardware a ser usado. Não é difícil construir uma máquina de testes, mesmo em casa. Tudo que você vai precisar são dois telefones (ramais) e uma conexão com a rede pública de telefonia (troncos). Existem várias opções e combinações possíveis para o seu laboratório dependendo do que você quer aprender.

Opção 1: Laboratório completo

Qtd.	Descrição
1	Adaptador de telefonia analógica com duas portas (ATA com 2FXS)
2	Telefone IP
3	Servidor dedicado com Asterisk Instalado
4	Estação de trabalho com um softfone instalado
5	Placa de telefonia TDM410P com uma interface FXO e uma interface FXS
6	Conta em um provedor VoIP

Com o laboratório completo é possível testar telefones analógicos conectados a um ATA, telefones IP, telefones Analógicos conectados a uma placa no servidor. Além disso é possível usar troncos analógicos ligados a linha telefônica comum (FXO) e também a um provedor VoIP.

Opção 2: Laboratório Econômico

Qtd.	Descrição
1	Laptop com 1 GB de memória e softfone instalado
3	Máquina virtual p/ instalação do Asterisk e mais um softfone
4	Conta em um provedor VoIP

O segund tipo de laboratório usa um servidor virtualizado no próprio notebook ou computador pessoal. A dificuldade deste modelo são os conflitos de porta UDP que às vezes precisa ser mudada. Por exemplo, ambos o servidor Asterisk e o telefone IP tentam alocar a porta UDP 5060. Você vai precisar iniciar o canal SIP do Asterisk em uma porta alternativa (5061, por exemplo). Outro ponto é que a qualidade de voz não será das melhores. Isto pode trazer a impressão errada de que o sistema não funciona direito. De qualquer forma é uma boa opção para quem não quer investir quase nada. Use um softfone gratuito (ex. X-Lite, Twinkle ou Zoiper) como ramal e uma conexão com um provedor VoIP como tronco.

As instruções abaixo o auxiliarão seja lá qual for a sua escolha.

Seqüência de instalação

Para facilitar o entendimento, vamos estabelecer uma seqüência de passos na instalação e configuração do PABX IP. O Asterisk é normalmente configurado na sequencia RTP, ramais, troncos e plano de discagem.

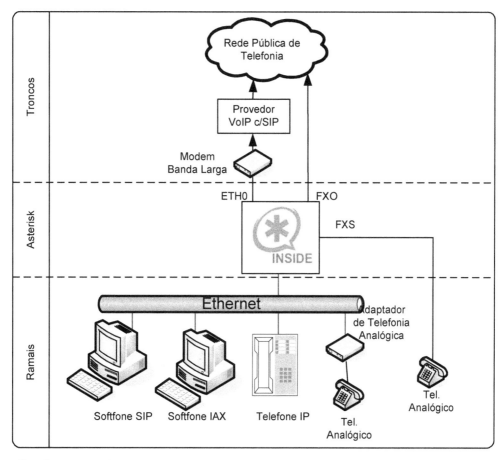

1. Configuração dos ramais

   a. Ramais SIP (ATA, Softfone e Telefone IP)

   b. Ramais IAX (Softfone)

   c. Ramais FXS (Telefone analógico)

2. Configuração dos troncos

   a. Configuração de um tronco para um provedor VoIP

   b. Configuração de um tronco FXO

3. Criação do plano de discagem no Asterisk

   a. Discando entre ramais

   b. Discando para destinos externos

   c. Recebendo uma chamada em uma telefonista

    d. Recebendo uma chamada em um Auto-Atendedor

    e. Configurando uma URA simples

    f. Configurando o correio de voz

    g. Configurando uma sala de conferência

Configuração dos ramais

Os ramais podem ser do tipo SIP, IAX ou ramais analógicos ligados em portas FXS. Para configurar um ramal você deve editar o arquivo de configuração correspondente ao canal (SIP, sip.conf, IAX, iax.conf, FXS, chan_dahdi.conf).

Configurações gerais do canal SIP

Antes que você possa configurar um ramal SIP, existem alguns parâmetros que devem ser configurados no arquivo sip.conf.

Na seção [general] você vai definir alguns parâmetros gerais que vão valer para todos os ramais SIP. Algumas destas opções são:

- **disallow:** Proíbe determinados codec.
- **allow:** Permite que um determinado codec seja usado.
- **bindport**: Porta que o Asterisk deve esperar por conexões de entrada SIP. O padrão é 5060 UDP.
- **bindaddr:** Endereço IP onde o Asterisk irá esperar pelas conexões SIP. O comportamento padrão é esperar em todas as interfaces e endereços secundários.
- **context:** Configura o contexto padrão onde todos os clientes serão colocados, a menos que seja sobrescrito na definição da entidade. Usamos o contexto **dummy** no exemplo abaixo por segurança.
- **maxexpirey:** Tempo máximo para registro em segundos.
- **defaultexpirey:** Tempo padrão para registro em segundos.
- **allowguest:** Define se vamos aceitar conexões anônimas (Sem identificação no campo FROM do SIP).

Exemplo:

```
[general]
bindport = 5060
bindaddr = 0.0.0.0
context = dummy
disallow = all
allow = ulaw
maxexpirey = 120
defaultexpirey = 80
allowguest = no
alwaysauthreject = yes
allowguest = no
```

Liberando as portas do firewall.

Se você está usando uma das últimas versões do CentOS, este sistema possui firewall habilitado por default. Então para poder trabalhar com o Asterisk você terá de liberar algumas portas para acesso SIP e IAX. Para tal, você deve configurar o arquivo /etc/sysconfig/iptables. Segue abaixo as regras que devem ser inseridas no arquivo.

```
# SIP na porta UDP.
-A INPUT -p udp -m udp --dport 5060 -j ACCEPT

# IAX2 protocolo IAX
-A INPUT -p udp -m udp --dport 4569 -j ACCEPT

# IAX - Nova porta do IAX2
-A INPUT -p udp -m udp --dport 5036 -j ACCEPT

# RTP - the media stream
# Portas de Audio definidas em rtp.conf
-A INPUT -p udp -m udp --dport 10000:20000 -j ACCEPT

Após inserí-las reinicialize o firewall usando:
```

/etc/init.d/iptables restart

Configuração de ramais SIP

Existem basicamente duas formas de configurar telefones SIP a partir da versão 1.4. Você pode individualmente editar os arquivos de canais ou simplesmente criar os usuários no arquivo users.conf. Este arquivo é um atalho para evitar a necessidade de se configurar arquivo por arquivo individualmente (sip.conf, iax.conf).

Na figura baixo foi criado o ramal 6000 com senha 1qert5!* já com SIP, IAX e correio de voz pré-configurado. Não é necessário incluir os ramais no arquivo extensions.conf. Qualquer chamada a um ramal será processada pela macro macro-stdexten por default.

Quando você cria um usuário usando o users.conf. Os arquivos individuais, sip.conf, iax.conf e voicemail.conf não são alterados por esta configuração.

Você terá de criar uma entrada como a abaixo para cada ramal que desejar usar.

```
[6000]
callwaiting = yes              ;Permite colocar chamada em espera
cid_number = 6000              ;Número do BINA (identificação de chamada)
context = from-internal        ;Ponto de partida no plano de discagem
email = flavio@asteriskguide.com  ;Endereço de e-mail do usuário
fullname = Flavio E Goncalves  ;Nome completo do usuário
hasiax = yes                   ;Vai usar IAX?
hassip = yes                   ;Vai usar SIP?
hasvoicemail = yes             ;Possui correio de voz?
deletevoicemail = no              ;Apaga a mensagem   de voz após
enviar por e-mail
```

```
host = dynamic              ;Aceita o registro vindo de qualquer IP
(dinâmico)
secret = 1qert5!*           ;Senha do ramal (não esqueça de usar senhas
fortes)
mailbox = 6000             ;Número da caixa postal do correio de voz
vmsecret = 1234            ;Senha do correio de voz
registeriax = yes          ;Registra com IAX?
registersip = yes          ;Registra com SIP?
directmedia = no           ;Força a passagem do áudio através do
Asterisk
nat = yes                  ;Pode acessar através de NAT
dtmfmode = rfc2833         ;Modo de transmissão do DTMF
disallow = all                      ;Bloqueia todos os codecs
allow = ulaw,gsm           ;Permite codecs g711u e gsm (nesta ordem)


[6001]
...

...
```

Configuração direta nos Arquivos SIP

Se você quiser fazer a moda antiga, o protocolo SIP é configurado no arquivo
/etc/asterisk/sip.conf e contém parâmetros relacionados à configuração dos telefones e
operadoras SIP. Os clientes SIP devem estar configurados antes que possam fazer e receber
chamadas. É importante frisar que é uma coisa ou outra, em outras palavras, ou você
configura o users.conf ou o sip.conf para criar os usuários.

Opções para cada telefone

Após a seção geral, seguem as definições das entidades padrão SIP.

[name]: Quando um dispositivo SIP conecta-se ao Asterisk, ele utiliza a parte username do
SIP URI para encontrar o destino peer/user.

- type: Configura a classe de conexão, as opções são peer, user e friend.
- peer: Entidade para a qual o Asterisk envia chamadas.
- user: Entidade que faz chamadas através do Asterisk.
- friend: Os dois ao mesmo tempo.
- host: Configura o endereço IP ou o nome do host. Pode-se usar também a opção 'dynamic' onde se espera que o host faça o registro, é a opção mais comum.
- secret: Senha usada para autenticar o peer ou user fazendo uma chamada.

Exemplo:

```
[6000]
type=friend                 ;Uma conta de entrada e saída de chamadas
secret=#supersecret#        ;Não esqueça de utilizar senhas fortes.
host=dynamic        ;O cliente pode se conectar a partir de qualquer IP.
context=from-internal       ;Define o ponto de partida no plano de
discagem.
```

```
[6001]
type=friend
secret=#supersecret#
host=dynamic
context=from-internal
```

Usando Máscaras (templates)

Um dos grandes benefícios da versão 1.6 é a possibilidade de usar máscaras. Você pode agora definir uma máscara para os seus peers SIP/IAX. A sintaxe para definir os templates é como segue.

```
[section](options)
label = value
```

Exemplo#1 – Definindo uma máscara

```
[default](!)
type=friend
host=dynamic
```

No exemplo acima, o caractere (!) diz ao processador que esta seção é apenas uma máscara e que ela não deve ser processada.

Example #2 – Você pode usar uma máscara pre-definida após o objeto usando o parêntesis. Não deixe espaço entre o fim do colchete "]" e o início do parentesis "(". Máscaras são transitivas, de forma que você pode definir uma máscara a partir de outra máscara.

```
[6000](default)
secret=#m4rksp3nc3r#
context=default
```

No exemplo acima o peer resultante será processado como:

```
[6000]
type=friend
host=dynamic
secret=#supersecret#
context=default
```

Existem cenários mais avançados para o uso de máscaras. Você pode verificar alguns exemplos mais avançados no arquivo de configuração exemplo sip.conf.

Configurações gerais de um canal IAX

A configuração do canal IAX é muito parecida com a do canal SIP. Ela é feita no arquivo iax.conf.

```
[general]
bindport = 4569
bindaddr = 10.1.30.45 ;(use seu ip)
context = dummy
disallow = all
allow = ulaw
```

Opções para cada telefone

Após a seção geral, seguem as definições das entidades padrão IAX.

[name]: Quando um dispositivo IAX conecta-se ao Asterisk, ele utiliza a parte username do SIP URI para encontrar o `peer/user`. Você pode notar que as opções são idênticas àquelas do arquivo sip.conf.

- type: Configura a classe de conexão, as opções são `peer, user` e `friend`.
  - peer: Entidade para a qual o Asterisk envia chamadas.
  - user: Entidade que faz chamadas através do Asterisk.
  - friend: Os dois ao mesmo tempo.
- host: Configura o endereço IP ou o nome do host. Pode-se usar também a opção 'dynamic' onde se espera que o host faça o registro, é a opção mais comum.
- secret: Senha usada para autenticar o `peer` ou `user` fazendo uma chamada.
- Para evitar que um usuário não identificado tenha acesso a central, estou especificando um usuário guest apontando para um contexto vazio, impedindo que qualquer chamada seja completada.

Exemplo:

```
[guest]
type=user
context=dummy
callerid="Guest IAX User"

[6003]
context=from-internal
type=friend
secret=#ultrasecret#
host=dynamic
context=from-internal

[6004]
context=from-internal
type=friend
secret=#ultrasecret#
host=dynamic
context=from-internal
```

Após terminar a configuração use na linha de commando do Asterisk a instrução `cli>sip reload` para carregar as alterações no arquivo.

Configurando um dispositivo físico SIP

Após entender como se configuram os telefones no Asterisk é hora de por a mão na massa e configurar alguns telefones na prática. Neste exemplo vamos mostrar como se configura o X-LITE, softfone popular gratuito que funciona muito bem com o Asterisk. Verifique o manual do seu dispositivo para entender como configurar os parâmetros do seu equipamento.

Passo 1: Configure os softfone XLITE do ramal 6000 no Asterisk.

1. Execute o programa de instalação;

2. Após a execução do X-Lite clique com o botão direito e escolha SIP Account Settings.

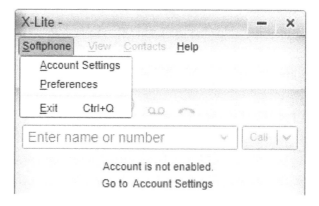

3. Preencha as informações necessárias:

Account name: 6000

Protocol: SIP

Allow this account for

☑ Call
☑ IM / Presence

User Details

* User ID: 6000

* Domain: 192.168.1.109

Password: ••••••••••••

Display name: 6000

Authorization name: 6000

Display Name: 6000
User Name: 6000

> Password: supersecret
> Authorization User Name: 6000
> Domain: ip_do_seu_servidor

4. Confirme que o telefone foi registrado no Asterisk com o comando `sip show peers`

Passo 4: Repita a configuração do XLITE para o softfone 6001.

Configurando um dispositivo físico IAX.

Neste exemplo vamos usar o Zoiper Free como dispositivo IAX. Ele pode ser baixado diretamente da internet sem custos em www.zoiper.com.

Passo 1: Faça o dowload e instale o Zoiper.

Passo 2: Clique com o botão direito e entra na opção options.

Passo 3: Selecione new IAX account.

Passo 4: Insira as opções correspondentes.

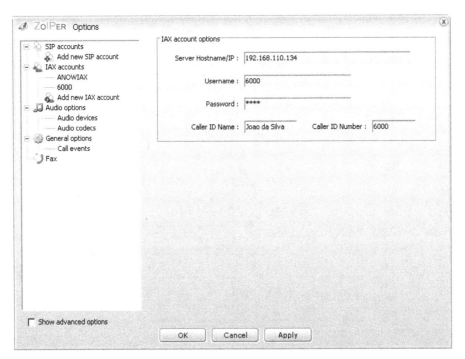

Passo 5: Salve a configuração e verifique se o usuário foi registrado no Asterisk.

Importante: Use uma conta para um telefone SIP e outra para um telefone IAX. Se você configurar ao mesmo tempo um telefone SIP e IAX para a mesma conta, é possível fazer os dois tocarem simultaneamente. Veremos isto na seção sobre o plano de discagem

Troncos de acesso à rede telefônica

Antes que você possa fazer ligações para outros telefones, você precisa configurar um tronco de acesso à rede pública. Podemos fazer isto de duas formas. A primeira é usar um provedor VoIP que permite que ligações usando o protocolo SIP sejam encaminhadas para a rede publica. Estes provedores possuem tarifas de DDD e DDI bastante atrativas. Outra forma é usar uma placa de telefonia com uma porta do TIPO FXO (Foreign Exchange Office) que permite a ligação em uma linha telefônica comum.

Tronco para uma linha telefônica comum (FXO)

Para se interligar com a rede pública de telefonia é necessária uma interface do tipo FXO (Foreign Exchange Office) e uma linha telefônica comum. Um ramal de uma central telefônica analógica existente também pode ser utilizado. Você pode obter uma placa FXO comprando uma placa Digium TDM400P ou uma Em termos gerais, uma placa FXO é usada para ligar na rede pública ou a um PABX, esta placa recebe tom. Uma placa FXS em contrapartida pode ser usada para ligar um aparelho telefônico comum, uma linha FXS gera tom.

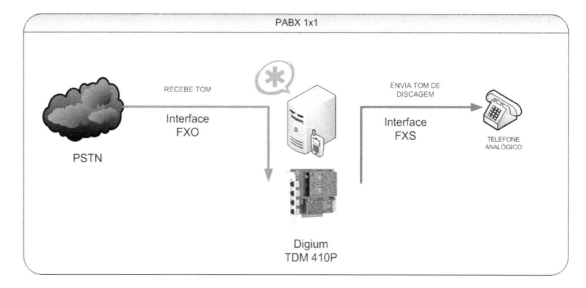

Graças ao time de desenvolvedores DAHDI, nós temos agora uma ferramenta para detectar e configurar as placas de interface de forma quase automática. Se você acabou de instalar os

drivers DAHDI, por favor, não se esqueça de executar o comando `make config` e reinicializar o servidor para que ele carregue automaticamente. Você pode usar os comandos abaixo para detectar e configurar a sua placa.

Passo 1: Para detectar o seu hardware use;

`dahdi_hardware`.

Passo 2: Para configurá-lo use:

`dahdi_genconf`.

O commando acima irá gerar dois arquivos, `/etc/system/dahdi.conf` e `/etc/asterisk/dahdi-channels.conf`. Os parâmetros padrão para o `dahdi_genconf` normalmente vão funcionar bem. Por default, ele irá inserir as linhas FXO no contexto `from-pstn` e os telephones (FXS) no contexto `from-internal`.

Passo 3: Após rodar o commando `dahdi_genconf`, na última linha do arquivo `/etc/asterisk/chan_dahdi.conf` insira a seguinte linha de comando.

```
#include dahdi-channels.conf
```

Passo 4:Edite o arquivo `/etc/dahdi/modules`e comente todos os drivers não usados. Reinicialize o servidor antes de verificar se os canais foram reconhecidos usando:

```
CLI>dahdi show channels
```

Configurando um tronco para um provedor VoIP

Se você não possui uma placa de telefonia, pode contratar o serviço de uma operaodra de telefonia VOIP para completar suas chamadas. Dezenas de operadoras no país prestam este serviço. Para terminar chamadas, você precisa configurar um tronco VoIP. Parâmetros fornecidos pelo provedor:

- Nome usuário: **login**
- Senha do usuário: **senha**
- Domínio do provedor: **domínio**
- Porta UDP: **porta**
- Codecs permitidos: **g729, ilbc, alaw**

Dois parâmetros serão arbitrados:

- **Ramal de recebimento:** Este ramal receberá quaisquer chamadas vindas do provedor. Neste caso usamos **9999**
- context: Neste exemplo usamos **from-sip**

Configure no arquivo `sip.conf` os seguintes parâmetros

```
[general]
srvlookup=yes
register => login:senha@dominio:porta/9999

[troncosip]
username=login
type=peer
secret=#supersecret#
port=5060
insecure=invite
host=dominio
fromuser=login
fromdomain=dominio
dtmfmode=rfc2833
context=from-sip
disallow=all
allow=ilbc
allow=alaw
allow=g729
```

Para acesso a este tronco vamos utilizar o canal `SIP/tronco`.

Criando o plano de discagem

O plano de discagem é o coração do Asterisk, na medida, que ele define como o Asterisk irá gerenciar as chamadas. Ele consiste de uma lista de instruções ou passos que o Asterisk deveria seguir. Essas instruções são disparadas a partir dos dígitos recebidos de um canal ou aplicação. É fundamental para configurar o Asterisk, que se entenda o plano de discagem.

A maior parte do plano de discagem está contida no arquivo `extensions.conf` no diretório `/etc/asterisk`. O arquivo pode ser separado em quatro partes:

- Contextos;
- Extensões;
- Prioridades;
- Aplicações.

Estrutura do arquivo extensions.conf

O arquivo `extensions.conf` é separado em seções, a primeira é a seção `[genera]`. As sessões iniciam a partir da sua definição, como por exemplo, `[atendentes]`, e acabam quando ocorre a definição de uma nova sessão.

Seção [general]

No topo do arquivo `extensions.conf` você configura alguns parâmetros gerais na seção com o cabeçalho `[general]`. Antes de começar a escrever um plano de discagem é interessante que se compreenda algumas opções que regem o comportamento do plano de discagem. Estas opções são:

- **static e writeprotect:** Se `static=yes` e `writeprotect=no` você poderá salvar um plano de discagem feito a partir da linha de comando com o comando `save dialplan`.

> Atenção: Caso você execute o comando `save dialplan` a partir da CLI você perderá todos os comentários do arquivo `extensions.conf`.

- **autofallthrough:** Caso o `autofallthrough` esteja habilitado, quando um ramal não tiver mais nenhuma opção no seu plano de discagem o Asterisk encerra a chamada com BUSY, CONGESTION ou HANGUP das outras configurações do servidor. Caso este recurso não esteja ativado quando um ramal não encontrar mais nenhuma opção no seu plano de discagem, o Asterisk ficará em espera até que um novo ramal seja chamado. Na versão 1.4 este parâmetro está inicialmente habilitado.

- **clearglobalvars:** Se este recurso estiver carregado, as variáveis globais serão limpas e recarregadas a cada vez que ocorrer uma recarga do Asterisk feita com o comando de console `reload`. Caso contrário as variáveis vão persistir mesmo que tenham sido apagadas do plano de discagem. É um recurso existente a partir da versão 1.2.

- **priority jumping**: Se você configurá-lo para sim, então as aplicações que suportam saltar prioridades (normalmente n+101), baseado no resultado da operação, o farão de forma normal (este comportamento é o compatível com as versões anteriores a 1.2). Aplicações individuais podem assumir este comportamento, para tanto basta que se passe o "j" como argumento. Na versão 1.4 este recurso esta desabilitado por padrão.

- ^{New} **extenpatternmatching**: Este é um novo recurso, recomendado para casos de usuários que tem mais de 50 extensões e grande volume de chamadas. Ele pode ser até 300 vezes mais rápido com mais de 10000 extensões. Veja o arquivo de configuração exemplo, para mais detalhes.

- **userscontext**. Este recurso permite configurar o contexto padrão se você estiver usando o aquivo users.conf.

Seção [globals]

Em seguida na seção `[globals]`, você pode definir as variáveis globais (ou constantes) e seus valores iniciais, sendo que as mesmas não fazem distinção de caixa alta ou baixa. As variáveis globais podem ser acessadas dentro de um plano de discagem com o uso da seguinte sintaxe: `${GLOBAL(variável)}`. As variáveis de ambiente do Linux/Unix podem ser acessadas com a seguinte sintaxe: `${ENV(variáveis)}`.

Um exemplo simples:

```
exten=9000,1,set(GLOBAL(RINGTIME)=4)
exten=9000,n,Noop(${GLOBAL(RINGTIME)})
```

```
exten=9000,n,hangup()
```
No exemplo acima a o valor da variável global RINGTIME foi alterado para 4 e seu valor foi depois testado em uma instrução subseqüente do plano de discagem.

Contextos

Os contextos são uma forma de segmentar o plano de discagem. No terceiro capítulo você aprendeu o básico sobre contextos, extensões e prioridades. Após a seção geral [general] e das variáveis globais [globals] o plano de discagem pode ser dividido em uma série de contextos, cada qual com as suas extensões, cada extensão com as suas prioridades e cada prioridade fazendo uso de diversas aplicações e seus argumentos pertinentes. Vamos agora fazer uma breve revisão dos conceitos introduzidos anteriormente.

Você pode construir um plano de discagem simples para conseguir fazer ligações para outros ramais e para a PSTN. Entretanto, o Asterisk tem muitas outras funcionalidades além destas.

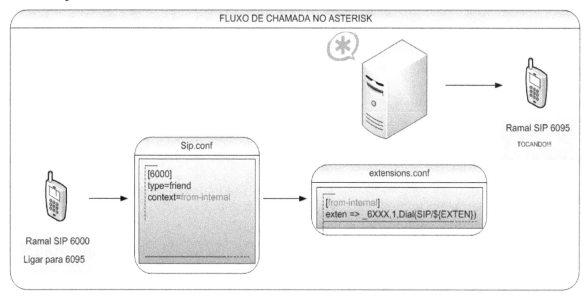

Nesta figura conseguimos visualizar o fluxo de uma chamada sendo processada pelo Asterisk,

1) A chamada é efetuada pelo ramal SIP/6000 para o ramal SIP/6095. O ramal de origem (SIP/6000) está registrado no contexto (from-internal), isto significa que toda chamada efetuada por este ramal será processada pelo contexto (from-internal) localizado no plano de discagem (extensions.conf),

2) O número discado deve "casar" com alguma regra neste contexto então a chamada é processada.

Da mesma forma ocorre na entrada de uma chamada vindo da rede pública de telefonia, neste exemplo temos um servidor conectado a PSTN através de uma linha analógica utilizando uma placa Digium modelo TDM410P, note que a placa também possui um contexto definido aonde todas as chamas vindas desta interface serão tratadas.

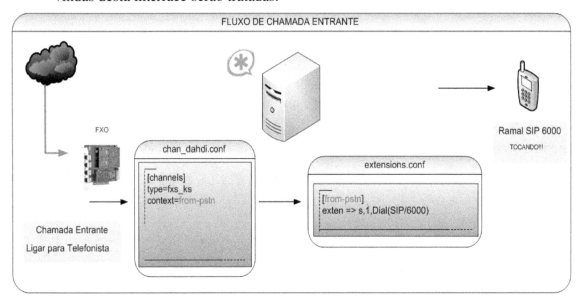

Extensões

Diferente de um PABX tradicional, onde uma extensão, que em muitos casos será um ramal, esta associada com um telefone, no Asterisk uma extensão é um conjunto de comandos executados quando o número ou nome de uma determinada extensão é chamado. Os comandos de uma extensão são executados em ordem de prioridade, primeiro o comando com prioridade 1, depois 2, e assim por diante, até que a chamada seja encerrada ou até que algum dos comandos executados retorne um sinal de erro. O que acontece quando o Asterisk executa o último comando é regido pela opção autofallthrough. As extensões não fazem distinção de caixa alta ou baixa, entretanto não se pode criar dois ramais com o mesmo nome só que com cases diferentes.

Sintaxe de uma Extensão

exten => número(nome),{prioridade|rótulo{+|-}offset[(alias)],aplicação()}

Formato de uma Extensão

Mark	::	Alfanumérico
8000	::	Numérico
8000/1155679999	::	Numérico com CallerID
_8XXX	::	Expressão Regular
s	::	Extensão Especial (Start)

Formato de uma Prioridade

1..9	::	Numérica
n	::	Próximo (Next)
s	::	Igual a prio. anterior (Same)
n+/- x	::	Próximo + x Prioridades
s+/-x	::	Igual + x Prioridades
hint	::	Especial, usado para supervisionar o ramal

Exemplo:

```
exten=>123/100,1,Answer()
exten=>123/100,2,Playback(tt-weasels)
exten=>123/100,3,Hangup()
```

Neste exemplo, o ramal 123 será chamado e os comandos subseqüentes serão executados caso o CallerID for igual a 100.

Uma extensão pode ser uma de três tipos padrão, literal, especial.

Literais

Uma extensão literal pode conter caracteres numéricos e alfanuméricos e os caracteres "*"e "#".

Padrões

Os padrões são uma forma de especificar um conjunto de extensões. Quando você define as extensões dentro de um contexto, você pode usar, além de números literais, ou nomes alfanuméricos, extensões que correspondam ao conjunto de números discados usando padrões. Um nome de extensão é um padrão se ele se inicia com um caractere sublinhado "_". Os seguintes caracteres têm um significado especial:

Padrão

_ (Underscore)	Começo de um padrão
. (ponto)	Coringa, corresponde a um ou mais dígitos
! (exclamação)	Corresponde a um ou mais dígitos imediatamente
[123-7]	Quaisquer dígitos dentro das chaves (1,2,3a7)
X	Qualquer dígito de 0-9
Z	Qualquer dígito de 1-9
N	Qualquer dígito de 2-9

Exemplos

Extensão	Descrição
_61XX	Sao Paulo´s Office (6100 - 6199)
_63XX	New York's Office (6300-6399)
_62XX	San Francisco's Office (6200 - 6299)
_7[1-3]XX	Bangalore's Office (7100-7399)
_7[04-9]XX	Beijing's Office (7000-7099, 7400-7499)
_9.	Qualquer número que comece com 9
_9XXXXXXX	Qualquer número de 8 dígitos que comece com 9

Observe que o padrão !(interrogação) é novo na versão 1.2. Ele faz a correspondência imediata esperando até que não haja ambigüidade. Ao término ele libera o tom de discar para discagem sobreposta (overlap dial).

Considere o contexto routing

Extensão	Descrição
_61XX	Escritório de São Paulo
_63XX	Escritório de New York
_62XX	Escritório de San Francisco
_7[1-3]XX	Escritório de Bangalore
_7[04-9]XX	Escritório de Beijing

Este contexto, dado o nome routing, envia chamadas para vários servidores de acordo com sua extensão. Esta organização decidiu que todas as extensões de telefone terão quatro dígitos. Se um usuário discar uma extensão começando com 61 ou 63, isto será enviado ao escritório de São Paulo; 62 para o escritório de New York e assim por diante.

Mais exemplos de padrões:

```
_NXXXXXX          Corresponde a um número de telefone de 7 dígitos
_021XXXXXXXXX Corresponde a uma saída pela Embratel
```

Extensões especiais

O Asterisk usa alguns nomes de extensão para propósitos especiais, dentre elas estão:

```
┌─────────────────────────────────────────────────────┐
│              Extensões padrão do Asterisk             │
│                                                       │
│   i       : Invalid                                   │
│   s       : Start                                     │
│   h       : Hangup                                    │
│   t       : Timeout                                   │
│   T       : AbsoluteTimeout                           │
│   o       : Operator                                  │
│   a       : Usada quando se pressiona "*" no          │
│             menu do voicemail                         │
│   Hint  : Usado p/ presença                           │
│   failed : Usado se uma autodiscagem falha^New        │
│   fax   : Usada na detecção de fax                    │
│   Talk  : Usada com backgroundDetect()                │
│                                                       │
└─────────────────────────────────────────────────────┘
```

Descrição:

i: Usado quando se disca para uma extensão desconhecida no contexto ou entrada desconhecida em um menu da URA.

s: Usado para planos de discagem que entram em um contexto sem outras informações como o identificador de chamada. Mesmo se você conhecesse o identificador de chamada, você ainda tem um lugar para começar.

t: Usado quando chamadas ficaram inativas após uma mensagem de voz ter ter sido tocada. Também usado para desligar uma linha que esteja ociosa.

T: Usado para uma chamada que tenha sido desligada devido à função `absolutetimeout()`. É útil, por exemplo, para tocar uma notificação quando do término da ligação. .

h: Usado para limpar uma chamada. Pode ser usado para tocar uma mensagem de adeus antes de desligar.

o: Usado quando o usuário sai discando 0 no correio de voz.

hint - mapeia uma extensão para um canal (usado para a lâmpada de ocupado). No Asterisk, um canal pode estar ocupado ou tocando, mas uma extensão é apenas uma string de números que ativam uma ou mais aplicações.

[New]**failed** – Este tipo de extensão é usado quando se usam arquivos de chamada (callfiles). É possível gerar chamadas usando um arquivo de chamadas. Se a chamada gerada falha você pode tratar este erro na extensão failed.

Os usos destas extensões podem alterar o conteúdo dos seus registros de bilhetagem CDR – Call Detail Record. Em particular o campo dst não irá conter mais o número discado! Para contornar o problema você pode usar dentro do aplicativo dial() com a opção ge considerar o uso das funções resetcdr(w) e/ou nocdr().

Variáveis

No Asterisk as variáveis podem ser globais, variáveis associadas a um canal e variáveis de ambiente. As variáveis podem ser vistas na console do Asterisk usando o comando NoOp().

O Asterisk pode fazer uso de variáveis globais ou específicas por canal como argumentos para os comandos. Variáveis são referenciadas no plano de discagem usando a seguinte sintaxe:

```
${varname}
```
Onde varname é o nome da variável":

Um nome de variável pode ser uma string alfanumérica iniciando com uma letra. Os nomes de variáveis definidos pelo usuário não distinguem maiúsculas de minúsculas. Considere as variáveis, ${VarName} e ${varname} como equivalentes. Em outras palavras, ${EXTEN}e${exten} fazem referência a duas variáveis distintas.

Variáveis globais

As variáveis globais podem ser definidas na sessão [globals] ou com o uso do seguinte comando:

```
set(Global(variable)=content)
```

Variáveis de canal

São configuradas com o comando set(). Cada canal tem o seu próprio escopo de variáveis, portanto não existe a possibilidade dos canais misturarem as suas variáveis. Sendo que o escopo do canal é limpo quando ocorre o encerramento da chamada. Algumas variáveis de canal interessante são:

- ${EXTEN}   Extensão chamada
- ${CONTEXT} Contexto atual
- ${CALLERID(name)}
- ${CALLERID(num)}
- ${CALLERID(all)} Current caller ID
- ${CALLERID} callerID atual

- ${PRIORITY} Prioridade atual

Existem outras varáveis de canal, sendo que todas estão em maiúsculas. Para ver o conteúdo de diversas variáveis dentro de um canal você pode usar a aplicação dumpchan(). Abaixo você pode encontrar a saída de tal comando para o seguinte ramal:

```
exten=9001,1,dumpchan()
exten=9001,n,echo()
exten=9001,n,hangup()
```

Saída do dumpchan():

```
Dumping Info For Channel: SIP/4400-08191828:
=======================================================================
Info:
Name=                    SIP/4400-08191828
Type=                    SIP
UniqueID=                1161186526.0
CallerID=                4400
CallerIDName=            laptop
DNIDDigits=              9001
RDNIS=                   (N/A)
State=                   Ring (4)
Rings=                   0
NativeFormat=            0x4 (ulaw)
WriteFormat=             0x4 (ulaw)
ReadFormat=              0x4 (ulaw)
1stFileDescriptor=       16
Framesin=                0
Framesout=               0
-TimetoHangup=            0
ElapsedTime=             0h0m0s
Context=                 default
Extension=               9001
Priority=                1
CallGroup=
PickupGroup=
Application=             DumpChan
Data=                    (Empty)
Blocking_in=             (Not Blocking)

Variables:
SIPCALLID=500CEBC0-9483-4CED-B1E4-16D953655CFC@192.168.1.116
SIPUSERAGENT=SJphone/1.61.312b (SJ Labs)
SIPDOMAIN=192.168.1.133
SIPURI=sip:4400@192.168.1.116
```

Dica: Uma lista completa das variáveis de canal pode ser encontrada em http://www.voip-info.org/wiki/view/Asterisk+Detailed+Variable+List

Variáveis de ambiente

Fornecem um meio de acessar variáveis de ambiente do sistema operacional de dentro do Asterisk. Existe uma lista mais abaixo nesta página. Você pode atribuir valores as variáveis de ambiente com o comando ENV(). Exemplo:

```
${ENV(LANG)}
Set(ENV(LANG))=en_US
```

Variáveis específicas de aplicações

Algumas aplicações tomam como argumento, variáveis como entrada ou saída de dados. Você pode atribuir valores às variáveis ou ler se conteúdo antes ou depois da execução de uma aplicação. Como exemplo, tomaremos a aplicação `dial()` que faz uso das seguintes variáveis como saída:

- `${DIALEDTIME}` -Tempo entre o estabelecimento e o encerramento de uma chamada

- `${ANSWEREDTIME}`-É o duração de tempo da chamada em si.

- `${DIALSTATUS}`-Mostra o status da chamada, o qual pode ser:

  - CHANUNAVAIL
  - CONGESTION
  - NOANSWER
  - BUSY
  - ANSWER
  - CANCEL
  - DONTCALL
  - TORTURE

- `${CAUSECODE}` -Mensagem de erro da chamada

Já como entrada tal aplicação recebe informação das seguintes variáveis:

- `${VXML_URL}` –Envia uma URL XML para um telefone Cisco 7690.

- `${ALERT_INFO}` –Configura a cadência da campainha para os telefones Cisco.

Expressões

O uso de expressões pode ser muito útil para a configuração do plano de discagem. Elas fazem uso de variáveis e operadores para manipularem strings e com isto realizar diversas operações. Uma expressão segue a sintaxe definida abaixo:

```
                    Expressões

          $[expressão1 operador expressão2]
```

Operadores matemáticos
Adição (+), Subtração (-), Multiplicação (*), Divisão (/), Módulo (%)

Operadores lógicos
"AND" lógico (&), "OR" lógico (|), negação (!)

Operadores de comparação
(=, >, >=, <, <=, !=)

Operadores para expressões regulares
Casamento com expressão regular (:), Casamento exato de expressão regular (=~)

Operador condicional
expressão1 ? expressão2 :: expressão3

Vamos supor que tenhamos uma variável chamada "I". E que queremos adicionar um valor a esta variável.

```
$[${I}+100]
```

Quando o Asterisk encontra uma expressão no plano de discagem, ele substitui a expressão inteira com o valor resultante.

Operadores

Os seguintes operadores podem ser usados na construção de expressões.

- Operadores matemáticos:
    - Soma (+)
    - Subtração(-)
    - Multiplicação(*)
    - Divisão(/)
    - Resto da divisão (modulo) (%)
- Operadores lógicos:
    - Operador "E" lógico (&)
    - Operador "OU" lógico (|)

- o Operadores de comparação (=, >, >=, <,<=,!=)
- Operadores para expressões regulares:
  - o Expressão regular (:)
  - o Casamento exato da expressão regular (=~)

Funções

A partir da versão 1.2 as funções ganharam importância e algumas aplicações estão sendo substituídas por funções. Elas permitem processar as variáveis de uma forma ainda mais avançada que os operadores. Você pode verificar que funções estão disponíveis no Asterisk usando o comando de console:

```
CLI>core show functions
```

Comprimento da String

A função `${LEN("varname")}` retorna o comprimento da string `varname`.

```
Exemplo:
exten=>100,1,Set(Fruta=pera)
exten=>100,2,NoOp(${LEN(Fruta)})
exten=>100,3,NoOp(${LEN(${Fruta})})
```

O primeiro NoOp() deveria mostrar um valor de 5 (o Comprimento da string "fruta"). A segunda operação NoOp() deveria mostrar o valor de 4 (O comprimento da string "pera"). Esta é uma boa maneira de verificar se uma string está vazia ou nula.

Substrings

```
${string:offset:length}
```

Retorna uma substring da string, iniciando na posição definida por "offset" e retornando o comprimento de caracteres definido em "length".

Se o offset é negativo, a substring é considerada da direita para esquerda a partir do final da string.

Se o comprimento é omitido, ou é negativo, então todo o resto da string a partir do ponto de início (offset) é retornado.

```
Exemplos:
${string:offset:length}
${123456789:1}-retorna a string 23456789
${123456789:-4}-retorna a string 6789
${123456789:0:3}-retorna a string 123
${123456789:2:3}-retorna a string 345
${123456789:-4:3}-retorna a string 678
```

Exemplos de uso:

```
exten=>_NXX.,1,Set(areacode=${EXTEN:0:3})
```

Pega os primeiros três dígitos da variável ${EXTEN}

```
exten=>_516XXXXXXX,1,Dial(${EXTEN:3})
```
Pega todos exceto os primeiros três dígitos da ${EXTEN}

Concatenação de Strings

Para concatenar duas strings, simplesmente escreva-as juntas.

```
${foo}${bar}
555${Onumero}
${PrefixoLongaDistancia}555${ONumero}
```

Aplicações

Para escrever um plano de discagem nós precisamos primeiro entender o conceito de aplicação. Você as usará para tratar o comportamento do canal durante uma chamada dentro do plano de discagem. As aplicações disponíveis dependem dos módulos instalados em seu Asterisk. Para visualizar as aplicações disponíveis basta executar o seguinte comando:

```
CLI>core show applications
```

Para exibir detalhes sobre uma aplicação em específico você pode fazer como no exemplo abaixo:

```
CLI>core show application dial
```

Para projetar um plano de discagem simples você precisa se familiarizar com algumas aplicações. No próximo capítulo serão apresentados alguns exemplos mais avançados.

Aplicações para a construção de um plano de discagem simples

- answer() – Atende um canal

- dial() – Disca para outro canal

- hangup() – Encerra um canal

- playback() – Reproduz no canal o audio contido em um arquivo

- goto() – Pula para uma determinada prioridade, extensão ou contexto

Nós usaremos as aplicações acima para a construção do nosso plano de discagem.

A aplicação answer()

Atende um canal que esteja tocando. É possível se passar um argumento numérico para essa função, neste caso `answer()` esperará por esse número de mili-segundos para atender a chamada.

A aplicação dial()

Faz uma chamada e faz a conexão com o canal atual. A sintaxe para esta aplicação está apresentada abaixo:

```
;Dialing a channel
Dial(type/identifier,timeout,options, URL)

;Dialing to multiple channels
Dial(Technology/resource[&Tech2/resource2...][|timeout][|options][|URL]):
```

A aplicação fará a chamada para um ou mais canais. Assim que um dos canais chamados receber a ligação, será feita a conexão com o canal de origem e os outros canais chamados serão encerrados.

Caso não seja especificado um timeout, o `dial` esperará indefinidamente até que um dos canais atenda a ligação ou o usuário encerre a ligação, caso os canais não estejam com o status BUSY ou UNAVAILABLE. Caso ocorra o timeout o plano de discagem seguirá para a próxima prioridade.

Assim que este comando for executado, as seguintes variáveis de canal serão preenchidas:

- DIALEDTIME – Tempo do momento de início até o encerramento da chamada.

- ANSWEREDTIME – Tempo de conversação da chamada.

- DIALSTATUS – Esse é o status da chamada:
    - CHANUNAVAIL
    - CONGESTION
    - NOANSWER
    - BUSY
    - ANSWER
    - CANCEL
    - DONTCALL
    - TORTURE

Caso o canal chamado esteja no modo PRIVACY ou SCREENING será atribuído o valor DONTCALL a variável DIALSTATUS. O mesmo acontece quando o canal de destino está em modo TORTURE, desta maneira o canal de origem será direcionado para o script `torture`.

O parâmetro opcional "URL" será enviado caso o mesmo seja suportado pelo canal de destino. Caso a variável "OUTBOUND_GROUP" esteja preenchida, todos os canais relacionadas a esta aplicação serão colocados no grupo determinado.

As principais opções desta aplicação são (use `cli>core show aplication dial` para uma lista completa):

A(x)	Toca um anúncio (x.gsm) para a pessoa chamada.
C	Reseta os CDRs (Registros de Bilhetagem).
D	Permite que uma extensão de um dígito seja discada enquanto a outra parte não atender ao chamado. Isto permite que você salte para uma outra prioridade no meio da ligação.
D([called][:calling])	Envia os tons DTMF *após* o canal chamado atender a ligação, mas antes que os canais sejam conectados. A string "called" é enviada para o canal de destino enquanto que a string "calling" é enviada para o canal de origem. Ambos as opções podem ser usadas individualmente.
F	Força o callerID do canal de origem a ser o mesmo número que a extensão usando o plano de discagem "hint". Algumas operadoras não permitem que o callerID seja algo diferente do número associado ao originador.
g	Continua com a execução deste plano de discagem no mesmo contexto caso o canal chamado encerre a chamada.
G(contexto^exten^pri)	Se uma chamada é atendida, este comando transfere ambas as ligações para um contexto e extensão específicos. A parte que deu origem é transferida para a prioridade x e a parte chamada para a prioridade x+1. Isto permite ao plano de discagem distinguir entre as pernas de origem e destino da chamada.
H	Permite ao usuário chamado desligar enviando o dígito DTMF "*".
H	Permite ao usuário na origem desligar enviando o dígito DTMF "*".
I	O Asterisk ignorará quaisquer tentativas de repasse dessa chamada.

J	Pula para a prioridade n+101 caso todos os canais chamados estejam ocupados.
L(x[:y][:z])	Limita a duração da chamada a "x" ms. Toca um aviso quando faltarem "y" ms e repete este aviso a cada "z" ms. As seguintes variáveis podem ser usadas com esta opção: LIMIT_PLAYAUDIO_CALLER: [yes|no] (default yes) Reproduz o aviso para o canal de origem. LIMIT_PLAYAUDIO_CALLEE: [yes|no] Reproduz o aviso para o canal chamado. LIMIT_TIMEOUT_FILE: Arquivo de som a ser reproduzido quando espira o tempo. LIMIT_CONNECT_FILE: Arquivo de som a ser reproduzido no início da chamada. LIMIT_WARNING_FILE: Arquivo de som a ser reproduzido caso a opção "y" seja especificada. O default é reproduzir o tempo restante da chamada.
m([class])	Provê música em espera para o originador até que o usuário chamado responda. Uma classe especifica de música em espera deve ser fornecida.
M(x[^arg])	Executa a macro para o canal de origem antes de fazer a conexão com o canal de destino. Os argumentos podem ser especificados para o macro com o "^" como delimitador. A macro pode atribuir um valor para a variável "MACRO_RESULT" para especificar uma das seguintes ações a serem tomadas ABORT: Encerra ambas as pernas da chamada. CONGESTION: Se comporta como se o canal estivesse congestionado. BUSY: Se comporta como se o tom de ocupado tivesse sido encontrado. Caso a opção "j" for especificada faz com que a aplicação pule para a prioridade n+101. CONTINUE: Encerra o canal para o canal de destino enquanto o canal de origem continua com a execução do plano de discagem na próxima prioridade.

	GOTO:<context>^<exten>^<pri> Transfere a chamada para a prioridade especificada. Opcionalmente uma extensão ou uma extensão e uma prioridade podem ser passadas. Adicionalmente os serviços do PABX não serão executados no canal chamado, desta maneira você não poderá determinar timeouts através da função TIMEOUT() neste macro.
n	Este parâmetro funciona como modificador para o modo de "screen"/"privacy". Com ela nenhuma introdução é salva no diretório priv-callerintros.
N	Este parâmetro funciona como modificador para o modo de "screen"/"privacy". Faz com que caso um callerID esteja presente não seja efetuada a filtragem desta chamada.
o	Faz com que o callerID presente no canal de origem seja atribuído ao callerID do canal de destino.
O([x])	Modo de "Operator Services" o qual é exclusivo para ligações entre canais Dahdi, caso isso não seja verdade esta opção será ignorada. Quando o canal de destino atende a chamada (uma estação de operação de serviços) o originador da chamada perde o controle sobre a mesma, mesmo que ele encerra a chamada o Asterisk só terminará a chamada caso até que o canal de destino assim o faça. Caso não seja passado nenhum argumento, ou se tenha o "1" como argumento, o termino da chamada pelo canal de origem fará com que o telefone toque de novo automaticamente. Caso seja passado o "2" como argumento quando o operador realizar o flash do tronco, seu telefone tocará automaticamente.
P	Essa opção ativa o modo "screen". Comporta-se como o modo "privacy" só que sem memória.
P([x])	Essa opção ativa o modo "privacy". Caso seja passado algum argumento, o mesmo é utilizado como família/chave no banco de dados. Se nenhum argumento for passado o contexto atual é utilizado como família/chave no banco de dados.
R	Gera um tom de campainha para a origem, não passa nenhum áudio de canal de origem até alguém responder.
S(x)	Desliga a chamada "x" segundos após a pessoa chamada atender.

t	Permite ao usuário chamado transferir a chamada com o uso da seqüência de tons DTMF definidos em features.conf.
T	Permite ao usuário na origem transferir a chamada com o uso da seqüência de tons DTMF definidos em features.conf.
w	Permite que o canal chamado habilite a gravação através do uso da seqüência de tons DTMF definidos em features.conf.
W	Permite que o canal chamado habilite a gravação através do uso da seqüência de tons DTMF definidos em features.conf.
k	Permite que o canal chamado habilite deixe a chamada em espera através do uso da seqüência de tons DTMF definidos em features.conf.
K	Permite que o canal de origem habilite deixe a chamada em espera através do uso da seqüência de tons DTMF definidos em features.conf.

Exemplo:

```
exten=_6XXX,1,Dial(SIP/${EXTEN},20,tTm)
```

No exemplo acima a aplicação fará uma chamada para o canal SIP correspondente. Tanto o canal de origem quanto o canal de destino poderão fazer a transferência da ligação (tT). Ao invés do tom de chamada, o canal de origem ouvirá uma música de espera. Caso o destino não atenda a chamada dentro de 20 segundos o plano de discagem passará apara a próxima prioridade.

Para habilitar as chamadas entre as extensões, nós podemos fazer uso da variável de canal ${EXTEN}, a qual representa o canal chamado.

Exemplo:

Caso as extensões sejam canais SIP numeradas de faixa 4000 a4999, poderíamos usar o seguinte comando:

```
exten=_6XXX,1,Dial(SIP/${EXTEN})
```

A aplicação hangup()

Encerra a chamada para o canal de origem. Caso seja passado algum argumento para esta aplicação, este argumento será atribuído à variável que mostra a causa do encerramento da chamada.

A aplicação goto()

Pula para uma determinada prioridade, extensão ou contexto. Tal aplicação pode tomar como argumento opcional um contexto e/ou uma extensão, com esta sintaxe:

goto([[contexto|]extensão|]prioridade). Caso o contexto e/ou extensão não sejam passadas a aplicação pulará para a prioridade determinada dentro da mesma extensão. Caso o salto para a prioridade determinada não seja realizado com sucesso o plano de discagem prosseguirá para a próxima prioridade.

Criando um plano de discagem simples

Agora, nós estamos prontos para nosso primeiro exemplo de plano de discagem. Por favor, prestem atenção à maneira que cada prioridade chama uma aplicação. Note que neste exemplo temos apenas uma extensão criada com SIP. Estes exemplos assumem que você tem uma placa FXO.

Exemplo básico

Agora estamos prontos para criar o extensions.conf da forma mais simples possível. Neste exemplo tudo que o Asterisk irá fazer é responder a uma chamada, tocar um som que diz "adeus" e desligar.

```
[from-pstn]
exten=>s,1,answer()
exten=>s,2,playback(goodbye)
exten=>s,3,hangup()
```

Prioridade 1 - chama a aplicação answer(), o Asterisk toma conta da linha e configura a chamada. Após responder a linha, o Asterisk vai para a próxima prioridade.

Prioridade 2 - o Asterisk chama a aplicação playback() para tocar o arquivo de som goodbye.gsm (por enquanto vamos usar as mensagens em inglês), esta mensagem dará uma mensagem de adeus ao usuário.

Prioridade 3 - irá desconectar o usuário.

Explicação do exemplo:

Uma chamada que entre pela FXO é enviada dentro do contexto [entrada] (Este contexto [entrada] deve estar configurado no arquivo chan_dahdi.conf para o canal FXO) e é enviada para a extensão "s". Nós temos três prioridades no contexto: 1, 2 e 3. Cada prioridade chama um aplicativo. O mesmo exemplo poderia ser feito com um tronco SIP, bastaria substituir o contexto from-pstn para from-sip e a extensão de s para 9999. Vamos olhar de perto as prioridades:

A **extensão especial** s, que significa início (start), é utilizada quando o número que discou para o Asterisk não é conhecido (como por exemplo, em uma linha analógica). De uma forma geral a chamada inicia no contexto ao qual o canal pertence. A extensão s é imediatamente executada ao entrar em um canal.

Se vamos responder a uma chamada, é melhor conhecermos as aplicações que vão fazer isto. A **aplicação** answer() é usada para responder a um canal que está tocando. Ela faz a configuração inicial da chamada e pode fazer outras funções. Poucas aplicações não requerem que necessariamente se responda (answer) o canal antes de fazer qualquer outra coisa.

A **aplicação** playback()é usada para tocar um arquivo de som previamente gravado sobre um canal. Quando a aplicação playback() está sendo executada, qualquer dígito pressionado pelo usuário é simplesmente ignorado. O formato é playback(*nomedoarquivo*), ele toca o arquivo com a extensão .gsm ou .wavno diretório de sons padrão (/var/lib/asterisk/sounds).

A **aplicação** hangup() faz exatamente o que seu nome diz. Ela desliga um canal ativo. Você deve utilizá-la no fim do contexto uma vez que você queira desligar quem não precisa estar conectado no sistema.

Discando de um telefone para outro

Passo 1: Edite o arquivo extensions.conf e na seção from-internal entre com os seguintes comandos

```
[from-internal]
exten=>6000,1,dial(SIP/6000,20)
exten=>6001,1,dial(SIP/6001,20)
```

Adapte os passos acima para os seus telefones, lembre que um telefone SIP começa com SIP/ramal, um IAX com IAX2/ramal e um telefone analógico com DAHDI/canal. O número 20 no comando Dial especifica quantos segundos vamos aguardar para atendimento.

Passo 2: Recarregue o plano de discagem

```
CLI>dialplan reload
```

Passo 3: Teste discando entre os ramais 6000 e 6001.

Discando para rede pública

Antes que possamos explicar como discar para a rede pública é preciso entender um pouco sobre a variável de canal chamada ${EXTEN}. As variáveis de canal permitem o acesso a informações sobre a ligação corrente. A variável ${EXTEN} possui o valor da extensão discada. Se você discou 6000 a variável ${EXTEN} terá o valor 6000. Um outro recurso importante de se entender é a forma de criar uma substring da variável. Por exemplo, se o usuário disca 030255555 e você usa a variável ${EXTEN:1} o valor retornado será 30255555sem o zero. O que o :1 no final da variável faz e remover o primeiro caractere.

Passo 1: Edite o arquivo extensions.conf e na seção default entre com os seguintes comandos:

```
[from-internal]
exten=>_0.,1,dial(DAHDI/1/${EXTEN:1},20,r)
```

Se você estiver usando um tronco SIP, use:

```
[from-internal]
exten=>_0.,1,dial(SIP/troncosip/${EXTEN:1},20)
```

Passo 2: Recarregue o plano de discagem

```
CLI>dialplan reload
```

Passo 3: Para testar ligue 0 (zero) seguido de um número externo.

Se você quiser discar pelo **provedor VoIP**, ao invés de DAHDI/1, use o canal SIP/troncosip

Recebendo Chamadas na Telefonista

Agora vamos preparar o nosso plano de discagem para receber chamadas em uma telefonista. No primeiro exemplo vamos receber chamadas de um tronco FXO, no segundo de um tronco SIP. Edite o arquivo extensions.conf.

```
[globals]
TELEFONISTA=SIP/6000

[from-pstn]
exten=s,1,dial(${TELEFONISTA},20)

[from-sip]
exten=9999,1,dial(${TELEFONISTA},20)
```

Recebendo uma chamada usando um DDR

Se você tiver uma linha digital, você irá receber a extensão discada. Quando este for o caso, você não precisa encaminhar a chamada para a telefonista, ao invés disso, você pode encaminhar a chamada diretamente para o destino. Suponha que sua faixa de DIDs vá de 30258550 até 30258599 e os últimos quatro números estejam sendo passados para o seu PABX. A configuração ficará parecida com o que você vê abaixo:

```
[from-pstn]
exten => _60XX,1,Answer()
exten => _60XX,n,Dial(SIP/${EXTEN},15,tT)
exten => _60XX,n,Hangup()
```

Tocando várias extensões simultaneamente

Você pode configurar o Asterisk para discar uma extensão e se ela não atender, o servidor irá discar outra extensão simultaneamente como indicado no exemplo abaixo.

```
exten => 0,1,Dial(DAHDI/1,15,tT)
exten => 0,n,Dial(DAHDI/1&DAHDI/2&DAHDI/3,15)
exten => 0,n,Hangup()
```

Neste exemplo, quando alguém disca para o operador, o canal DAHDI/1 é inicialmente tentado. Se ninguém atender após 15 segundos, os canais DAHDI/1, DAHDI/2 e DAHDI/3 irão tocar simultaneamente por outros 15 segundos.

Roteando pelo identificador de chamadas

Neste exemplo, você pode dar diferentes tratamentos baseados no caller ID, o que poderia ser útil contra telemarketing. Por exemplo:

```
exten => 6090/4832518888,1,Playback(mudeiprachina)
exten => 6090,1,Dial(DAHDI/1,20)
```

Neste exemplo, nós adicionamos uma regra especial que se o identificador de chamada for 4832518888,você pode tocar de volta uma mensagem pré-gravada no arquivo "mudeiprachina". Outras chamadas são aceitas normalmente.

Usando variáveis no plano de discagem

O Asterisk pode usar variáveis de canal e variáveis globais como argumentos para certas aplicações. Veja os exemplos abaixo:

```
[globals]
Flavio => DAHDI/1
Daniel => DAHDI/2&SIP/pingtel
Anna => DAHDI/3
Luiz => DAHDI/4

[mainmenu]
exten => 1,1,Dial(${Daniel}&${Flavio})
exten => 2,1,Dial(${Anna}&${Luiz})
exten => 3,1,Dial(${Anna}&${Flavio})
```

O uso de variáveis simplifica as mudanças futuras. Se você muda uma variável, todas as referências a ela são mudadas simultaneamente.

Gravando um anuncio em um arquivo

Em muitos exemplos à frente vamos usar gravações. Vamos aqui mostrar um exemplo de como criar gravações facilmente no seu sistema. Usaremos a aplicação Record() para gravar um anuncio a partir de seu próprio telefone.

```
[from-internal]
exten => _record.,1,Record(${EXTEN:6}:gsm)
exten => _record.,n,wait(1)
exten => _record.,n,Playback(${EXTEN:6})
exten => _record.,n,Hangup()
```

As instruções acima permitem que você grave qualquer mensagem a partir de um softfone. Exemplo, disque recordmenu, a lógica acima vai chamar a aplicação record com a variável ${EXTEN:6} sem as seis primeiras letras. Em outras palavras a instrução ficaria equivalente à record(menu:gsm). Tudo que você tem a fazer é discar record + nome_arquivo_a_ser_gravado, pressionar # para encerrar a gravação e aguardar para ouvir a gravação (executada na terceira prioridade Playback...).

Recebendo chamadas em um auto-atendedor

Agora que já usamos alguns exemplos simples, vamos incrementar aprendendo um pouco dos aplicativos background() e goto(). A chave para sistemas interativos baseados no Asterisk está na aplicação background(). Ela permite que você execute um arquivo de som, mas quando o originador pressiona uma tecla isso interrompe a execução e manda para a extensão correspondente aos dígitos discados.

Sintaxe da aplicação background():

```
exten=>extension, priority, background(filename)
```

Outra aplicação muito útil é o goto(). Como seu nome implica, ele pula de um contexto atual, extensão e prioridade para um contexto específico e prioridade. A aplicação goto() torna fácil a movimentação entre diferentes partes do plano de discagem. O formato do comando goto() precisa do contexto de destino e prioridade como argumentos.

Sintaxe da aplicação goto():

```
exten=>extensão, prioridade,goto(contexto,extensão, prioridade)
```

Formatos válidos do comando goto() são :

```
goto(contexto,extensão,prioridade)
goto(extensão,prioridade)
goto(prioridade)
```

No exemplo abaixo vamos criar um auto-atendedor. Para criar um auto-atendedor é muito simples. Edite o arquivo extensions.conf e configure as seguintes extensões:

```
[globals]
TELEFONISTA=SIP/6000

[from-pstn]
include=aapstn

[from-sip]
include=aasip

[aapstn]
exten=>s,1,answer()
exten=>s,n,set(TIMEOUT(response)=10)
exten=>s,n,background(menu1)
exten=>s,n,Dial(${TELEFONISTA})
exten=>6000,1,Dial(SIP/pap21A)
exten=>6001,1,Dial(SIP/xlite1)

[aasip]
exten=>9999,1,answer()
exten=>9999,n,set(TIMEOUT(response)=10)
exten=>9999,n,background(menu1)
exten=>9999,n,Dial(${TELEFONISTA})
exten=>6000,1,Dial(SIP/pap21A)
exten=>6001,1,Dial(SIP/xlite1)
```

Grave no arquivo saudação.gsm uma mensagem "Digite o ramal desejado agora ou aguarde para ser atendido". Na lógica apresentada acima, enquanto a gravação estiver tocando (background) o sistema irá esperar pela entrada de dígitos. Se o usuário digitar 6000, por exemplo, o sistema vai desviar para a extensão 6000.

Laboratório

Neste laboratório vamos criar uma pequena central telefônica capaz de discar entre ramais, para a rede pública pela placa PSTN ou por um provedor VoIP e receber chamadas usando atendimento automático.

Instruções para o laboratório:

- Os ramais vão de 6000 a 6100;
- Para sair para a rede pública se disca o número 0 (zero);
- Para sair para a rede pública através de um provedor se disca 1 (um);
- 8000 será o ramal para gravação do menu de auto-atendimento.

Arquivos resultantes

Com todas as configurações acima é fácil se perder. Por isso publicamos abaixo os arquivos sip.conf, iax.conf e extensions.conf resultantes de partes deste capítulo.

sip.conf

```
[general]
bindport = 5060
bindaddr = 0.0.0.0
context = dummy
disallow = all
allow = ulaw
maxexpirey = 120
defaultexpirey = 80
allowguest = no
alwaysauthreject = yes
allowguest = no

[6000]
type=friend                 ;Uma conta de entrada e saÃ- de chamadas
secret=#supersecret#            ;NÃ£esqueÃ§de utilizar senhas fortes.
host=dynamic                ;O cliente pode se conectar a partir de qualquer
IP.
context=from-internal               ;Define o ponto de partida no plano de
discagem.
[6001]
type=friend
secret=#supersecret#
host=dynamic
context=from-internal
```

iax.conf

```
[general]
bindport = 4569
bindaddr = 0.0.0.0
context = dummy
```

```
disallow = all
allow = ulaw

[guest]
type=user
context=dummy
callerid="Guest IAX User"

[6003]
context=from-internal
type=friend
secret=#ultrasecret#
host=dynamic
context=from-internal

[6004]
context=from-internal
type=friend
secret=#ultrasecret#
host=dynamic
```

extensions.conf

```
[globals]
TELEFONISTA=SIP/6000

; Contexto das chamadas vindas dos ramais
[from-internal]
exten=>6000,1,dial(SIP/6000,20)
exten=>6001,1,dial(SIP/6001,20)
exten=>6003,1,dial(IAX2/6003,20)

exten => _record.,1,Record(${EXTEN:6}:gsm)
exten => _record.,n,wait(1)
exten => _record.,n,Playback(${EXTEN:6})
exten => _record.,n,Hangup()

; Se a saida por uma placa FXO
; Se voce estiver usando FXO remova o comentario da linha abaixo
exten=>_0.,1,dial(DAHDI/1/${EXTEN:1},20,r)

; Se a saida por um provedor SIP
; Se voce estiver usando SIP remova o comentario da linha abaixo
exten=>_1.,1,dial(SIP/troncosip/${EXTEN:1},20)

; Contexto para chamadas vindas do tronco FXO
[from-pstn]
include=aapstn
;exten=s,1,dial(${TELEFONISTA},20)
exten => _60XX,1,Answer()
exten => _60XX,n,Dial(SIP/${EXTEN},15,tT)
exten => _60XX,n,Hangup()
exten => _6090/4832518888,1,Playback(mudeiprachina)
exten => _6090,1,Dial(DAHDI/1,20)

 Context para chamadas vindas do tronco SIP
[from-sip]
include=aasip
;exten=9999,1,dial(${TELEFONISTA},20)

[aapstn]
```

```
exten=>s,1,answer()
exten=>s,n,set(TIMEOUT(response)=10)
exten=>s,n,background(menu1)
exten=>s,n,Dial(${TELEFONISTA})
exten=>6000,1,Dial(SIP/pap21A)
exten=>6001,1,Dial(SIP/xlite1)

[aasip]
exten=>9999,1,answer()
exten=>9999,n,set(TIMEOUT(response)=10)
exten=>9999,n,background(menu1)
exten=>9999,n,Dial(${TELEFONISTA})
exten=>6000,1,Dial(SIP/pap21A)
exten=>6001,1,Dial(SIP/xlite1)
```

Resumo

O objetivo principal aqui não era se aprofundar, mas dar uma visão geral rápida e permitir criar algo simples e útil. Nos próximos capítulos vamos abordar em mais detalhes os canais SIP, IAX e também o plano de discagem.

Neste capítulo você aprendeu que os arquivos de configuração ficam em /etc/asterisk. Para usar o Asterisk é preciso em primeiro lugar configurar os canais (Ex. sip.conf e chan_dahdi.conf). Existem basicamente três formatos o grupo simples, herança de opções entidade complexa.

O plano de discagem é criado no arquivo extensions.conf, nele são criados contextos, aplicações, extensões e prioridades. As aplicações que aprendemos até agora são: playback(), background(), dial(), goto(), hangup() e answer().

O comando background() é importante na criação de uma unidade de resposta automática (URA). Já o dial() é o principal comando do plano de discagem.

Questionário

1. São exemplos de arquivos de configuração de canais Asterisk.

☐ /etc/dahdi/system.conf

☐ chan_dahdi.conf

☐ sip.conf

☐ iax.conf

2. É importante definir o contexto no arquivo de canais, pois quando uma ligação deste canal (sip, iax, zap) chegar ao Asterisk ele será tratado no arquivo extensions.conf neste contexto.

☐ Correto

☐ Incorreto

3. SIP Session Initiated Protocol é o protocolo da ITU usado para conexões de voz sobre IP. Ele é bastante antigo e vem sendo substituído recentemente pelo H.323.

☐ Correto

☐ Incorreto

4. Dada configuração abaixo do arquivo `sip.conf`, na seção `[general]` está definido o endereço IP 10.1.30.45, onde o SIP estará esperando por conexões. Se fosse necessário que todas as placas de rede da máquina esperassem por uma conexão SIP, `bindaddr` deveria estar configurado para: ___.___.___.___

```
[general]
bindport = 5060
bindaddr = 10.1.30.45
context = default
disallow = speex
disallow = ilbc
allow = ulaw
maxexpirey = 120
defaultexpirey = 80
```

5. A principal diferença entre o comando `playback()` e o comando `background()` é que o primeiro simplesmente toca uma mensagem e passa ao comando seguinte, enquanto o último aguarda que você digite algo e desvia para algum lugar no plano de discagem baseado nos dígitos discados.

☐ Correto

☐ Incorreto

7. Quando uma ligação entra no Asterisk por uma interface de telefonia (FXO) sem identificação de chamada, esta ligação é desviada para a extensão especial:

☐ '0'

☐ '9'

☐ 's'

☐ 'i'

8. Os formatos válidos para o comando `goto()` são:

☐ goto(contexto,extensão,prioridade)

☐ goto(prioridade, contexto, extensão)

☐ goto(extensão,prioridade)

☐ goto(prioridade)

Página deixada em branco intencionalmente

4

Canais Analógicos

Existem diversas formas de se conectar a rede pública de telefonia. A melhor forma vai depender muito do que as companhias telefônicas disponibilizam para este tipo de interconexão. A forma mais simples é através de uma linha analógica comum, destas que se encontra em casa e pequenos escritórios. Neste capítulo mostraremos como usar linhas analógicas com placas da Digium e Xorcom. Quando o número de linhas é muito grande ou você precisa de recursos avançados como identificação de chamadas e discagem direta a ramal, a melhor opção passa a ser uma linha digital. Na versão anterior deste livro, nós tínhamos neste capítulo também as linhas digitais. Por uma questão de clareza, separamos este tópico em dois capítulos, "Canais Analógicos" e "Canais Digitais"

Objetivos

Ao final deste capítulo você estará apto à:

- Reconhecer a nomenclatura de telefonia
- Escolher quando usar canais analógicos ou digitais
- Diferenciar entre interfaces FXS e FXO
- Configurar interfaces FXS e FXO
- Configurar recursos avançados como cancelamento de eco, identificação de chamada e detecção do progresso de uma chamada.

Conceitos básicos

A maior parte das implantações de telefonia analógica usa um par de fios de cobre (tip and ring). Quando um circuito é fechado, o telefone recebe o tom de discagem da central telefônica seja ela pública (operadora) ou privada (PABX). Dizemos que este tipo de sinalização é do tipo "loop-start". Existem outras sinalizações como ground-start, por exemplo, mas são menos comuns.

Existem basicamente três sinalizações:

- Sinalização de supervisão
- Sinalização de endereçamento
- Sinalização de informação

Sinalização de supervisão

Podemos destacar os sinais **on-hook** (no gancho), **off-hook** (fora do gancho) e **ringing** (tocando).

On-Hook - Quando o usuário coloca o telefone no gancho, o PABX interrompe e não permite que a corrente elétrica flua. Neste caso o circuito é dito em estado "on-hook". Quando o telefone está nesta posição apenas o "ringer" (campainha) está ativo.

Off-Hook – O usuário que desejar fazer uma chamada telefônica deve passar para o estado "off-hook" (fora do gancho), retirando o telefone do gancho. Este estado fecha o circuito elétrico, o qual indica ao PABX que o usuário deseja fazer uma chamada telefônica. O PABX então, após receber essa indicação, gera o tom de discagem, indicando ao usuário que está pronto para receber o endereço de destino (número do telefone).

Ringing – O usuário ao realizar uma ligação, envia um sinal de tensão ao "ringer" (campainha) que avisa ao outro usuário a recepção de uma chamada. A companhia telefônica também manda um tom de volta avisando a quem discou o progresso da chamada.

Existem diferenças na sinalização de tom de discagem, tom de ocupado, tom de campainha (ringing). Você pode personalizar os tons do Asterisk para o padrão brasileiro alterando o arquivo indications.conf.

```
[br]
description=Brazil
ringcadance=1000,4000
dial=425
busy=425/250,0/250
ring=425/1000,0/4000
congestion=425/250,0/250,425/750,0/250
callwaiting=425/50,0/1000
```

Sinalização de endereçamento

Podemos usar dois tipos de sinalização para a discagem, o multi-freqüencial (DTMF) ou pulso (usado nos antigos telefones de disco). Os usuários que tem um teclado para discagem têm associado a cada botão um conjunto de freqüências, uma alta e outra baixa. A combinação destes dois tons indica para a central qual o digito teclado. Isto é conhecido como DTMF (dual-tone multifrequency).

Sinalização de informação

A sinalização de informação mostra o progresso da chamada e os seus diferentes eventos. Estes eventos podem ser:

- Tom de discagem;
- Sinal de ocupado;
- Tom de retorno (ringback);
- Congestionamento (congestion);
- Número inválido;
- Tom de confirmação.

Interfaces de acesso a rede pública

Na maioria dos casos você vai ligar o seu PABX a rede pública de telefonia. A seguir mostraremos como fazer isto.

Basicamente existem três opções de linhas telefônicas hoje no mercado:

- **Analógicas:** as mais comuns e entregues usando um par metálico de fios.
- **Digitais:** são usadas quando são necessárias muitas linhas analógicas. A linha digital é normalmente entregue através de um modem HDSL de 2 Mbps ou através de uma linha de fibra ótica com um MUX Digital. Ainda pode ser entregue através de um par de cabos coaxiais, sendo que neste caso se faz necessário o uso de um ballun para a conexão com a porta RJ45 da placa de telefonia.
- **SIP:** A terceira opção, bem mais recente, é a entrega da linha telefônica usando voz sobre IP normalmente através do protocolo SIP. Esta é uma boa opção para o Asterisk já que evita a aquisição de uma interface de telefonia. As chamadas telefônicas serão encaminhadas diretamente através de um endereço IP. Outra vantagem é a menor utilização dos recursos da CPU, já que não há necessidade da transcodificação entre codecs.

Usando Interfaces FXO e FXS

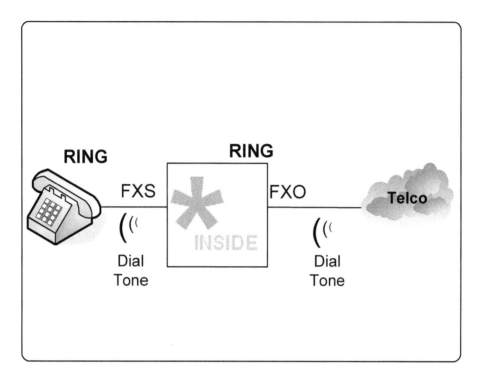

Interfaces FX (Foreign eXchange)

São interfaces analógicas. O termo "Foreign eXchange" é aplicado para troncos com acesso a um centro de comutação da rede pública.

FXO (Foreign eXchange Office)

Basicamente utilizadas para a comunicação com uma central de comutação pública ou a uma porta de ramal de um PABX. Uma porta FXO no Asterisk se comunica diretamente com a rede pública ou PABX, esta comunicação requer tom de discagem, indicação de campainha e prover indicadores de chamadas em progresso. Interfaces FXO conectam o PABX a outro comutador (PABX, Rede Pública, gateway de voz sobre IP). É muito comum ligar uma interface FXO de uma central telefônica (ramal) a um gateway VoIP e transportar a voz empacotada para outro gateway onde uma interface FXS conecta um telefone. Esta operação é conhecida como OPX (Off-Promises Extension) ou ramal remoto.

FXS (Foreign eXchange Station)

Estas são as conhecidas, como linhas residenciais padrão. Podem ser utilizadas para conectar dispositivos básicos: telefones, modems e faxes. Devem prover tensão, gerar tom de campainha, detecção de fora-do-gancho e indicar chamadas em progresso.

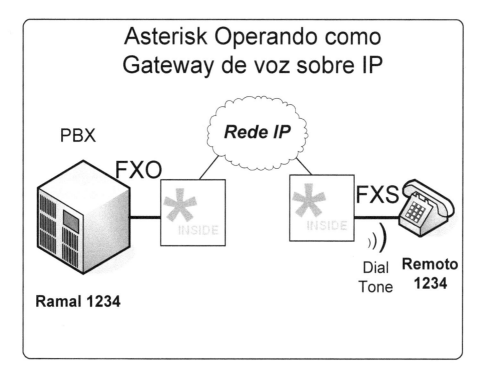

Sinalização nos troncos

- Loop-Start
- Ground-Start
- Kewl-Start

É quase um padrão no Asterisk o uso da sinalização "kewlstart". Kewlstart não é um padrão de supervisão conhecido na indústria, o que o "kewlstart" faz é que ele adiciona inteligência dando aos circuitos a habilidade de monitorar o que o outro lado está fazendo. Como o "kewlstart" incorpora o "loop-start" e o "ground-start", é praticamente só o que se usa.

- **Loopstart**: é usada por praticamente todas as linhas analógicas digitais. Permite ao telefone indicar os estados de "on-hook/off-hook", e ao "switch" indicar os estados de "ring/no ring". É o que você tem em casa. Cada linha vem em um par separado de fios, podendo ser utilizada tanto para fazer quanto receber chamadas. Possui este nome pois é uma linha aberta e a maneira para se iniciar as chamadas é fechando-se o circuito, assim a central telefônica lhe fornece o tom de discagem. Da mesma maneira, uma chamada entrante é sinalizada por 100 V tensão de ringing através do par aberto, e para responder à chamada, o circuito deve ser fechado.

- **Groundstart:** bastante semelhante ao "Loopstart". Quando você quer fazer uma ligação, um dos lados do circuito é colocado em curto, quando a Central identifica este estado, reverte a tensão através do par aberto, somente então o circuito é fechado. Desta forma, a linha primeiramente torna-se ocupada na Central antes de ser fornecida para a realização de uma chamada.

- **Kewlstart:** adiciona inteligência à habilidade dos circuitos em monitorar o que o outro lado está fazendo. Desde que "kewlstart" incorporou as vantagens "loop-start" e "ground-start" e sendo superior a ambos, você provavelmente irá utilizá-lo, a não ser que haja algum problema de compatibilidade. "Kewlstart" tornou-se, informalmente, o padrão para o uso com o Asterisk.

Configurando um canal

Para configurar uma placa de telefonia vários passos são necessários. Neste capítulo vamos mostrar as formas mais comuns de configuração.

- Conexão analógica usando portas FXS
- Conexão analógica usando portas FXO
- Conexão de um Astribank com portas FXO e FXS.

Procedimentos válidos nos dois casos

Antes de escolher um hardware para o Asterisk você deve considerar o número de ligações simultâneas, os serviços e codecs que serão instalados e habilitados. O Asterisk utiliza intensivamente o hardware, por isso recomendamos uma máquina exclusiva para o Asterisk.

O número de placas que podem ser instalados no Asterisk é limitado pelo número de interrupções disponíveis. É melhor instalar uma placa com 8 portas FXO do que duas com quatro. Conflitos de interrupção são comuns, e o uso do Kernel 2.6 do Linux com motherboards que suportam APIC ajuda bastante nestes casos.

Outra opção é usar um banco de canais USB como o Astribank que permite uma densidade de portas muito maior.

Astribank 19" com até 32 portas FXS/FXO

Exemplo 1 - Instalação de uma porta FXO e outra FXS

Vários dispositivos como as placas da Digium, Astribank entre outros usam um conjunto de módulos, antes conhecidos como **Zaptel.** Por uma questão de uso de marca registrada, estes módulos foram renomeados para **DAHDI** (Digium Asterisk Hardware Device Interface) em meados de 2008. Os drivers Zaptel ainda estão disponíveis, mas devem desaparecer a partir da próxima versão do driver DAHDI. Por isso decidi usar os drivers DAHDI ao invés de zaptel neste material.

Usaremos como exemplo a configuração de uma placa Digium TDM400P com uma interface FXO e outra interface FXS.

Passos necessários:

1. Instalação de uma placa analógica FXO, FXS ou ambas
2. Configuração do arquivo `/etc/dahdi/system.conf` (antigo `/etc/zaptel.conf`)
3. Geração dos arquivos de configuração com `dahdi_genconf`.
4. Carga do driver da placa DAHDI
5. Execução do utilitário `dahdi_test` para verificar que não existe conflito de IRQ
6. Execução do utilitário `dahdi_cfg` para configurar o driver
7. Configuração do arquivo `chan_dahdi.conf`
8. Carga do Asterisk

Passo 1: Instalando uma placa TDM400P com uma porta FXS e outra porta FXO.

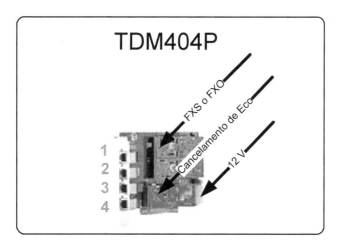

A placa TDM 404 contém módulos FXS e FXO. Conecte os módulos FXS (S110M – cor verde) e FXO (X100M – cor vemelha). No caso da utilização de módulos FXS, é necessário alimentar diretamente a placa com uma fonte de energia (semelhante ao conector do hard disk) através do conector de 12V de um dos cabos da fonte do PC. Use proteção eletrostática para evitar danos à placa ou a seu computador. Uma novidade são os novos módulos de cancelamento de eco VPMADT032 disponíveis para esta placa.

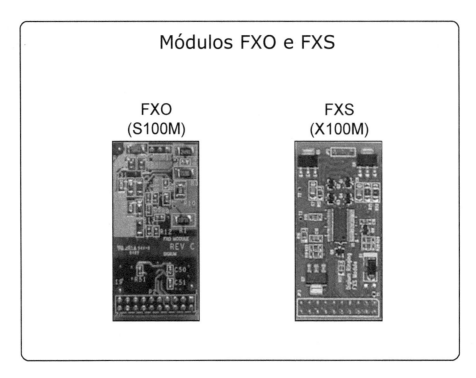

Passo 2: Uma boa novidade das versões mais novas do DAHDI (antigo Zaptel) é a geração automática do arquivo de configuração relativo a placa. O utilitário `dahdi_genconf` gera os arquivos:

1. /etc/dahdi/system.conf usando a opção `dahdi`

2. /etc/asterisk/dahdi-channels.conf usando a opção `chan_dahdi`

3. /etc/asterisk/users.conf usando a opção `users` (útil para FXS)

4. Todos os arquivos acima usando a opção chan_dahdi_full

Antes de executar o dahdi_genconf é preciso configurar o arquivo /etc/dahdi/gen_parameters.conf.

```
#
# /etc/dahdi/genconf_parameters
#
# This file contains parameters that affect the
# dahdi_genconf configurator generator.
#
# Syntax:
#     * A comment from '#' to end of line
#     * Blank lines ignored
#     * whitespace at end of line trimmed
#     * Single valued items:
#         key <whitespaces...> value
#     * List valued items:
#         key
```

```
#               <whitespaces...>value1
#               <whitespaces...>value2
#               ...
#

base_exten          1105
#fxs_immediate              no
#fxs_default_start  ks
#lc_country         il
context_lines       from-trunk
context_phones          from-internal
#context_input          astbank-input
#context_output         astbank-output
#group_phones       0
#group_lines        5

#brint_overlap
#bri_sig_style          bri_ptmp

# The echo canceller to use. If you have a hardware echo canceller, just
# leave it be, as this one won't be used anyway.
#
# The default is mg2, but it may change in the future. E.g: a packager
# that bundles a better echo canceller may set it as the default, or
# dahdi_genconf will scan for the "best" echo canceller.
#
#echo_can            hpec
#echo_can            oslec
#echo_can            none  # to aboid echo cancellers altogether

# bri_hardhdlc: If this parameter is set to 'yes', in the entries for
# BRI cards 'hardhdlc' will be used instead of 'dchan' (an alias for
# 'fcshdlc').
#
#bri_hardhdlc        yes

# For MFC/R2 Support
#pri_connection_type         R2
#r2_idle_bits        1101

# pri_types contains a list of settings:
# Currently the only setting is for TE or NT (the default is TE)
#
#pri_termtype
#       SPAN/2          NT
 #      SPAN/4          NT
```

O arquivo gen_parameters.conf permite a personalização da sua configuração. Os parâmetros mais importantes para linhas analógicas são:

```
base_exten          4000
#fxs_immediate              no
fxs_default_start   ks
lc_country          br
context_lines       from-pstn
context_phones          from-internal
context_input       astbank-input
context_output          astbank-output
group_phones        0
group_lines         5
#echo_can            hpec
#echo_can            oslec
```

```
echo_can              MG2
```

> Aviso: Na configuração do DAHDI passa a ser obrigatório a especificação do algoritmo de cancelamento de eco.

O parâmetro base_exten define o plano básico para ramais FXS. Neste caso a primeira linha FXS terá designada a extensão 4000, a segunda 4001 e assim por diante. O tipo de sinalização fxs_immediate ou fxs_ks (a mais comum). Os contextos onde serão criadas as linhas (context_phones) e os troncos (context_lines). Os contextos para portas de entrada e saída (p/alarme e porteiro eletrônico) disponíveis no Astribank. Por fim os grupos; para discar para um tronco com seleção automática você poderá usar DAHDI/g5 e para os telefones DAHDI/g0.

Depois de gerar o arquivo, basta incluir o arquivo /etc/asterisk/dahdi-channels.conf no arquivo de configuração de canais /etc/asterisk/chan_dahdi.conf (antigo chan_dahdi.conf).

```
#include dahdi-channels.conf
```

Passo 3: Carregar os drivers de kernel

Você deve carregar o módulo dahdi e um módulo correspondente à placa que você está instalando.

Tabela de drivers da Digium:

Placa	Driver	Descrição
TE410P	wct4xxp	4xE1/T1-3.3V PCI
TE405P	wct4xxp	4xE1/T1-5V PCI
TDM400P	Wctdm	4 FXS/FXO
T100P	wct1xxp	1 T1
E100P	Wctlxxp	1 E1
X100P	Wcfxo	1 FXO

```
modprobe dahdi
modprobe wctdm
```

Passo 4: Usando o utilitário dahdi_test.

Um utilitário importante é o dahdi_test que pode ser usado para verificar conflitos de interrupção e interrupt misses. É muito comum problemas de qualidade de áudio por causa de conflitos e perdas de interrupção. Você pode usar o comando abaixo para verificar em que interrupção está cada uma das placas:

```
#cat /proc/interrupts
```
O dahdi_test permite verificar a quantidade de interrupções perdidas. Um número abaixo de 99.987% indica possíveis problemas.

Passo 5: Usando o utilitário dahdi_cfg para configurar o driver.

O dahdi tem um método não muito usual para carregar os drivers. Primeiro deve ser configurado o /etc/dahdi/system.conf (antigo zaptel.conf), para que então essas modificações possam ser aplicadas ao driver através do dahdi_cfg.

O comando dahdi_cfg é usado para configurar a sinalização usada para as interfaces físicas do tipo FX. O dahdi_cfg irá usar a configuração de sinalização em /etc/dahdi/system.conf. Para ver a saída do comando você pode usar "-vvvvv" para colocar o programa em modo verbose.

```
#/sbin/dahdi_cfg -vv
Dahdi Configuration
======================
Channel map:
Channel 01: FXS Kewlstart (Default) (Slaves: 01)
Channel 02: FXO Kewlstart (Default) (Slaves: 02)
2 channels configured.
```

Se os canais forem carregados com sucesso, você vai ver uma saída similar a acima. Um erro comum é inverter a sinalização entre os canais. Se isto acontecer você vai ver algo parecido como:

```
DAHDI_CHANCONFIG failed on channel 1: Invalid argument (22)
Did you forget that FXS interfaces are configured with FXO signalling
and that FXO interfaces use FXS signalling?
```

Após os canais terem sido configurados com sucesso, você está pronto para iniciar o uso do seu hardware com o Asterisk.

Passo 6: Configuração do arquivo /etc/dahdi/system.conf

Pode parecer estranho, mas após configurar o arquivo system.conf, você tem o hardware configurado. No entanto ainda é preciso fazer o casamento do hardware com o Asterisk. Cada canal no Asterisk precisa ser configurado, canais SIP são configurados no arquivo sip.conf enquanto os canais TDM são configurados no chan_dahdi.conf. Ele vai criar os canais lógicos TDM que serão usados no seu plano de discagem. Edite o arquivo que foi criado pelo utilitário dahdi_genconf e verifique os canais criados.

```
signalling=fxs_ks;   sinalização dos módulos fxo
group=1;                     número      do      grupo      de     canais
context=entrada ;            contexto de entrada dos canais
channel => 1;        número                   dos                   canais
signalling=fxo_ks;   sinalização          dos          módulos         fxs
group=2;                     número      do      grupo      de     canais
context=ramais;              contexto           dos              canais
channel=> 2          número dos canais
```

Opções do arquivo chan_dahdi.conf

Existem diversas opções de configuração no arquivo `chan_dahdi.conf`. Descrever todas estas opções seria enfadonho e pouco produtivo. Vamos detalhar os principais grupos de opções para facilitar o seu entendimento.

Opções gerais, independentes do tipo de canal

context: Define o contexto para aquele canal. Este é o contexto para entrada de chamadas pelo canal. Exemplo:

```
context=default
```

channel: Define o canal ou faixa de canais. Cada definição de canal irá herdar todas as opções colocadas acima no arquivo. Canais podem ser especificados individualmente, separado por vírgulas ou como uma faixa separada por "-".

```
Channel=>1-15
Channel=>16
Channel=>17,18
```

group: Permite que um número de canais seja tratado como um grupo para o propósito de discagem. Se você discar usando um grupo, o primeiro canal disponível será usado. Se forem telefones, ao ligar para o grupo todos receberão o sinal de ringing ao mesmo tempo. Com vírgulas você pode especificar mais de um grupo para o mesmo canal.

```
group=1
group=3,5
```

language: Liga a internacionalização e configura a linguagem. Este recurso irá configurar as mensagens do sistema para uma dada linguagem. Embora o recurso esteja preparado, Inglês é a única linguagem que foi completamente gravada para a instalação padrão do Asterisk.

musiconhold: Seleciona a classe para música em espera

Identificação do assinante em linhas analógicas

O protocolo de identificação de assinantes (CallerID), também conhecido como BINA não é suportado no Asterisk para o padrão brasileiro por default. Existem diversos padrões de transmissão do CallerID em canais analógicos desenvolvidos em vários países. O padrão norte americano é o Bellcore, também conhecido como FSK. O padrão brasileiro é conhecido como DTMF. Apesar de o Asterisk suportar detecção baseada em DTMF, a solução de CallerID no Brasil possui algumas particularidades. Em uma solução tradicional de DTMF uma reversão de polaridade indica o início da seqüência do CallerID. No caso do padrão brasileiro isto não ocorre. Existem duas soluções que podem ser adotadas para obter a identificação de chamadas no padrão brasileiro.

A primeira é usar um conversor DTMF-FSK. Esta solução é simples, econômica e fácil de encontrar. Como muitos equipamentos com padrão americano são usados no Brasil, procure uma casa especializada em telefonia e fax e provavelmente você vai achar o conversor.

A segunda solução é usar um patch para corrigir o Asterisk para o padrão DTMF brasileiro. Você vai encontrar o patch e as instruções de uso em http://bugs.digium.com/view.php?id=9096. A desvantagem do patch é que até que o patch seja integrado ao código do Asterisk, você terá de reaplicá-lo sempre que precisar atualizar o sistema.

usecallerid: Determina se será detectado o identificador de chamada ou não. Para que esta identificação funcione deve ser habilitada a sinalização para "BINA" na linha telefônica.

cidsignalling: Especifica o tipo de sinalização para identificador de chamadas.

```
cidsignalling=bell
```

- bell   = bell202 como usado nos EUA (conhecido como FSK)
- v23   = v23 como usado no Reino Unido.
- dtmf   = DTMF como usado Dinamarca, Holanda e Brasil(apenas com o patch)

cidstart: Especifica o que sinaliza o identificador de chamada, inversão de polaridade ou campainha.

```
cidstart=ring
```
- ring = Um tom de campainha sinaliza o início
- polarity = Inversão de polaridade sinaliza o início

Enviando CallerID para portas FXS

- **usecallerid:** Habilita ou desabilita a transmissão do identificador de chamadas para os seguintes canais. (Yes/No).

> Dica: Se seu sistema precisa de dois toques antes de atender, experimente usar "usecallerid=no" ele vai atender de imediato.

- **hidecallerid:** Configura se vai ocultar o CallerID. (Yes/No)
- **callerid:** Ex: 2564286000, identificação a ser transmitida no canal.

Chamada em Espera

O Asterisk suporta também chamada em espera. Isto significa que o usuário irá receber um tom de espera se alguém tentar discar na mesma extensão.

```
callwaiting=yes
```

Outro recurso quando há uma chamada em espera é receber o identificador de chamada para a chamada que está em espera.

```
callwaitingcallerid=yes
```

Opções de qualidade de áudio

A qualidade de áudio em linhas analógicas é meio técnica, meio arte. O item que mais gera reclamações é sem duvido o eco que algumas vezes é comum em interfaces analógicas. O que fazer para melhorar a qualidade do áudio

Utilitário FXOTUNE

O `fxotune` é um utilitário que faz uma sintonia fina dos parâmetros dos módulos FXO do cartão. Esta sintonia fina é principalmente o casamento das impedâncias. Ele possui três modos de operação:

- Detecção (-i) Detecta e corrige os canais FXO existentes e grava para `/etc/fxotune.conf`

- Dump mode (-d) Gera os arquivos de forma de onda para `foxtune_dump.vals`.

- Startup mode (-s) O fxotune apenas lê o arquivo `/etc/fxotune.conf` e aplica aos módulos FXO.

É importante entender que você terá de colocar a instrução fxotune –s na carga do sistema para que ele continue efetivo após uma reinicialização (boot).

```
#modprobe dahdi
#modprobe wctdm
#fxotune-s
```

DAHDI_MONITOR

Outra forma de melhorar a qualidade do áudio de um canal é trabalhar nos parâmetros de "ganho" conhecidos como txgain (ganho na transmissão) e rxgain (ganho na recepção). O utilitário permite que você faça uma sintonia fina dos ganhos em relação à rede pública.

- **rxgain:** Ajusta o ganho de recebimento. Isto pode ser usado para aumentar ou diminuir o volume de entrada e compensar diferenças de hardware. Formato: Percentual da capacidade -100% a 100%.

- **txgain:** Ajusta o ganho na transmissão. Isto pode ser usado para levantar ou diminuir o volume de saída para compensar diferenças de hardware. Recebe o mesmo argumento do rxgain.

O `dahdi_monitor` pode ajudar você a ajustar os ganhos de entrada e saída para valores adequados. Um bom tutorial (em inglês) de como fazer isto pode ser encontrado em http://www.mattgwatson.ca/2008/05/howto-tune-zaptel-dahdi-fxo-interfaces-on-asterisk-pbx/

Arquivo de configuração

Estas opções ajustam certos parâmetros do Asterisk que afetam a qualidade do áudio em canais DAHDI.

Cancelamento de Eco

A maioria dos algoritmos de cancelamento de eco opera gerando múltiplas cópias do sinal recebido, cada uma atrasada por um pequeno espaço de tempo. O número de taps do filtro determina o tamanho do atraso do eco que pode ser cancelado. Estas cópias atrasadas são então ajustadas e subtraídas do sinal original recebido. O truque é ajustar o sinal atrasado para exatamente o necessário de forma a remover o eco e nada mais evitando assim uso de CPU desnecessário.

Um ponto muito importante é a escolha do algoritmo de cancelamento de eco. O padrão é o MG2. No entanto mais recentemente surgiram duas novas possibilidades. O padrão HPEC (high performance echo cancelation) que é usado com o hardware de cancelamento de eco da Digium e o OSLEC (open source line echo canceler (Rowe)). O oslec parece estar sendo bem aceito e até mesmo o autor do MG2 parece ter concordado. Usando o DAHDI agora é possível alterar o algoritmo de cancelamento de eco sem re-compilar o ZAPTEL, basta preencher o parâmetro echo_can no arquivo /etc/dahdi/system.conf.

Exemplo:

```
echo_can=oslec
```

O cancelamento de eco no Asterisk é controlado principalmente por três parâmetros do arquivo /etc/asterisk/chan-dahdi.conf.

- **echocancel:** Desabilita ou habilita cancelamento de eco. É recomendável que permaneça ligado. Aceite 'yes' (128 taps), 'no' ou o número de taps que podem ser 16, 32, 64, 128 ou 256. Cada tap é uma amostra do sinal que será utilizada no cancelador de eco. Em um T1 cada amostra corresponde a 1/8000 de um segundo. De acordo com o número de *taps* isto é igual a 2,4,6,8,16 ou 32 ms de comprimento do filtro do cancelador de eco.

- **echocancelwhenbridged**: Habilita ou desabilita o cancelamento de eco durante uma chamada puramente TDM. Em princípio, as chamadas puramente TDM não deveriam requerer cancelamento de eco, mas freqüentemente o desempenho do áudio é melhorado. (Yes/No).

- **echotraining=yes**. Ajuste automático para o cancelamento de eco.

Exemplo:

```
echocancel=yes
echocancelwhenbridged=yes
```

```
txgain=-10%
rxgain=10%
```

Opções de bilhetagem

Estas opções mudam a maneira em que as chamadas são gravadas no registro detalhado de chamadas (CDR – Call Detail Records).

amaflags: Configura as AMA flags que afeta a categorização das entradas no registro de chamadas. Aceita estes valores:

- billing: Marca o registro para tarifar;
- documentation: Marca o registro para documentar;
- omit: Não registra os chamados;
- default:Configura a default do sistema;
- accountcode: Configura o código da conta para as chamadas colocadas no canal. O código da conta pode ser qualquer string alfanumérica, normalmente o departamento ou o usuário que utiliza o canal.

```
accountcode=financeiro
amaflags=billing
```

Opções de acompanhamento da chamada

Estes itens são usados para emular a sinalização existente em linhas digitais como um PRI, que traz informações sobre o progresso da chamada. Em interfaces com a rede publica, pode ser útil tentar detectar o progresso de uma chamada e determinar se ela está ocupada ou foi atendida. A detecção de ocupado é altamente experimental e é regulada pelos parâmetros:

```
busydetect=yes
busycount=4
busypattern=500,500
callprogress=yes
progzone=br
```

Os parâmetros acima especificam se a interface vai tentar detector o tom de ocupado, quantos tons serão usados para uma detecção com sucesso e qual o padrão de ocupado. A detecção de progresso de chamada é largamente experimental e existem alguns parâmetros adicionais no arquivo Makefile que podem ser tentados. Nossos testes no Brasil não tiveram sucesso com estes recursos.

Para a detecção do atendimento da chamada, essencial para se ter uma bilhetagem precisa (recurso indispensável em provedores VoIP ou em qualquer companhia que queira cobrar por minuto) é possível usar o recurso de inversão de polaridade. É preciso solicitar a companhia telefônica a sinalização do atendimento da chamada através da reversão da polaridade e ativar no Asterisk com o parâmetro.

```
answeronpolarityswitch=yes
```

Em alguns países é possível também usar a detecção de desligamento (hangup) com inversão de polaridade.

```
hanguponpolarityswitch=yes
```

Opções para telefones ligados a linhas FXS

Estas opções habilitam ou desabilitam recursos avançados em linhas FXS.

adsi: (Analog Display Services Interface). É um conjunto de padrões da indústria de telecom. Foi usado por algumas companhias telefônicas para oferecer serviços como compras de passagens. Pouco comum no Brasil, esta opção habilita ou desabilita o suporte à ADSI.

cancallforward: Habilita ou não o siga-me de chamadas. Siga-me é habilitado com *72 e desativado com *73.

immediate: Quando o Asterisk está no modo *immediate*, ao invés de prover o tom de discagem, ele imediatamente pula para a extensão s. Este recurso pode ser usado para criar uma *hotline*.

threewaycalling: Configura se vai ser permitido conferência a três daquele canal

transfer: Habilita ou desabilita a transferência usando a tecla flash. Para usar esta opção, threewaycalling deve estar configurado para yes.

mailbox: Este comando pode dar uma mensagem avisando ao usuário de que há uma mensagem esperando no correio de voz. Esta mensagem pode vir por meio de um sinal audível, ou visual se o telefone suportar. Tem como argumento o número da caixa de correio de voz.

Resumo

Neste capítulo você aprendeu os conceitos básicos da telefonia convencional e também como fazer uma terminação para a rede pública de telefonia. Você viu como compilar e instalar o DAHDI para interfaces analógicas dos tipos FXO e FXO. Alguns aspectos avançados como cancelamento de eco, detecção do progresso da chamada e identificação de chamadas forma abordados.

Questionário

1 – A sinalização de supervisão inclui:

- ☐ On-hook (no gancho)
- ☐ Off-hook (fora do gancho)
- ☐ Ringing (campainha)
- ☐ Dtmf

2 – A sinalização de informação inclui:

- ☐ Dtmf
- ☐ Tom de discagem
- ☐ Número inválido
- ☐ Tom de retorno
- ☐ Sinal de congestionamento
- ☐ Sinal de Ocupado
- ☐ Pulso decádico

3 – Existem três tipos de interface analógica FXS, FXO e E+M. Marque as afirmativas corretas.

- ☐ FXS – Foreign Exchange Station pode ser ligada diretamente 'a uma interface de ramal de uma central analógica existente.
- ☐ FXO – Foreign Exchange Office é uma interface que pode ser ligada a rede pública.
- ☐ FXS – Foreign Exchange Station é uma interface que fornece tom e por isso pode ser ligada diretamente a um telefone.
- ☐ E+M – Também conhecida como tie-line pode gerar tom nas duas direções.

4 – Para configurar o hardware de uma placa DAHDI você deve configurar o arquivo:

- ☐ /etc/dahdi/system.conf
- ☐ dahdi.conf
- ☐ unicall.conf
- ☐ chan_dahdi.conf

5 – Em uma placa DAHDI, no arquivo `/etc/dahdi/system.conf` você configura o hardware independente do Asterisk, no arquivo `/etc/asterisk/chan_dahdi.conf` você configura o canal DAHDI do Asterisk.

- ☐ Verdadeiro
- ☐ Falso

6 – Em uma placa TDM400 uma entrada de energia vinda diretamente da fonte do micro é necessária quando existe a presença de circuitos:

- ☐ FXO
- ☐ FXS
- ☐ E+M
- ☐ ISDN

7 – Um dos principais problemas que causam ecos e chiados em uma placa DAHDI é causado por:

☐ Problemas de compilação do Asterisk
☐ Cabos com problemas
☐ Conflitos de interrupção no PC
☐ Interferência Eletromagnética

8 – Quando uma placa apresenta problemas de ECO é possível usar as seguintes medidas para sanar ou minimizar o problema (selecione todas as que se aplicam).

☐ Alterar os ganhos relacionados à transmissão e recepção (**txgain**, **rxgain**)
☐ Alterar o algoritmo de cancelamento de eco (oslec, mg2)
☐ Usar cancelamento de eco por hardware (hpec–high performance echo cancelation)
☐ Ativar a detecção do progresso das chamadas
☐ Inverter os fios tip and ring

9. Em alguns casos, quando se deseja uma bilhetagem precisa em canais analógicos é preciso ativar um recurso que permita a detecção exata do momento do atendimento da chamada para que se possa determinar a duração correta desde o início do atendimento. No Brasil é preciso solicitar a companhia telefônica a ativação do recurso:

☐ Reversão do atendimento
☐ Reversão da bilhetagem no atendimento
☐ Reversão da polaridade no atendimento
☐ Geração de tom de atendimento

10. O sistema de identificação de chamadas no Brasil é ativado pela opção DTMF. O sistema Brasileiro é ligeiramente diferente dos sistemas Europeus (também conhecidos como DTMF). Por isto existem duas forma de ativar a recepção do identificador de chamadas em canais FXO no Brasil.

☐ Aplicação de um patch de correção para suportar o padrão brasileiro.
☐ Uso de um conversor DTMF-FSK configurando o Asterisk para o padrão Bell
☐ A opção DTMF funciona perfeitamente no Brasil
☐ Você pode usar Bell para algumas operadoras como a GVT

5
Canais digitais T1/E1

Quando o número de canais é muito grande, superior a oito linhas telefônicas é comum o uso de interfaces digitais dos tipos T1/E1. E1 é comum na Europa e América Latina enquanto T1 é praticamente restrito ao mercado norte americano. Estes canais digitais permitem uma grande densidade de circuitos, vinte e quatro canais para cada interface T1 e 30 canais para cada interface E1. Diversos fabricantes disponibilizam interfaces digitais para Asterisk. Os mais conhecidos são a própria Digium, Xorcom e Red-fone. No Brasil, a Khomp se destaca na fabricação de placas E1 com R2 nativo. Para se usar a sinalização R2 com as placas compatíveis com o padrão DAHDI, basta compilar a biblioteca OpenR2 (www.libopenr2.org). Neste capítulo vamos ensinar como instalar e configurar interfaces digitais.

Objetivos
Ao final deste capítulo você estará apto à:

- Reconhecer a nomenclatura de telefonia digital
- Diferenciar as sinalizações CAS e CCS
- Diferenciar as sinalizações R2 e RDSI
- Configurar interfaces com sinalização RDSI
- Configurar interfaces com sinalização R2

Novo nas versões 1.8, 10, 11 e 12
Aqui uma pequena lista do que mudou nas últimas versões em relação a canais digitais. A maior parte das mudanças se refere a casos muito especiais, mas alguns recursos em especifico merecem ser mencionados.

Bloqueio de chamada a cobrar em redes ISDN.

É possível agora detectar chamadas a cobrar em redes ISDN usando a variável de canal ${CHANNEL(reversecharge)}.

Named Call Groups and Pickup Groups

É possível agora usar grupos de captura baseados em nome. Isto remove a limitação de 64 grupos existente anteriormente

Criação de canais direto da linha de comando

. Foram criados dois novos comandos (Asterisk 12), dahdi create channels e dahdi destroy channels onde uma faixa pode ser configurada.

Conceitos básicos

As linhas digitais E1/T1 são uma opção quando você precisa de um número muito grande de canais. Uma linha E1 pode prover até 30 canais de conversação simultâneos além de recursos como discagem direta a ramal, identificação de chamadas e serviços avançados.

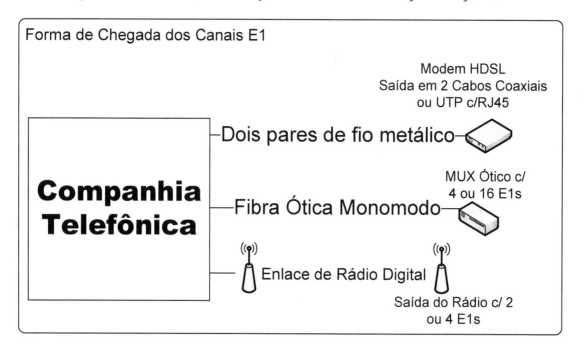

As linhas digitais chegam a sua empresa através de modems do tipo HDSL (2 Mbps), multiplexadores de Fibra Ótica (várias interfaces E1) e rádio digital (várias interfaces E1). Para a conexão com a placa E1 a interface física pode ser de dois tipos, coaxial (conector

BNC) ou UTP (conector RJ45). É muito importante saber de antemão o tipo de conector que você vai receber e o tipo de interface disponível para seu computador.

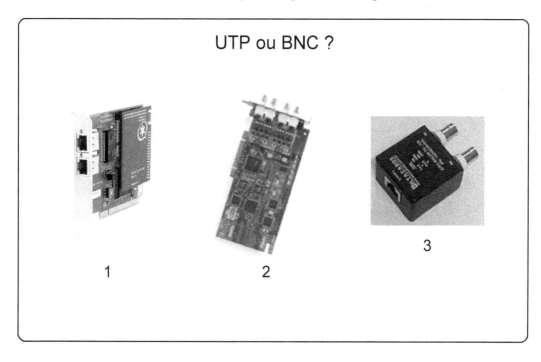

Na figura acima é possível ver uma placa com conectores UTP(1) muito comuns para canais ISDN. Em circuitos com sinalização R2 o mais comum é o uso de interfaces para cabo coaxial com conector BNC(2). Se você estiver usando uma placa com interface UTP e recebendo o circuito E1 em BNC ou vice-versa, é possível usar um conversor conhecido como "BALLUN"(3).

De linhas analógicas para digitais

No início as linhas eram todas analógicas. Para que elas pudessem passar para o formato digital foi necessário criar mecanismos para transformar a voz analógica em digital.

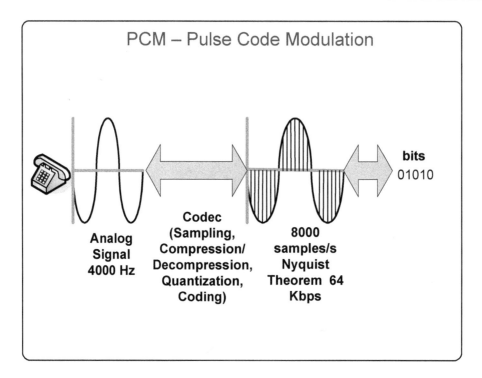

O sinal analógico é amostrado em uma frequência de 8000 Hz para a criação da versão digital da voz analógica. Esta codificação é conhecida como PCM (pulse code modulation). Nos EUA e Japão, o sinal é codificado utilizando-se μlaw (referenciado no Asterisk como ulaw). No restante do mundo, a codificação é alaw.

Multiplexação por Divisão de Tempo

A utilização de linhas analógicas faz sentido quando você precisa de poucos canais de comunicação. Quando o número de linhas telefônicas solicitadas por um cliente passa a ser muito grande, a companhia telefônica normalmente entrega um canal digital.

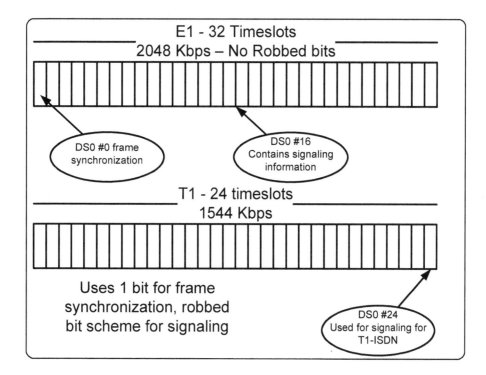

Fazendo uso da multiplexação por divisão de tempo (TDM) é possível transportar vários canais de comunicação em uma única conexão de dados. Um tronco digital é na verdade um circuito de dados e voz transportado no formato digital utilizando o PCM. Cada timeslot utiliza 64 Kbps de banda para transportar um único canal de voz.

Nos EUA, o tronco digital mais comum é o T1, com 24 linhas disponíveis, já na Europa e América Latina é o tronco E1 com 30 linhas. Algumas companhias provêm T1/E1 fracionados, ou seja, com um número menor de canais, normalmente 10 ou 15.

Codificação de linha T1/E1

T1 e E1 são na realidade circuitos de dados e tem uma codificação para esses dados. Esta codificação determina a forma como os bits serão interpretados.

Para os links T1 a codificação mais comum é a B8ZS para a camada 1 (camada física), e ESF (estende Sapir frame) na camada 2 (camada de data-link).

Já para os links E1 a codificação mais comum é a HDB3 para a camada 1

A forma mais fácil de descobrir como o seu link está configurado é perguntando para a sua operadora. Você precisará desta informação para configurar o arquivo `/etc/dahdi/system.conf`.

Sinalização CAS e CCS

De acordo com a Wikipedia(1) CCS é a transmissão da informação de sinalização de controle em um canal separado para dados. Os dois exemplos mais comuns de sinalização CCS são o ISDN e o SS7. O ISDN usa um canal separado de 64 Kbps, conhecido como canal D. As vantagens da sinalização CCS são:

- Estabelecimento e término mais rápido das chamadas, o que leva a um melhor aproveitamento do canal.

- Redução de problemas de segurança relacionados às tecnologias "in-band".

- Sem falsas interferências entre os tons de sinalização e as frequências de voz.

- Permite a transferência de informações adicionais junto com a sinalização do tráfego tais como a identificação da chamada.

A sigla CAS significa sinalização associada ao canal (Channel Associated Signaling). As formas mais comuns de sinalização CAS são a "Robbed Bit" presente principalmente nas linhas T1 e a sinalização R2 definida pela ITU que é mais avançada presente principalmente na América Latina, Asia e Africa.

Sinalização "Robbed bit"

Em alguns casos o tronco T1 utiliza um esquema chamado "robbed bit", onde um bit de cada timeslot é utilizado para sinalização. Nos troncos T1, o canal de dados ou voz é transmitido em timeslots de 56 Kbps. Ao utilizar o esquema "robbed bit", nos links T1 não se faz necessário a utilização de dois slots para sincronização e sinalização. A sinalização "Robbed Bit" simula sinalizações como FXO, FXS e E+M dentro de um canal digital.

Sinalização CAS-R2

Em alguns casos os links E1 utilizam um esquema de sinalização conhecido do tipo CAS (channel associated signaling) chamado de **R2**. Ele foi definido pela ITU como Q.421/Q441. Ele é muito popular na América Latina e Ásia. Boa parte das companhias telefônicas destes continentes alterou o MFC/R2 para atender às suas necessidades, assim sendo, você precisa utilizar as mesmas modificações adotadas em seu país para poder utilizá-la.

No Brasil o tipo mais comum de sinalização CAS é o R2 Digital Brasil. É possível implantar um canal R2 usando uma placa Digium E1 usando o OpenR2 www.libopenr2.org. Outra forma de implantar a sinalização R2 é usar soluções proprietárias como placas da Khomp e Digivoice.

ISDN-PRI ou RDSI

O ISDN, também conhecido como RDSI (Rede Digital de Serviços Integrada): é uma nova forma de entroncamento completamente digital, padronizada pela ITU em 1984. Um simples par de fios pode transportar duas linhas e mais um circuito de dados de 64kbps usado para sinalização. ISDN permite uma forma bastante elegante de manusear as ligações. Por exemplo, serviços como: identificador de chamadas, chamada em espera, serviços de SMS, entre outros foram originalmente desenvolvidos para ISDN.

A sinalização ISDN está disponível para o Asterisk em diversas variações. Estas variações são configuradas no arquivo `chan_dahdi.conf`. A rede pública no Brasil quando fornece o ISDN utiliza o parâmetro `switchtype` configurado como EuroISDN. Várias operadoras disponibilizam ISDN no Brasil, dependendo da central telefônica instalada em sua cidade. Com ISDN você passa a possuir dois tipos de canais:

- Canais B (Bearer)
  - o Comutação de circuitos tal como acontece com uma chamada telefônica;
  - o Taxa de transferência de 64 Kbps;
  - o Full-duplex - os dados podem ser enviados e recebidos em simultâneo;
  - o Transporta voz e dados digitalizados.
- Canais D (Delta)
  - o Comutação de pacotes, em que cada pacote pode seguir um caminho diferente;
  - o Taxa de transferência de 16 Kbps para o acesso básico e de 64 Kbps para o acesso primário;
  - o Full-duplex - os dados podem ser enviados e recebidos em simultâneo;
  - o Transporta sinalização (número de telefone, toque do telefone, etc.) e dados.

ISDN é fornecido em duas formas físicas:

- BRI (basic rate interface)
  - o Conhecido como 2B+D
  - o Dois canais B (64K) e um canal D (16K)
  - o Utiliza um par de fios de cobre com 148Kbps.
- PRI (primary rate interface)
  - o Distribuído utilizando um tronco T1/E1
  - o 23B+D para T1s
  - o 30B+D para E1s

Escolhendo uma placa de telefonia

Existem muitas opções de fabricantes e tipos de placas para Asterisk. A escolha da placa basicamente depende dos seguintes fatores:

Barramento a ser usado

Existem diversos tipos de barramento dependendo do servidor que você escolher. É muito importante que você possua no seu servidor um barramento compatível com a placa que você está escolhendo.

- 32 Bits PCI 5V encontrado na maioria das máquinas, inclusive desktops

    - Digium TE405, TE407, TE205, TE207, TE120, TE122, B410, TDM2400, TDM800, TDM410, TC400

    - Khomp K1E1SPX, K2E1SPX

- 32/64 bits PCI 3.3V encontrado principalmente em servidores

    - Digium TE410, TE412, TE210, TE212, TE120, TE122, B410, TDM2400, TDM800, TDM410, TC400

    - Khomp K1E1SPX, K2E1SPX

- PCI Express encontrado em desktops e servidores

    - Digium TE420, TE220, TE121, AEX2400, AEX800

    - Khomp, Lançamento previsto p/ 2008 ainda sem nome.

- MiniPCI encontrado em sistemas embarcados

    - OpenVOX A100M(FXO), B100M(ISDN BRI), B200M(ISDN BRI), B400M(ISDN BRI)

- USB 2.0 encontrado em quase todos os equipamentos. As soluções baseadas em USB permitem uma grande densidade de portas analógicas ou digitais. O barramento USB2 suporta 480 Mbps e cada canal de voz ocupa 64Kbps em cada direção. Usando Hubs USB é possível chegar a densidades de até 1000 portas analógicas.

    - Xorcom Astribank (FXS, FXO, E1-ISDN, E1-R2)

- Ethernet. A grande vantagem do barramento Ethernet é permitir que a placa seja enxergada por mais de um servidor. Isto permite soluções de alta disponibilidade. Outro ponto importante é que estas soluções não dependem do número de slots livres no servidor.

    - Redfone FoneBridge (Até 4 canais E1)

Uso de cancelamento de eco por hardware

O cancelamento de eco por hardware, reduz muito a carga no processador principal do Asterisk. Para placas com mais de uma interface E1 é altamente recomendável. Consulte seu fabricante a respeito do cancelador de eco e sua capacidade de cancelar eco em TAPS.

Cuidado, algumas placas não permitem cancelamento de eco amplo para todos os canais disponíveis. Tanto a Digium quanto a Khomp e Redfone disponibilizam um hardware adicional para cancelamento de eco.

Tipo de sinalização

O tipo de sinalização ISDN ou R2 também é importante. As placas da Khomp possuem suporte nativo ao protocolo R2. As placas da Digium e todas as outras baseadas no DAHDI (antigo zaptel) podem usar as bibliotecas Open R2 (www.libopenr2.org). Ainda é cedo para considerar a solução libopenr2 uma solução aprovada, no entanto os primeiros testes foram muitos promissores e já existem alguns clientes usando esta tecnologia em produção de forma estável Um conjunto maior de testes em plataformas com grande volume de chamadas ainda vai se fazer necessário antes de se poder recomendar o libopenr2.

Sempre que possível escolha ISDN. Quando ISDN não estiver disponível ou os canais instalados já funcionam com sinalização R2-Digital você pode usar o libopenr2 ou uma placa com suporte à R2.

Zaptel e Dahdi

Recentemente, devido a problemas com a marca Zaptel, a Digium foi obrigada a trocar o nome dos seus drivers. Nesta versão do livro, já estamos usando os novos drivers DAHDI porque a partir do lançamento da versão 2.0 do DAHDI, os drivers ZAPTEL não mais serão atualizados. O Arquivo README e UPGRADE.txt no diretório /usr/src/dahdi-linux-2.0.0 detalham bem as mudanças ocorridas.

Configurando um canal de telefonia

Para configurar uma placa de telefonia, vários passos são necessários. Neste capítulo vamos mostrar as formas mais comuns de configuração.

- Conexão digital usando sinalização ISDN
- Conexão digital usando sinalização MFC/R2

Exemplo 1 – Carga de dois canais E1-ISDN usando uma TE205P

Passos:

1. Instalação de uma placa digital TE205P
2. Configuração do arquivo /etc/dahdi/system.conf
3. Geração automática da configuração usando dahdi_genconf
4. Carga do driver da placa DAHDI

5. Execução do utilitário dahdi_test

6. Execução do utilitário dahdi_cfg

7. Configuração do arquivo chan_dahdi.conf

8. Carga e testes com o Asterisk

Passo 1: Instalação da placa TE205P

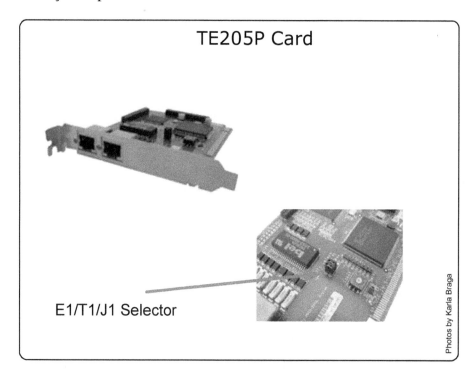

Em primeiro lugar é importante entender as implicações da escolha de uma placa Digium TE205P ou TE210P. A placa TE210P é uma placa que usa barramento 64 bits de 3.3 volts. Este barramento só é encontrado em PCs servidores de rede. Cuidado ao especificar esta placa, certifique-se que seu hardware possui tal barramento. A placa TE205P usa um barramento PCI comum de 5 volts o qual pode ser encontrada na grande maioria das motherboards presente no mercado. Escolhemos uma placa com duas interfaces E1 para o exemplo, pois é fácil reduzi-la para os casos de uma interface E1 apenas ou expandi-la para uma placa com 4 interfaces E1.

> **Cuidado ao especificar:** Certifique-se de estar comprando a placa correta. É muito comum as pessoas especificarem as placas de 3.3V (TE210P, TE410P, TE211P e TE411P) e retornarem as placas por não encontrar uma Motherboard

compatível. Como já dissemos estes slots de 3.3V 64 bits só são encontrados em motherboard para servidores.

Passo 2: Configuração do arquivo `/etc/dahdi/system.conf`.

Para configurar a placa E1 é um pouco diferente. Primeiro precisamos definir o span e depois os canais. Os spans são numerados a partir da sequência de reconhecimento das placas no hardware. Em outras palavras, é muito difícil determinar antecipadamente qual o número de span de cada uma das placas.

> Dica: Para identificar qual span pertence a qual interface, nós configuramos normalmente os canais e em seguida conectamos um cabo com sinal ISDN a uma das interfaces, no console do Asterisk aparecerá a seguinte mensagem: "primary span X UP". Bingo, com isto sabe-se qual span esta relacionado a qual interface.

Exemplo 1 (2xT1)

```
span=1,1,0,esf,b8zs
span=2,0,0,esf,b8zs
bchan=1-23
dchan=24
bchan=25-47
dchan=48
defaultzone=us
loadzone=us
```

Exemplo 2 (2xE1)

```
span=1,1,0,ccs,hdb3,crc4 # nem sempre crc4 é necessário,c operadora
span=2,0,0,ccs,hdb3,crc4
bchan=1-15, 17-31
dchan=16
bchan=33-47, 49-63
dchan=48
defaultzone=br
loadzone=br
```

Passo 3: Usando o utilitário dahdi_genconf

Uma das coisas mais difíceis no Asterisk é determinar o SPAN correto e gerar o arquivo do passo anterior. Para ajudar, foi criado um utilitário chamado dahdi_genconf. Ele gera os arquivos de configuração de forma praticamente automática para sua configuração. Para usá-lo copie o arquivo /usr/src/dahdi-tools-2.0.0/xpp/genconf_parameters para /etc/dahdi.

cp /usr/src/dahdi-tools-2.0.0/xpp/genconf_parameters /etc/dahdi.

O utilitário dahdi_genconf gera os arquivos:

- /etc/dahdi/system.conf usando a opção dahdi

- /etc/asterisk/dahdi-channels.conf usando a opção chan_dahdi

- /etc/asterisk/users.conf usando a opção users (muito útil para placas FXS)

- Todos os arquivos acima usando a opção chan_dahdi_full

Antes de executar o dahdi_genconf é preciso configurar o arquivo /etc/dahdi/gen_parameters.conf

```
#
# /etc/dahdi/genconf_parameters
#
# This file contains parameters that affect the
# dahdi_genconf configurator generator.
#
# Syntax:
#       * A comment from '#' to end of line
#       * Blank lines ignored
#       * Whitespace at end of line trimmed
#       * Single valued items:
#             key <whitespaces...> value
#       * List valued items:
#           key
#           <whitespaces...>value1
#           <whitespaces...>value2
#           ...
#

#base_exten            4000
#fxs_immediate               no
#fxs_default_start    ks
#lc_country           br
#context_lines               from-pstn
#context_phones              from-internal
#context_input               astbank-input
#context_output              astbank-output
#group_phones         0
#group_lines          5

#brint_overlap
#bri_sig_style               bri_ptmp

# The echo canceller to use. If you have a hardware echo canceller, just
# leave it be, as this one won't be used anyway.
#
# The default is mg2, but it may change in the future. E.g: a packager
# that bundles a better echo canceller may set it as the default, or
# dahdi_genconf will scan for the "best" echo canceller.
#
#echo_can            hpec
#echo_can            oslec
#echo_can            none  # to aboid echo cancellers altogether

# bri_hardhdlc: If this parameter is set to 'yes', in the entries for
# BRI cards 'hardhdlc' will be used instead of 'dchan' (an alias for
# 'fcshdlc').
#
#bri_hardhdlc        yes

# For MFC/R2 Support
#pri_connection_type        R2
#r2_idle_bits        1101

# pri_types contains a list of settings:
```

```
# Currently the only setting is for TE or NT (the default is TE)
#
#pri_termtype
#      SPAN/2 NT
#      SPAN/4        NT
```

O arquivo gen_parameters.conf permite a personalização da sua configuração. Os parâmetros mais importantes para linhas digitais são:

```
# pri_types contains a list of settings:
# Currently the only setting is for TE or NT (the default is TE)
#
#pri_termtype
#      SPAN/2 NT
 #      SPAN/4        NT
```

> Aviso: Na configuração do DAHDI passa a ser obrigatório a especificação do algoritmo de cancelamento de eco.

Os principais parâmetros do arquivo são os contextos onde serão criadas as linhas (context_phones) e os troncos (context_lines), os grupos; para discar para um tronco com seleção automática você poderá usar dahdi/g5 e para os telefones zap/g0. Especificamente para sinalização ISDN você pode usar TE (Terminal) que é o mais comum quando você recebe uma linha externa ou NT(Network) quando você se conecta a um PABX configurado como TE.

Depois de gerar o arquivo, basta incluir o arquivo /etc/asterisk/dahdi-channels.conf no arquivo de configuração de canais /etc/asterisk/chan_dahdi.conf (antigo chan_dahdi.conf).

```
#include dahdi-channels.conf
```

Passo 4: Carga do driver da placa dahdi.

Como você já viu no capítulo 2, você deve carregar o modulo DAHDI e um módulo correspondente à placa que você está instalando. Estes módulos são carregados automaticamente na carga se você instalou com make config. O arquivo /etc/dahdi/modules mostra os drivers que precisam ser carregados.

```
# Contains the list of modules to be loaded / unloaded by /etc/init.d/dahdi.
#
# NOTE:  Please add/edit /etc/modprobe.d/dahdi or /etc/modprobe.conf if you
#        would like to add any module parameters.
#
# Format of this file: list of modules, each in its own line.
# Anything after a '#' is ignore, likewise trailing and leading
# whitespaces and empty lines.

# Digium TE205P/TE207P/TE210P/TE212P: PCI dual-port T1/E1/J1
# Digium TE405P/TE407P/TE410P/TE412P: PCI quad-port T1/E1/J1
# Digium TE220: PCI-Express dual-port T1/E1/J1
# Digium TE420: PCI-Express quad-port T1/E1/J1
#wct4xxp

# Digium TE120P: PCI single-port T1/E1/J1
```

```
# Digium TE121: PCI-Express single-port T1/E1/J1
# Digium TE122: PCI single-port T1/E1/J1
#wcte12xp

# Digium T100P: PCI single-port T1
# Digium E100P: PCI single-port E1
#wct1xxp

# Digium TE110P: PCI single-port T1/E1/J1
#wcte11xp

# Digium TDM2400P/AEX2400: up to 24 analog ports
# Digium TDM800P/AEX800: up to 8 analog ports
# Digium TDM410P/AEX410: up to 4 analog ports
#wctdm24xxp

# X100P - Single port FXO interface
# X101P - Single port FXO interface
#wcfxo

# Digium TDM400P: up to 4 analog ports
#wctdm

# Xorcom Astribank Devices
xpp_usb
```

Se você quiser carregar manualmente, use:

#modprobe dahdi
#modprobe wct2xxp

Passo 4: Usando o utilitário dahdi_test

Um utilitário importante é o dahdi_test que pode ser usado para verificar conflitos de interrupção e interrupt misses. É muito comum problemas de qualidade de áudio por causa de conflitos e perdas de interrupção. Você pode usar o comando dahdi_test que é encontrado em /usr/src/asterisk. UM número menor 99.987793% indica alguma espécie de problema.

```
Opened pseudo dahdi interface, measuring accuracy...
99.987793%  100.000000%  100.000000%  100.000000%  100.000000%  100.000000%
100.000000%
100.000000%  100.000000%  100.000000%  100.000000%  100.000000%  100.000000%
100.000000% 100.000000%
100.000000%  100.000000%  100.000000%  100.000000%  99.987793%  100.000000%
100.000000% 100.000000%
100.000000% 100.000000% 100.000000%
--- Results after 26 passes ---
Best: 100.000000 -- Worst: 99.987793 -- Average: 99.999061
```

Para verificar em que interrupção está cada uma das placas usa:

```
#cat /proc/interrupts
      CPU0
  0:  3675537 XT-PIC  timer
  1:    2        XT-PIC  keyboard
  2:    0        XT-PIC  cascade
  3:  410705     XT-PIC  eth1
```

```
 4:   1694897      XT-PIC  eth0
 5:  36737213      XT-PIC  t1xxp
 7:     14703      XT-PIC  libata
 8:         4      XT-PIC  rtc
10:  36742553      XT-PIC  wcfxo
11:  36742513      XT-PIC  wcfxo
14:     55631      XT-PIC  ide0
NMI:        0
LOC:  3675478
ERR:        0
MIS:        0
```

Passo 5: Usando o utilitário `dahdi_cfg`.

Esta é a saída do comando `dahdi_cfg -vvv` de um servidor Asterisk com uma placa E1 configurada para quinze canais mais duas portas FXO.

```
#./dahdi_cfg -vvvv

Dahdi Configuration
======================

SPAN 1: CCS/HDB3 Build-out: 0 db (CSU)/0-133 feet (DSX-1)

Channel map:

Channel 01: Clear channel (Default) (Slaves: 01)
Channel 02: Clear channel (Default) (Slaves: 02)
Channel 03: Clear channel (Default) (Slaves: 03)
Channel 04: Clear channel (Default) (Slaves: 04)
Channel 05: Clear channel (Default) (Slaves: 05)
Channel 06: Clear channel (Default) (Slaves: 06)
Channel 07: Clear channel (Default) (Slaves: 07)
Channel 08: Clear channel (Default) (Slaves: 08)
Channel 09: Clear channel (Default) (Slaves: 09)
Channel 10: Clear channel (Default) (Slaves: 10)
Channel 11: Clear channel (Default) (Slaves: 11)
Channel 12: Clear channel (Default) (Slaves: 12)
Channel 13: Clear channel (Default) (Slaves: 13)
Channel 14: Clear channel (Default) (Slaves: 14)
Channel 15: Clear channel (Default) (Slaves: 15)
Channel 16: D-channel (Default) (Slaves: 16)
Channel 32: FXS Kewlstart (Default) (Slaves: 32)
Channel 33: FXS Kewlstart (Default) (Slaves: 33)

18 channels configured.
```

Passo 6: O utilitário dahdi_genconf gera a configuração necessária. No entanto é importante você saber como fazer a configuração manualmente, principalmente para casos de troubleshooting. Configuração dos canais chan_dahdi.conf.

Exemplo #1 (2xT1)

```
callerid="John Mac Enroe"<(555)555-1111>
switchtype=national
signalling=pri_cpe
group=1
channel=>1-23
group=2
channel=>25-47
```

Exemplo #2 (2xE1)

```
callerid=<4830258580>
switchtype=euroisdn
signalling=pri_cpe
group=1
channel=>1-15;17-31
group=2
channel=>32-46;48-62
```

Passo 7: Comandos úteis para a verificação.

dahdi show status: Mostra o status das placas dahdi

```
vtsvoffice*CLI> dahdi show status
Description                           Alarms    IRQ       bpviol  CRC4
Digium Wildcard E100P E1/PRA Card 0 OK         0         0       0
Wildcard X100P Board 1               OK         0         0       0
Wildcard X100P Board 2               RED        0         0       0
```

pri show span: Permite verificar os dados do link ISDN.

```
vtsvoffice*CLI> pri show span 1
Primary D-channel: 16
Status: Provisioned, Up, Active
Switchtype: EuroISDN
Type: CPE
Window Length: 0/7
Sentrej: 0
SolicitFbit: 0
Retrans: 0
Busy: 0
Overlap Dial: 0
T200 Timer: 1000
T203 Timer: 10000
T305 Timer: 30000
T308 Timer: 4000
T313 Timer: 4000
N200 Counter: 3
```

dahdi show channels: Mostra os canais dahdi configurados.

```
vtsvoffice*CLI>dahdi show channels
   Chan Extension  Context      Language    MusicOnHold
  pseudo           fax          en          default
     1             entrada      en          default
     2             entrada      en          default
     3             entrada      en          default
     4             entrada      en          default
     5             entrada      en          default
```

```
      6        entrada      en      default
      7        entrada      en      default
      8        entrada      en      default
      9        entrada      en      default
     10        entrada      en      default
     11        entrada      en      default
     12        entrada      en      default
     13        entrada      en      default
     14        entrada      en      default
     15        entrada      en      default
     32        default      en      default
     33        fax          en      default
```

dahdi show channel x: Mostra um canal específico.

```
vtsvoffice*CLI> dahdi show channel 1
Channel: 1*CLI>
File Descriptor: 21
Span: 1
Extension:
Dialing: no
Context: entrada
Caller ID: 4832341689
Calling TON: 33
Caller ID name:
Destroy: 0
InAlarm: 0
Signalling Type: PRI Signalling
Radio: 0
Owner: <None>
Real: <None>
Callwait: <None>
Threeway: <None>
Confno: -1
Propagated Conference: -1
Real in conference: 0
DSP: no
Relax DTMF: no
Dialing/CallwaitCAS: 0/0
Default law: alaw
```

debug pri span x: Habilita o depurador detalhado das chamadas ISDN. Note que é possível verificar exatamente que números estão sendo discados e o identificador de chamada. Abaixo segue o debug de uma ligação que procedeu normalmente, ele pode ser útil na comparação com uma ligação com problemas. Uma dica é desligar o verbose (set verbose=0) antes de emitir o comando para ter apenas as mensagens Q.931 do ISDN.

```
-- Making new call for cr 32833
> Protocol Discriminator: Q.931 (8)  len=57
> Call Ref: len= 2 (reference 65/0x41) (Originator)
> Message type: SETUP (5)
> [04 03 80 90 a3]
> Bearer Capability (len= 5) [ Ext: 1 Q.931 Std: 0 Info transfer capability:
Speech (0)
```

```
>                              Ext: 1  Trans mode/rate: 64kbps, circuit-
mode (16)
>                              Ext: 1  User information layer 1: A-Law (35)
> [18 03 a9 83 81]
> Channel ID (len= 5) [ Ext: 1  IntID: Implicit, PRI Spare: 0, Exclusive
Dchan: 0
>                         ChanSel: Reserved
>                     Ext: 1  Coding: 0   Number Specified   Channel Type:
3
>                     Ext: 1  Channel: 1 ]
> [28 0e 46 6c 61 76 69 6f 20 45 64 75 61 72 64 6f]
> Display (len=14) @h@>[ Flavio Eduardo ]
> [6c 0c 21 80 34 38 33 30 32 35 38 35 39 30]
> Calling Number (len=14) [ Ext: 0  TON: National Number (2)   NPI:
ISDN/Telephony Numbering Plan (E.164/E.163) (1)
>                              Presentation: Presentation permitted, user
number not screened (0) '4830258590' ]
> [70 09 a1 33 32 32 34 38 35 38 30]
> Called Number (len=11) [ Ext: 1  TON: National Number (2)   NPI:
ISDN/Telephony Numbering Plan (E.164/E.163) (1) '32248580' ]
> [a1]fice*CLI>
> Sending Complete (len= 1)
< Protocol Discriminator: Q.931 (8)  len=10
< Call Ref: len= 2 (reference 65/0x41) (Terminator)
< Message type: CALL PROCEEDING (2)
< [18 03 a9 83 81]
< Channel ID (len= 5) [ Ext: 1  IntID: Implicit, PRI Spare: 0, Exclusive
Dchan: 0
<                         ChanSel: Reserved
<                     Ext: 1  Coding: 0   Number Specified   Channel Type:
3
<                     Ext: 1  Channel: 1 ]
-- Processing IE 24 (cs0, Channel Identification)
< Protocol Discriminator: Q.931 (8)  len=9
< Call Ref: len= 2 (reference 65/0x41) (Terminator)
< Message type: ALERTING (1)
< [1e 02 84 88]
< Progress Indicator (len= 4) [ Ext: 1  Coding: CCITT (ITU) standard (0) 0:
0   Location: Public network serving the remote user (4)
<                              Ext: 1   Progress Description: Inband
information or appropriate pattern now available. (8) ]
-- Processing IE 30 (cs0, Progress Indicator)
< Protocol Discriminator: Q.931 (8)  len=64
< Call Ref: len= 2 (reference 5720/0x1658) (Originator)
< Message type: SETUP (5)
< [04 03 80 90 a3]
< Bearer Capability (len= 5) [ Ext: 1 Q.931 Std: 0  Info transfer capability:
Speech (0)
<                              Ext: 1  Trans mode/rate: 64kbps, circuit-
mode (16)
<                              Ext: 1  User information layer 1: A-Law (35)
< [18 03 a1 83 82]
< Channel ID (len= 5) [ Ext: 1  IntID: Implicit, PRI Spare: 0, Preferred
Dchan: 0
<                         ChanSel: Reserved
<                     Ext: 1  Coding: 0   Number Specified   Channel Type:
3
<                     Ext: 1  Channel: 2 ]
< [1c 15 91 a1 12 02 01 bc 02 01 0f 30 0a 02 01 01 0a 01 00 a1 02 82 00]
```

```
< Facility (len=23, codeset=0) [ 0x91, 0xa1, 0x12, 0x02, 0x01, 0xbc, 0x02,
0x01, 0x0f, '0', 0x0a, 0x02, 0x01, 0x01, 0x0a, 0x01, 0x00, 0xa1, 0x02, 0x82,
0x00 ]
< [1e 02 82 83]
< Progress Indicator (len= 4) [ Ext: 1  Coding: CCITT (ITU) standard (0) 0:
0   Location: Public network serving the local user (2)
<                                    Ext: 1  Progress Description: Calling
equipment is non-ISDN. (3) ]
< [6c 0c 21 83 34 38 33 32 32 34 38 35 38 30]
< Calling Number (len=14) [ Ext: 0   TON: National Number (2)   NPI:
ISDN/Telephony Numbering Plan (E.164/E.163) (1)
<                              Presentation: Presentation allowed of network
provided number (3) '4832248580' ]
< [70 05 c1 38 35 38 30]
< Called Number (len= 7) [ Ext: 1   TON: Subscriber Number (4)   NPI:
ISDN/Telephony Numbering Plan (E.164/E.163) (1) '8580' ]
< [a1]
< Sending Complete (len= 1)
-- Making new call for cr 5720
-- Processing Q.931 Call Setup
-- Processing IE 4 (cs0, Bearer Capability)
-- Processing IE 24 (cs0, Channel Identification)
-- Processing IE 28 (cs0, Facility)
Handle Q.932 ROSE Invoke component
-- Processing IE 30 (cs0, Progress Indicator)
-- Processing IE 108 (cs0, Calling Party Number)
-- Processing IE 112 (cs0, Called Party Number)
-- Processing IE 161 (cs0, Sending Complete)
> Protocol Discriminator: Q.931 (8)  len=10
> Call Ref: len= 2 (reference 5720/0x1658) (Terminator)
> Message type: CALL PROCEEDING (2)
> [18 03 a9 83 82]
> Channel ID (len= 5) [ Ext: 1   IntID: Implicit, PRI Spare: 0, Exclusive
Dchan: 0
>                         ChanSel: Reserved
>                         Ext: 1  Coding: 0   Number Specified   Channel Type:
3
>                         Ext: 1  Channel: 2 ]
> Protocol Discriminator: Q.931 (8)  len=14
> Call Ref: len= 2 (reference 5720/0x1658) (Terminator)
> Message type: CONNECT (7)
> [18 03 a9 83 82]
> Channel ID (len= 5) [ Ext: 1   IntID: Implicit, PRI Spare: 0, Exclusive
Dchan: 0
>                         ChanSel: Reserved
>                         Ext: 1  Coding: 0   Number Specified   Channel Type:
3
>                         Ext: 1  Channel: 2 ]
> [1e 02 81 82]
> Progress Indicator (len= 4) [ Ext: 1  Coding: CCITT (ITU) standard (0) 0:
0   Location: Private network serving the local user (1)
>                              Ext: 1  Progress Description: Called
equipment is non-ISDN. (2) ]
< Protocol Discriminator: Q.931 (8)  len=5
< Call Ref: len= 2 (reference 5720/0x1658) (Originator)
< Message type: CONNECT ACKNOWLEDGE (15)
< Protocol Discriminator: Q.931 (8)  len=9
< Call Ref: len= 2 (reference 65/0x41) (Terminator)
< Message type: PROGRESS (3)
< [1e 02 84 82]
```

```
< Progress Indicator (len= 4) [ Ext: 1  Coding: CCITT (ITU) standard (0) 0:
0   Location: Public network serving the remote user (4)
<                                  Ext: 1   Progress Description: Called
equipment is non-ISDN. (2) ]
-- Processing IE 30 (cs0, Progress Indicator)
< Protocol Discriminator: Q.931 (8)  len=5
< Call Ref: len= 2 (reference 65/0x41) (Terminator)
< Message type: CONNECT (7)
> Protocol Discriminator: Q.931 (8)  len=5
> Call Ref: len= 2 (reference 65/0x41) (Originator)
> Message type: CONNECT ACKNOWLEDGE (15)
NEW_HANGUP DEBUG: Calling q931_hangup, ourstate Active, peerstate Connect
Request
> Protocol Discriminator: Q.931 (8)  len=9
> Call Ref: len= 2 (reference 65/0x41) (Originator)
> Message type: DISCONNECT (69)
> [08 02 81 90]
> Cause (len= 4) [ Ext: 1  Coding: CCITT (ITU) standard (0) 0: 0   Location:
Private network serving the local user (1)
>                    Ext: 1  Cause: Unknown (16), class = Normal Event (1) ]
< Protocol Discriminator: Q.931 (8)  len=5
< Call Ref: len= 2 (reference 65/0x41) (Terminator)
< Message type: RELEASE (77)
NEW_HANGUP DEBUG: Calling q931_hangup, ourstate Null, peerstate Release
Request
> Protocol Discriminator: Q.931 (8)  len=9
> Call Ref: len= 2 (reference 65/0x41) (Originator)
> Message type: RELEASE COMPLETE (90)
> [08 02 81 90]
> Cause (len= 4) [ Ext: 1  Coding: CCITT (ITU) standard (0) 0: 0   Location:
Private network serving the local user (1)
>                    Ext: 1  Cause: Unknown (16), class = Normal Event (1) ]
NEW_HANGUP DEBUG: Calling q931_hangup, ourstate Null, peerstate Null
NEW_HANGUP DEBUG: Destroying the call, ourstate Null, peerstate Null
< Protocol Discriminator: Q.931 (8)  len=9
< Call Ref: len= 2 (reference 5720/0x1658) (Originator)
< Message type: DISCONNECT (69)
< [08 02 82 90]
< Cause (len= 4) [ Ext: 1  Coding: CCITT (ITU) standard (0) 0: 0   Location:
Public network serving the local user (2)
<                    Ext: 1  Cause: Unknown (16), class = Normal Event (1) ]
-- Processing IE 8 (cs0, Cause)
NEW_HANGUP DEBUG: Calling q931_hangup, ourstate Disconnect Indication,
peerstate Disconnect Request
> Protocol Discriminator: Q.931 (8)  len=9
```

```
> Call Ref: len= 2 (reference 5720/0x1658) (Terminator)
> Message type: RELEASE (77)
> [08 02 81 90]
> Cause (len= 4) [ Ext: 1  Coding: CCITT (ITU) standard (0) 0: 0   Location:
Private network serving the local user (1)
>                    Ext: 1  Cause: Unknown (16), class = Normal Event (1) ]
< Protocol Discriminator: Q.931 (8)  len=5
< Call Ref: len= 2 (reference 5720/0x1658) (Originator)
< Message type: RELEASE COMPLETE (90)
NEW_HANGUP DEBUG: Calling q931_hangup, ourstate Null, peerstate Null
NEW_HANGUP DEBUG: Destroying the call, ourstate Null, peerstate Null
```

Opções do arquivo chan_dahdi.conf

Existem diversas opções de configuração no arquivo chan_dahdi.conf. Descrever todas estas opções seria enfadonho e pouco produtivo. Vamos detalhar os principais grupos de opções para facilitar o seu entendimento.

Opções gerais, independentes do tipo de canal

context: Define o contexto para aquele canal. Este é o contexto para entrada de chamadas pelo canal. Exemplo:

```
context=default
```

channel: Define o canal ou faixa de canais. Cada definição de canal irá herdar todas as opções colocadas acima no arquivo. Canais podem ser especificados individualmente, separado por vírgulas ou como uma faixa separada por "-".

```
Channel=>1-15
Channel=>16
Channel=>17,18
```

group: Permite que um número de canais seja tratado como um grupo para o propósito de discagem. Se você discar usando um grupo, o primeiro canal disponível será usado. Se forem telefones, ao ligar para o grupo todos receberão o sinal de ringing ao mesmo tempo. Com vírgulas você pode especificar mais de um grupo para o mesmo canal.

```
group=1
group=3,5
```

language: Liga a internacionalização e configura a linguagem. Este recurso irá configurar as mensagens do sistema para uma dada linguagem. Embora o recurso esteja preparado, Inglês é a única linguagem que foi completamente gravada para a instalação padrão do Asterisk.

musiconhold: Seleciona a classe para música em espera

Opções para conexões com rede ISDN

switchtype: Configura o tipo de sinalização usado para a linha PRI. Os valores aceitáveis são:

```
switchtype = EuroISDN
```

- 5ess: Lucent 5ESS
- euroisdn: EuroISDN
- national: National ISDN
- dms100: Nortel DMS100
- 4ess: AT&T 4ESS
- Qsig: Q.SIG

> **Dica:** Todas as implantações que fiz no Brasil, principalmente usando roteadores Cisco utilizaram EuroISDN ou Qsig. As conexões à rede pública, normalmente estão no padrão EuroISDN.

pri_dialplan: Configura uma opção necessária para alguns *switches* (centrais e operadoras) que requerem que um plano de discagem seja passado. Esta opção é ignorada pela maioria dos equipamentos. Opções válidas são private, national, international e unknown.

```
pri_dialplan = unknown
```

prilocaldialplan: Configura uma opção necessária para alguns switches (centrais e operadoras). Pode ser necessário em canais do tipo EuroISDN

```
prilocaldialplan = unknown
```

> Dica: Normalmente usamos "unknown". Em alguns casos quando não configuramos "unknown" a operadora recebe alguns zeros a mais.

overlapdial: O overlap dial é usado quando se deseja passar dígitos após o estabelecimento da conexão. Normalmente esta associado a passagem do número em bloco (overlapdial=no) ou dígito a digito (overlapdial=yes). Normalmente é usada a opção em bloco com a operadora.

signalling: Configura o tipo de sinalização para os seguintes tipos de definição de canal. Estes parâmetros devem coincidir com os definidos no arquivo /etc/dahdi/system.conf. As escolhas corretas são baseadas no hardware disponível. Em uma rede ISDN existem dois tipos de sinalização:

- **pri_cpe:** Usa a sinalização PRI como CPE/Client/User/Slave. É usado para terminar uma linha PRI em canais do Asterisk. Esta é a sinalização mais simples. Se você contratou o circuito de uma rede pública, deve funcionar de imediato. Se você vai se conectar a uma outra central, cuidado, é comum que a central esteja configurada como CPE também, pois é o caso mais comum. Neste caso peça ao técnico responsável pela central para que ele configure a central telefônica à qual você vai se interligar como Master (A nomenclatura muda de fabricante para fabricante). Alguns se referem como Master/Slave, outros como Host/User e outros como Network/Client, assegure-se de que você e o técnico da central utilizem a mesma nomenclatura para evitar confusões.

- **pri_net:** Usada quando Asterisk se conecta a uma central configurada como CPE. Muitas vezes chamada Host/Rede/Master/Network

Opções de identificador de chamadas (Caller ID).

Existem várias opções de identificação de chamada. Algumas opções podem ser desabilitadas. A maior parte está habilitada por default.

usecallerid: Habilita ou desabilita a transmissão do identificador de chamadas para os seguintes canais. (Yes/No).

hidecallerid: Configura se vai ocultar o CallerID. (Yes/No)

callerid: Configura a string de callerID para um dado canal. Esta chave recebe uma string formatada apropriadamente contendo o nome e o telefone a ser suprido como CallerID. O originador pode ser configurado como *asreceived* em interfaces de tronco para passar o CallerID recebido à frente.

```
callerid = "Flavio Eduardo Goncalves" <48 30258500>
```

> **Importante:** Apenas linhas como PRI podem transmitir a identificação de chamadas. As operadoras exigem que você configure seu CallerID de acordo com a numeração que você recebeu de 10 dígitos. Se você não passar o CallerID com a numeração correta sua chamada não é completada, muito embora você consiga receber chamadas.

Opções de qualidade de áudio

Estas opções ajustam certos parâmetros do Asterisk que afetam a qualidade do áudio em canais dahdi.

echocancel: Desabilita ou habilita cancelamento de eco. É recomendável que permaneça ligado. Aceite 'yes' (128 taps) , 'no' ou o número de taps que podem ser 16, 32, 64, 128 ou 256. Cada tap é uma amostra do sinal que será utilizada no cancelador de eco. Em um T1 cada amostra corresponde a 1/8000 de um segundo. De acordo com o número de *taps* isto é igual a 2,4,6,8,16 ou 32 ms de comprimento do filtro do cancelador de eco.

Explicação: Como o cancelamento de eco funciona?

A maioria dos algoritmos de cancelamento de eco opera gerando múltiplas cópias do sinal recebido, cada uma atrasada por um pequeno espaço de tempo. O número de taps do filtro determina o tamanho do atraso do eco que pode ser cancelado. Estas cópias atrasadas são então ajustadas e subtraídas do sinal original recebido. O truque é ajustar o sinal atrasado para exatamente o necessário de forma a remover o eco e nada mais evitando assim uso de CPU desnecessário.

echocancelwhenbridged: Habilita ou desabilita o cancelamento de eco durante uma chamada puramente TDM. Em princípio, as chamadas puramente TDM não deveriam requerer cancelamento de eco, mas freqüentemente o desempenho do áudio é melhorado. (Yes/No).

echotraining=yes. Ajuste automático para o cancelamento de eco.

rxgain: Ajusta o ganho de recebimento. Isto pode ser usado para aumentar ou diminuir o volume de entrada e compensar diferenças de hardware. Formato: Percentual da capacidade -100% a 100%.

txgain: Ajusta o ganho na transmissão. Isto pode ser usado para levantar ou diminuir o volume de saída para compensar diferenças de hardware. Recebe o mesmo argumento do rxgain.

Exemplo:

```
echocancel=yes
echocancelwhenbridged=yes
txgain=-10%
rxgain=10%
```

Configurando MFC/R2

O MFC/R2 é utilizado em diversos países, sendo muito comum no Brasil. Entretanto a sinalização ISDN gera melhores resultados e deve ser utilizada sempre que possível.

Entendendo o problema

A placa usada para sinalização R2 é a mesma usada para a sinalização ISDN. O ideal é usar ISDN que é mais estável e possui suporte da Digium, a dificuldade é que nem sempre está disponível. A grande maioria dos canais digitais na América do Sul usa sinalização R2, também conhecida como R2-Digital. Já há algum tempo, algumas empresas desenvolveram hardware com suporte a MFC/R2. Recentemente surgiu suporte à R2 usando uma biblioteca chamada OpenR2 criada por Moisés Silva (www.libopenr2.org). Esta biblioteca agora permite o uso das placas Digium com sinalização R2

Explorando protocolo MFC/R2

O protocolo MFC/R2 faz uso de sinalização inband para o endereçamento telefônico que é encaminhado através de um conjunto de tons. Entretanto a sinalização do canal é passada out-of-band através de um timeslot específico. Neste timeslot (16) são transferidos os bits ABCD de cada canal de voz através dos quais é feito o controle da chamada.

Os bits C e D raramente são utilizados. Em alguns países eles podem ser usados para Metering (medição de pulsos para tarifação). Em uma conversação normal temos dois lados operando, o lado originador da chamada e o lado receptor da chamada. O lado originador é referido como sinalização a frente e o receptor com sinalização para trás. Vamos designar daqui em diante Af e Bf para os bits a frente e At e Bt para os bits para trás.

Veja a tabela abaixo:

Estado	ABCD p/ Frente	ABCD p/ Trás

Idle/Released (livre)	1001	1001
Seized (Ocupação)	0001	1001
Seize Ack (Confirmação de ocupação, Ring)	0001	1101
Answered (Em conversação)	0001	0101
ClearBack (Desconexão pela parte chamada)	0001	1101
ClearFwd (Antes do Clear-Back)	1001	0101
ClearFwd (Depois do Clear-Back)		
Blocked (Bloqueado)	1001	1101

Diferenças para o padrão brasileiro.

Apesar do R2 ter sido definido pela ITU existem variações em relação a implementação feita em cada país. Seguem abaixo as tabelas referentes ao Brasil.

Estado	ABCD p/ Frente	ABCD p/ Trás
Idle/Released (livre)	1001	1001
Seized (Ocupação)	0001	1001
Seize Ack (Confirmação de ocupação, Ring)	0001	1101
Chamada em progresso	0001	1101
Atendimento da Chamada	0001	0101
Answered (Em conversação)	0001	0101
Tarifação	0001	1101
ClearBack (Desconexão pela parte chamada)	0001	1101
ClearFwd (Antes do Clear-Back)	1001	0101
ClearFwd (Confirmação de desconexão)	1001	1001
Desconexão forçada	0001	0001
Blocked (Bloqueado)	1001	1101
Confirmação de desconexão forçada	1001	0001
Falha	1101	1001

Sinalização entre registradores.

A sinalização MFC usa uma combinação de dois tons conforme tabela a seguir. O quadro abaixo apresenta os significados para a norma brasileira.

Grupo de sinais I (a frente)

Sinais	Descrição	Sinal à frente
1	Algarismo 1	I-1

2	Algarismo 2	I-2
3	Algarismo 3	I-3
4	Algarismo 4	I-4
5	Algarismo 5	I-5
6	Algarismo 6	I-6
7	Algarismo 7	I-7
8	Algarismo 8	I-8
9	Algarismo 9	I-9
10	Algarismo 0	I-10
11	Inserção de semi-supressor de eco	I-11
12	Pedido recusado ou indicação de transito internacional	I-12
13	Acesso a equipamento de teste	I-13
14	Inserção de semi-supressor de eco de destino ou indicação de transito internacional	I-14
15	Fim de número ou indicação de que a chamada cursou enlace via satélite	I-15

Grupo de sinais II (à frente)

Sinais	Descrição	Sinal à frente
1	Assinante comum	II-1
2	Assinante com tarifação especial	II-2
3	Equipamento de manutenção	II-3
4	Telefone público local	II-4
5	Telefonista	II-5
6	Transmissão de dados	II-6
7	Telefone público interurbano	II-7
8	Chamada a cobrar	II-8
9	Assinante comum – serviço entrante internacional	II-9
10	Reservado	II-10
11	Indicativo de chamada transferida	II-11
12	Vago	II-12
13	Vago	II-13
14	Vago	II-14
15	Vago	II-15

Grupo de sinais A (para trás)

Sinais	Descrição	Sinal à frente
1	Enviar o próximo algarismo (n+1)	A-1
2	Necessidade de semi-supressor de eco no destino ou enviar o primeiro algarismo enviado	A-2
3	Preparar recepção de sinais do grupo B	A-3
4	Congestionamento de rede nacional	A4
5	Enviar categoria e identidade do assinante chamado	A5
6	Reservado	A6
7	Enviar algarismo N-2	A7
8	Enviar algarismo N-3	A8
9	Envia Algarismo N-1	A9
10	Vago para uso nacional	A10
11	Reservado	A11
12	Reservado	A12
13	Reservado	A13
14	Reservado	A14
15	Reservado	A15

Grupo de sinais B (para trás)

Sinais	Descrição	Sinal p/trás
1	Linha de assinante livre com tarifação	B1
2	Linha de assinante ocupada	B2
3	Linha de assinante com número mudado	B3
4	Congestionamento	B4
5	Linha de assinante livre sem tarifação	B5
6	Linha de assinante livre com tarifação e colocar retenção sob controle do assinante chamado	B6
7	Número vago	B7
8	Linha de assinante for a de serviço para tráfego terminado	B8
9	Reservado	B9
10	Reservado	B10
11	Reservado	B11
12	Reservado	B12

13	Reservado	B13
14	Reservado	B14
15	Reservado	B15

Seqüência de uma chamada MFC/R2

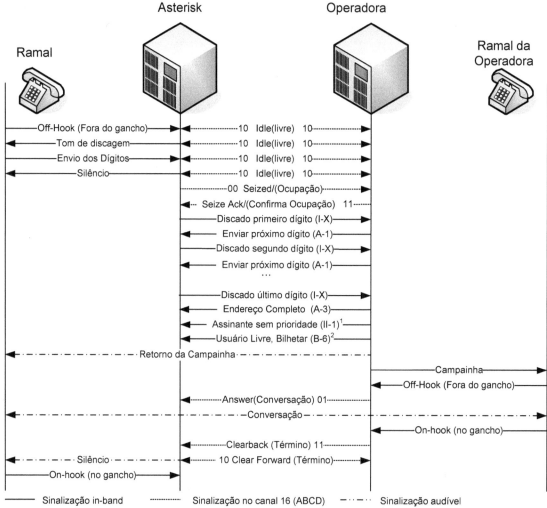

A seqüência acima é de uma chamada de um ramal do PABX para um terminal de rede pública que em seguida desliga o telefone e finaliza a comunicação.

Como usar o driver libopenR2

Projeto iniciado por Moises Silva foi inspirado no Unicall. O Open R2 é atualmente a solução baseada em software mais estável do mercado, com esta solução podemos ligar uma Digium

TE110P, por exemplo, diretamente em um link MFC/R2 sem "patches" e sem software de terceiros. Isso porque toda a sinalização agora é tratada diretamente no canal DAHDI do Asterisk.

E para provar que funciona fizemos testes com a versão 1.2 e 1.4 do Asterisk em um link MFCR/2 da GVT. Para a instalação da versão 1.4 no GNU/Linux Debian/Ubuntu seguem os passos abaixo, a partir da versão 1.6.2 o pacote open R2 já faz parte do Asterisk, você pode seleciona-lo usando o make menuselect:

Passo 1: instale o pacote subversion com o apt.

```
yum install subversion
```

Passo 2: Faça o download do código fonte modificado no SVN da Digium:

```
cd /usr/src
svn  checkout  http://svn.digium.com/svn/asterisk/team/moy/mfcr2-1.4/asterisk-1.4-openr2
```

Passo 3: Compilar e instalar

```
cd asterisk-1.4-openr2
./configure && make && make install
```

Obs: Não execute "make samples" caso você já tenha um Asterisk no servidor pois você corre o risco de perder os arquivos do diretório /etc/asterisk.

> Recomendamos fazer um BACKUP antes de seguir este procedimento.

Passo 4: Alterando o arquivo /etc/dahdi/system.conf:

Primeiro edite o arquivo /etc/dahdi/system.conf

```
vim /etc/dahdi/system.conf
```

Supondo que você tenha uma placa TE110P conectado a rede pública, o arquivo deve ficar desta forma:

```
span=1,1,0,cas,hdb3
cas=1-15:1101
cas=17-31:1101
dchan=16
loadzone=br
defaultzone=br
```

Segundo: execute o comando dahdi_cfg para aplicar as modificações:

```
dahdi_cfg -vvvvvvvv
```

A saída do comando será:

```
Dahdi                                        Version:SVN-branch-1.4-r4348
Echo                          Canceller:                             MG2
Configuration
```

```
========================
SPAN    1:      CAS/HDB3    Build-out:    0    db    (CSU)/0-133    feet    (DSX-1)
Channel                                                                     map:
Channel         01:     CAS     /    User    (Default)    (Slaves:    01)
Channel         02:     CAS     /    User    (Default)    (Slaves:    02)
Channel         03:     CAS     /    User    (Default)    (Slaves:    03)
Channel         04:     CAS     /    User    (Default)    (Slaves:    04)
Channel         05:     CAS     /    User    (Default)    (Slaves:    05)
Channel         06:     CAS     /    User    (Default)    (Slaves:    06)
Channel         07:     CAS     /    User    (Default)    (Slaves:    07)
Channel         08:     CAS     /    User    (Default)    (Slaves:    08)
Channel         09:     CAS     /    User    (Default)    (Slaves:    09)
Channel         10:     CAS     /    User    (Default)    (Slaves:    10)
Channel         11:     CAS     /    User    (Default)    (Slaves:    11)
Channel         12:     CAS     /    User    (Default)    (Slaves:    12)
Channel         13:     CAS     /    User    (Default)    (Slaves:    13)
Channel         14:     CAS     /    User    (Default)    (Slaves:    14)
Channel         15:     CAS     /    User    (Default)    (Slaves:    15)
Channel          16:        D-channel        (Default)    (Slaves:    16)
Channel         17:     CAS     /    User    (Default)    (Slaves:    17)
Channel         18:     CAS     /    User    (Default)    (Slaves:    18)
Channel         19:     CAS     /    User    (Default)    (Slaves:    19)
Channel         20:     CAS     /    User    (Default)    (Slaves:    20)
Channel         21:     CAS     /    User    (Default)    (Slaves:    21)
Channel         22:     CAS     /    User    (Default)    (Slaves:    22)
Channel         23:     CAS     /    User    (Default)    (Slaves:    23)
Channel         24:     CAS     /    User    (Default)    (Slaves:    24)
Channel         25:     CAS     /    User    (Default)    (Slaves:    25)
Channel         26:     CAS     /    User    (Default)    (Slaves:    26)
Channel         27:     CAS     /    User    (Default)    (Slaves:    27)
Channel         28:     CAS     /    User    (Default)    (Slaves:    28)
Channel         29:     CAS     /    User    (Default)    (Slaves:    29)
Channel         30:     CAS     /    User    (Default)    (Slaves:    30)
Channel         31:     CAS     /    User    (Default)    (Slaves:    31)
31 channels to configure.
```

Passo 5: Alterando o arquivo chan_dahdi.conf.

```
vim /etc/asterisk/chan_dahdi.conf
[channels]
usecallerid=yes
callwaiting=yes
usecallingpres=yes
callwaitingcallerid=yes
threewaycalling=yes
transfer=yes
canpark=yes
cancallforward=yes
callreturn=yes
echocancel=yes
echotrainning=yes
echocancelwhenbridged=yes

signalling=mfcr2
mfcr2_variant=br
mfcr2_get_ani_first=no
mfcr2_max_ani=20
mfcr2_max_dnis=4
mfcr2_category=national_subscriber
mfcr2_logdir=span1
```

```
mfcr2_logging=all

group=1
callgroup=1
pickupgroup=1
callerid=asreceived
context=from-mfcr2

channel => 1-15,17-31
```

Passo 6: Alterando o plano de discagem (EXTENSIONS.CONF)

vim /etc/asterisk/extensions.conf
```
[default]
exten => _XXXXXXXX,1,Set(CALLERID(num)=1145678990)
exten => _XXXXXXXX,n,Dial(DAHDI/g1/${EXTEN},60,tT)
```

OBS: O Uso de Aplicação SET foi necessário para enviar o CALLERID do número chave do DDR, troque o numero 01145678990 pelo seu numero DDR, lembre-se que caso você não envie corretamente o numero do seu DDR a operadora pode bloquear a chamada.

Passo 7: Testando a solução:

Agora configure um ramal no contexto default, e ligue para um numero qualquer, observe na CLI do Asterisk se a chamada pode ser completada, caso ocorra algum erro o melhor é você debugar a chamada. Saída da CLI>

```
-- Executing  Set("SIP/8564-081ca5d8",  "CALLERID(num)=1145678990")  in  new  stack
-- Executing Dial("SIP/8564-081ca5d8", "DAHDI/g1/35678899|60|tT") in new stack
```

Debugando a chamada com OpenR2

Para detectar os erros que podem ocorrer nas chamadas voce deve colocar a CLI em modo DEBUG, para tal siga os passos:

Passo 1: Edite o arquivo /etc/asterisk/logger.conf

vim /etc/asterisk/logger.conf
```
[logfiles]
console => notice,warning,error,debug
```

Passo 2: O parâmetro debug no final da linha console.

Segundo: Agora volte na CLI do Asterisk e recarregue o módulo logger.

```
CLI> module reload logger
```

Passo 3: Teste a ligação

Um debug de uma chamada com OpenR2 para comparação:

```
Aug     4  15:35:48  DEBUG[7392]:   chan_sip.c:7335  check_user_full:  Setting   NAT   on   RTP   to   0
Aug     4  15:35:48   DEBUG[7392]:   chan_sip.c:1416   __sip_ack:   Stopping   retransmission   on
'ZTNjYTkyNwFkM2VhNGFkMzY4NDFiNjkOMzg3OGNmNDQ.'         of         Response       1:        Match       Found
Aug     4  15:35:48  DEBUG[7392]:   chan_sip.c:7335  check_user_full:  Setting   NAT   on   RTP   to   0
Aug  4 15:35:48 DEBUG[7392]: chan_sip.c:10733 handle_request_invite: Checking SIP call limits for device
```

```
8564
Aug  4 15:35:48 DEBUG[7392]: chan_sip.c:6308 build_route: build_route: Contact hop: <sip: 8564@8.8.30.60
:5061>
        --   Executing   Set("SIP/8564-081c9de8",   "CALLERID(num)=4830272171")   in   new   stack
        --   Executing   Dial("SIP/8564-081c9de8",   "DAHDI/g1/30258564|60|tT")   in   new   stack
Aug  4 15:35:48 DEBUG[7654]: chan_dahdi.c:1295 zt_r2_get_channel_category: no MFC/R2 category specified for
chan       DAHDI/1-1,        using         default         National          Subscriber
Aug   4 15:35:48 DEBUG[7654]: chan_dahdi.c:1505 zt_r2_write_log: Chan 1 - Attempting to make call
(ANI=4830272171,             DNIS=30258564,          category=National          Subscriber)
Aug   4 15:35:48 DEBUG[7654]: chan_dahdi.c:1505 zt_r2_write_log: Chan 1 - ABCD Rx << 0x9
Aug   4 15:35:48 DEBUG[7654]: chan_dahdi.c:1505 zt_r2_write_log: Chan 1 - No change in bits
Aug   4 15:35:48 DEBUG[7654]: chan_dahdi.c:1505 zt_r2_write_log: Chan 1 - ABCD Tx >> [SEIZE] 0x0
        --    Called       g1/30258564
Aug   4 15:35:49 DEBUG[7654]: chan_dahdi.c:4820 __zt_exception: Exception on 21, channel 1
Aug  4 15:35:49 DEBUG[7654]: chan_dahdi.c:4002 zt_handle_event: Got event Bits Changed(13) on channel 1
(index                                                                                                0)
Aug   4 15:35:49 DEBUG[7654]: chan_dahdi.c:4039 zt_handle_event: bits changed in chan 1
Aug   4 15:35:49 DEBUG[7654]: chan_dahdi.c:1505 zt_r2_write_log: Chan 1 - ABCD Rx << 0xD
Aug  4 15:35:49 DEBUG[7654]: chan_dahdi.c:1505 zt_r2_write_log: Chan 1 - Bits changed from 0x8 to 0xC
Aug  4 15:35:49 DEBUG[7654]: chan_dahdi.c:1505 zt_r2_write_log: Chan 1 - Sending DNIS digit 3
Aug  4 15:35:49 DEBUG[7654]: chan_dahdi.c:1505 zt_r2_write_log: Chan 1 - MF TX >> 3 [ON]
Aug  4 15:35:49 DEBUG[7654]: chan_dahdi.c:1505 zt_r2_write_log: Chan 1 - MF RX << 1 [ON]
Aug  4 15:35:49 DEBUG[7654]: chan_dahdi.c:1505 zt_r2_write_log: Chan 1 - MF TX >> 3 [OFF]
Aug  4 15:35:49 DEBUG[7654]: chan_dahdi.c:1505 zt_r2_write_log: Chan 1 - MF RX << 1 [OFF]
Aug  4 15:35:49 DEBUG[7654]: chan_dahdi.c:1505 zt_r2_write_log: Chan 1 - Sending DNIS digit 0
Aug  4 15:35:49 DEBUG[7654]: chan_dahdi.c:1505 zt_r2_write_log: Chan 1 - MF TX >> 0 [ON]
Aug  4 15:35:49 DEBUG[7654]: chan_dahdi.c:1505 zt_r2_write_log: Chan 1 - MF RX << 1 [ON]
Aug  4 15:35:49 DEBUG[7654]: chan_dahdi.c:1505 zt_r2_write_log: Chan 1 - MF TX >> 0 [OFF]
Aug  4 15:35:49 DEBUG[7654]: chan_dahdi.c:1505 zt_r2_write_log: Chan 1 - MF RX << 1 [OFF]
Aug  4 15:35:49 DEBUG[7654]: chan_dahdi.c:1505 zt_r2_write_log: Chan 1 - Sending DNIS digit 2
Aug  4 15:35:49 DEBUG[7654]: chan_dahdi.c:1505 zt_r2_write_log: Chan 1 - MF TX >> 2 [ON]
Aug  4 15:35:49 DEBUG[7654]: chan_dahdi.c:1505 zt_r2_write_log: Chan 1 - MF RX << 1 [ON]
Aug  4 15:35:49 DEBUG[7654]: chan_dahdi.c:1505 zt_r2_write_log: Chan 1 - MF TX >> 2 [OFF]
Aug  4 15:35:49 DEBUG[7654]: chan_dahdi.c:1505 zt_r2_write_log: Chan 1 - MF RX << 1 [OFF]
Aug  4 15:35:49 DEBUG[7654]: chan_dahdi.c:1505 zt_r2_write_log: Chan 1 - Sending DNIS digit 5
Aug  4 15:35:49 DEBUG[7654]: chan_dahdi.c:1505 zt_r2_write_log: Chan 1 - MF TX >> 5 [ON]
Aug  4 15:35:49 DEBUG[7654]: chan_dahdi.c:1505 zt_r2_write_log: Chan 1 - MF RX << 1 [ON]
Aug  4 15:35:49 DEBUG[7654]: chan_dahdi.c:1505 zt_r2_write_log: Chan 1 - MF TX >> 5 [OFF]
Aug  4 15:35:49 DEBUG[7654]: chan_dahdi.c:1505 zt_r2_write_log: Chan 1 - MF RX << 1 [OFF]
Aug  4 15:35:49 DEBUG[7654]: chan_dahdi.c:1505 zt_r2_write_log: Chan 1 - Sending DNIS digit 8
Aug  4 15:35:49 DEBUG[7654]: chan_dahdi.c:1505 zt_r2_write_log: Chan 1 - MF TX >> 8 [ON]
Aug  4 15:35:49 DEBUG[7654]: chan_dahdi.c:1505 zt_r2_write_log: Chan 1 - MF RX << 1 [ON]
Aug  4 15:35:49 DEBUG[7654]: chan_dahdi.c:1505 zt_r2_write_log: Chan 1 - MF TX >> 8 [OFF]
Aug  4 15:35:50 DEBUG[7654]: chan_dahdi.c:1505 zt_r2_write_log: Chan 1 - MF RX << 1 [OFF]
Aug  4 15:35:50 DEBUG[7654]: chan_dahdi.c:1505 zt_r2_write_log: Chan 1 - Sending DNIS digit 5
Aug  4 15:35:50 DEBUG[7654]: chan_dahdi.c:1505 zt_r2_write_log: Chan 1 - MF TX >> 5 [ON]
Aug  4 15:35:50 DEBUG[7654]: chan_dahdi.c:1505 zt_r2_write_log: Chan 1 - MF RX << 1 [ON]
Aug  4 15:35:50 DEBUG[7654]: chan_dahdi.c:1505 zt_r2_write_log: Chan 1 - MF TX >> 5 [OFF]
Aug  4 15:35:50 DEBUG[7654]: chan_dahdi.c:1505 zt_r2_write_log: Chan 1 - MF RX << 1 [OFF]
Aug  4 15:35:50 DEBUG[7654]: chan_dahdi.c:1505 zt_r2_write_log: Chan 1 - Sending DNIS digit 6
Aug  4 15:35:50 DEBUG[7654]: chan_dahdi.c:1505 zt_r2_write_log: Chan 1 - MF TX >> 6 [ON]
Aug  4 15:35:50 DEBUG[7654]: chan_dahdi.c:1505 zt_r2_write_log: Chan 1 - MF RX << 1 [ON]
Aug  4 15:35:50 DEBUG[7654]: chan_dahdi.c:1505 zt_r2_write_log: Chan 1 - MF TX >> 6 [OFF]
Aug  4 15:35:50 DEBUG[7654]: chan_dahdi.c:1505 zt_r2_write_log: Chan 1 - MF RX << 1 [OFF]
Aug  4 15:35:50 DEBUG[7654]: chan_dahdi.c:1505 zt_r2_write_log: Chan 1 - Sending DNIS digit 4
Aug  4 15:35:50 DEBUG[7654]: chan_dahdi.c:1505 zt_r2_write_log: Chan 1 - MF TX >> 4 [ON]
Aug  4 15:35:50 DEBUG[7654]: chan_dahdi.c:1505 zt_r2_write_log: Chan 1 - MF RX << 5 [ON]
Aug  4 15:35:50 DEBUG[7654]: chan_dahdi.c:1505 zt_r2_write_log: Chan 1 - MF TX >> 4 [OFF]
Aug  4 15:35:50 DEBUG[7654]: chan_dahdi.c:1505 zt_r2_write_log: Chan 1 - MF RX << 5 [OFF]
Aug  4 15:35:50 DEBUG[7654]: chan_dahdi.c:1505 zt_r2_write_log: Chan 1 - Sending category National Subscriber
Aug  4 15:35:50 DEBUG[7654]: chan_dahdi.c:1505 zt_r2_write_log: Chan 1 - MF TX >> 1 [ON]
Aug  4 15:35:50 DEBUG[7654]: chan_dahdi.c:1505 zt_r2_write_log: Chan 1 - MF RX << 5 [ON]
Aug  4 15:35:50 DEBUG[7654]: chan_dahdi.c:1505 zt_r2_write_log: Chan 1 - MF TX >> 1 [OFF]
Aug  4 15:35:50 DEBUG[7654]: chan_dahdi.c:1505 zt_r2_write_log: Chan 1 - MF RX << 5 [OFF]
Aug  4 15:35:50 DEBUG[7654]: chan_dahdi.c:1505 zt_r2_write_log: Chan 1 - Sending ANI digit 4
Aug  4 15:35:50 DEBUG[7654]: chan_dahdi.c:1505 zt_r2_write_log: Chan 1 - MF TX >> 4 [ON]
Aug  4 15:35:50 DEBUG[7654]: chan_dahdi.c:1505 zt_r2_write_log: Chan 1 - MF RX << 5 [ON]
Aug  4 15:35:50 DEBUG[7654]: chan_dahdi.c:1505 zt_r2_write_log: Chan 1 - MF TX >> 4 [OFF]
Aug  4 15:35:50 DEBUG[7654]: chan_dahdi.c:1505 zt_r2_write_log: Chan 1 - MF RX << 5 [OFF]
```

```
Aug    4  15:35:50  DEBUG[7654]:   chan_dahdi.c:1505  zt_r2_write_log:  Chan  1  -  Sending ANI  digit  8
Aug    4  15:35:50  DEBUG[7654]:   chan_dahdi.c:1505  zt_r2_write_log:  Chan  1  -  MF   TX  >>   8   [ON]
Aug    4  15:35:50  DEBUG[7654]:   chan_dahdi.c:1505  zt_r2_write_log:  Chan  1  -  MF   RX  <<   5   [ON]
Aug    4  15:35:50  DEBUG[7654]:   chan_dahdi.c:1505  zt_r2_write_log:  Chan  1  -  MF   TX  >>   8   [OFF]
Aug    4  15:35:51  DEBUG[7654]:   chan_dahdi.c:1505  zt_r2_write_log:  Chan  1  -  MF   RX  <<   5   [OFF]
Aug    4  15:35:51  DEBUG[7654]:   chan_dahdi.c:1505  zt_r2_write_log:  Chan  1  -  Sending ANI  digit  3
Aug    4  15:35:51  DEBUG[7654]:   chan_dahdi.c:1505  zt_r2_write_log:  Chan  1  -  MF   TX  >>   3   [ON]
Aug    4  15:35:51  DEBUG[7654]:   chan_dahdi.c:1505  zt_r2_write_log:  Chan  1  -  MF   RX  <<   5   [ON]
Aug    4  15:35:51  DEBUG[7654]:   chan_dahdi.c:1505  zt_r2_write_log:  Chan  1  -  MF   TX  >>   3   [OFF]
Aug    4  15:35:51  DEBUG[7654]:   chan_dahdi.c:1505  zt_r2_write_log:  Chan  1  -  MF   RX  <<   5   [OFF]
Aug    4  15:35:51  DEBUG[7654]:   chan_dahdi.c:1505  zt_r2_write_log:  Chan  1  -  Sending ANI  digit  0
Aug    4  15:35:51  DEBUG[7654]:   chan_dahdi.c:1505  zt_r2_write_log:  Chan  1  -  MF   TX  >>   0   [ON]
Aug    4  15:35:51  DEBUG[7654]:   chan_dahdi.c:1505  zt_r2_write_log:  Chan  1  -  MF   RX  <<   5   [ON]
Aug    4  15:35:51  DEBUG[7654]:   chan_dahdi.c:1505  zt_r2_write_log:  Chan  1  -  MF   TX  >>   0   [OFF]
Aug    4  15:35:51  DEBUG[7654]:   chan_dahdi.c:1505  zt_r2_write_log:  Chan  1  -  MF   RX  <<   5   [OFF]
Aug    4  15:35:51  DEBUG[7654]:   chan_dahdi.c:1505  zt_r2_write_log:  Chan  1  -  Sending ANI  digit  2
Aug    4  15:35:51  DEBUG[7654]:   chan_dahdi.c:1505  zt_r2_write_log:  Chan  1  -  MF   TX  >>   2   [ON]
Aug    4  15:35:51  DEBUG[7654]:   chan_dahdi.c:1505  zt_r2_write_log:  Chan  1  -  MF   RX  <<   5   [ON]
Aug    4  15:35:51  DEBUG[7654]:   chan_dahdi.c:1505  zt_r2_write_log:  Chan  1  -  MF   TX  >>   2   [OFF]
Aug    4  15:35:51  DEBUG[7654]:   chan_dahdi.c:1505  zt_r2_write_log:  Chan  1  -  MF   RX  <<   5   [OFF]
Aug    4  15:35:51  DEBUG[7654]:   chan_dahdi.c:1505  zt_r2_write_log:  Chan  1  -  Sending ANI  digit  7
Aug    4  15:35:51  DEBUG[7654]:   chan_dahdi.c:1505  zt_r2_write_log:  Chan  1  -  MF   TX  >>   7   [ON]
Aug    4  15:35:51  DEBUG[7654]:   chan_dahdi.c:1505  zt_r2_write_log:  Chan  1  -  MF   RX  <<   5   [ON]
Aug    4  15:35:51  DEBUG[7654]:   chan_dahdi.c:1505  zt_r2_write_log:  Chan  1  -  MF   TX  >>   7   [OFF]
Aug    4  15:35:51  DEBUG[7654]:   chan_dahdi.c:1505  zt_r2_write_log:  Chan  1  -  MF   RX  <<   5   [OFF]
Aug    4  15:35:51  DEBUG[7654]:   chan_dahdi.c:1505  zt_r2_write_log:  Chan  1  -  Sending ANI  digit  2
Aug    4  15:35:51  DEBUG[7654]:   chan_dahdi.c:1505  zt_r2_write_log:  Chan  1  -  MF   TX  >>   2   [ON]
Aug    4  15:35:51  DEBUG[7654]:   chan_dahdi.c:1505  zt_r2_write_log:  Chan  1  -  MF   RX  <<   5   [ON]
Aug    4  15:35:51  DEBUG[7654]:   chan_dahdi.c:1505  zt_r2_write_log:  Chan  1  -  MF   TX  >>   2   [OFF]
Aug    4  15:35:51  DEBUG[7654]:   chan_dahdi.c:1505  zt_r2_write_log:  Chan  1  -  MF   RX  <<   5   [OFF]
Aug    4  15:35:51  DEBUG[7654]:   chan_dahdi.c:1505  zt_r2_write_log:  Chan  1  -  Sending ANI  digit  1
Aug    4  15:35:51  DEBUG[7654]:   chan_dahdi.c:1505  zt_r2_write_log:  Chan  1  -  MF   TX  >>   1   [ON]
Aug    4  15:35:51  DEBUG[7654]:   chan_dahdi.c:1505  zt_r2_write_log:  Chan  1  -  MF   RX  <<   5   [ON]
Aug    4  15:35:51  DEBUG[7654]:   chan_dahdi.c:1505  zt_r2_write_log:  Chan  1  -  MF   TX  >>   1   [OFF]
Aug    4  15:35:51  DEBUG[7654]:   chan_dahdi.c:1505  zt_r2_write_log:  Chan  1  -  MF   RX  <<   5   [OFF]
Aug    4  15:35:51  DEBUG[7654]:   chan_dahdi.c:1505  zt_r2_write_log:  Chan  1  -  Sending ANI  digit  7
Aug    4  15:35:51  DEBUG[7654]:   chan_dahdi.c:1505  zt_r2_write_log:  Chan  1  -  MF   TX  >>   7   [ON]
Aug    4  15:35:52  DEBUG[7654]:   chan_dahdi.c:1505  zt_r2_write_log:  Chan  1  -  MF   RX  <<   5   [ON]
Aug    4  15:35:52  DEBUG[7654]:   chan_dahdi.c:1505  zt_r2_write_log:  Chan  1  -  MF   TX  >>   7   [OFF]
Aug    4  15:35:52  DEBUG[7654]:   chan_dahdi.c:1505  zt_r2_write_log:  Chan  1  -  MF   RX  <<   5   [OFF]
Aug    4  15:35:52  DEBUG[7654]:   chan_dahdi.c:1505  zt_r2_write_log:  Chan  1  -  Sending ANI  digit  1
Aug    4  15:35:52  DEBUG[7654]:   chan_dahdi.c:1505  zt_r2_write_log:  Chan  1  -  MF   TX  >>   1   [ON]
Aug    4  15:35:52  DEBUG[7654]:   chan_dahdi.c:1505  zt_r2_write_log:  Chan  1  -  MF   RX  <<   5   [ON]
Aug    4  15:35:52  DEBUG[7654]:   chan_dahdi.c:1505  zt_r2_write_log:  Chan  1  -  MF   TX  >>   1   [OFF]
Aug    4  15:35:52  DEBUG[7654]:   chan_dahdi.c:1505  zt_r2_write_log:  Chan  1  -  MF   RX  <<   5   [OFF]
Aug    4 15:35:52 DEBUG[7654]: chan_dahdi.c:1505 zt_r2_write_log: Chan 1 - Sending more ANI unavailable
Aug    4  15:35:52  DEBUG[7654]:   chan_dahdi.c:1505  zt_r2_write_log:  Chan  1  -  MF   TX  >>   F   [ON]
Aug    4  15:35:52  DEBUG[7654]:   chan_dahdi.c:1505  zt_r2_write_log:  Chan  1  -  MF   RX  <<   3   [ON]
Aug    4  15:35:52  DEBUG[7654]:   chan_dahdi.c:1505  zt_r2_write_log:  Chan  1  -  MF   TX  >>   F   [OFF]
Aug    4  15:35:52  DEBUG[7654]:   chan_dahdi.c:1505  zt_r2_write_log:  Chan  1  -  MF   RX  <<   3   [OFF]
Aug 4 15:35:52 DEBUG[7654]: chan_dahdi.c:1505 zt_r2_write_log: Chan 1 - Sending category National Subscriber
Aug    4  15:35:52  DEBUG[7654]:   chan_dahdi.c:1505  zt_r2_write_log:  Chan  1  -  MF   TX  >>   1   [ON]
Aug    4  15:35:52  DEBUG[7654]:   chan_dahdi.c:1505  zt_r2_write_log:  Chan  1  -  MF   RX  <<   1   [ON]
Aug    4  15:35:52  DEBUG[7654]:   chan_dahdi.c:1505  zt_r2_write_log:  Chan  1  -  MF   TX  >>   1   [OFF]
Aug    4  15:35:52  DEBUG[7654]:   chan_dahdi.c:1505  zt_r2_write_log:  Chan  1  -  MF   RX  <<   1   [OFF]
Aug  4 15:35:52 NOTICE[7654]: chan_dahdi.c:1397 zt_r2_on_call_accepted: MFC/R2 call has been accepted on
chan                                                                                                   1
Aug   4 15:35:52 DEBUG[7654]: chan_dahdi.c:1845 zt_enable_ec: Enabled echo cancellation on channel 1
Aug  4 15:35:52 NOTICE[7654]: chan_dahdi.c:1413 zt_r2_on_call_accepted: Call accepted on forward channel 1
     -- DAHDI/1-1 is ringing
```

Código dos países

Para configurar um variante de um país, use:

```
mfcr2_variant=br
```

Argentina	"ar"
Bahrain	"bh"
Bolivia	"bo"
Brazil	"br"
Chile	"cl"
China	"cn"
Colombia landlines	"co-land"
Colombia cellular	"co-cell"
Czech	"cz"
Honduras	"hn"
India	"in"
Indonesia	"id"
Korea	"kr"
Malaysia	"my"
Mexico	"mx"
Panama	"pa"
Philipinnes	"ph"
Singapore	"sg"
Thailand	"th"

ANI e DNIS

ANI quer dizer "Automatic Number Identification", em outras palavras o número da pessoa que está originando a chamada. DNIS quer dizer "Dialed Number Identification Service", em outras palavras o número discado.

Quando uma chamada entra, normalmente quatro números (dígitos-dnis=4) são passados a central telefônica para chegada a um ramal em um processo conhecido como DDR, discagem direta a ramal também conhecida pela sigla em inglês DID – Direct Inward Dial. O número de ANI nesse caso traz o número de identificação de quem originou a chamada também conhecido como número de A.

Em uma chamada de saída o número de ANI vai conter o número de identificação do ramal que gerou a ligação. Já DNIS irá identificar o número de destino da chamada.

A importância de configurar corretamente estes parâmetros reside no fato de que algumas centrais enviam apenas os quatro últimos números, enquanto outras entregam o número completo.

No exemplo abaixo estamos configurando a central para DNIS=4, ou seja receber apenas os últimos quatro dígitos. O Asterisk neste caso aceitará uma identificação do originador de no máximo 20 dígitos.

```
mfcr2_get_ani_first=no
mfcr2_max_ani=20
mfcr2_max_dnis=4
```

Nomenclatura dos canais DAHDI

Os canais DAHDI configurados no arquivo chan_dahdi.conf usam o seguinte formato:

```
DAHDI/[g]<identificador>[c][r<cadence>]

<identificador>- Identificador numérico para o número de canal físico do
canal selecionado.
[g] - Identificador do grupo ao invés do canal
[c] - Pede confirmação de resposta. Um número não é considerado respondido
até que a parte chamada pressione #
[r] - Campainha personalizada.
[cadence] Um inteiro de um a quatro.
```

Exemplos:

```
DAHDI/2        - Canal 2
DAHDI/g1       - Primeiro canal disponível no grupo 1
```

Resumo

Neste capítulo você aprendeu os conceitos básicos da telefonia convencional e também como fazer uma terminação para a PSTN com o uso de uma interface FXO e com uma interface E1/T1 com as sinalizações ISDN e MFC/R2.

Questionário

1 – A respeito de circuitos digitais E1 e T1, marque as afirmativas corretas.

☐ E1 é uma sinalização digital a 1.544 Mbits/s
☐ T1 é usado principalmente no Brasil e nos países da Europa
☐ Em um circuito E1 são possíveis trinta canais enquanto em um T1 apenas 24.
☐ ISDN é uma sinalização CCS enquanto MFC/R2 é CAS

2 – A sinalização CAS/R2 padrão Brasil pode ser implantada usando:

☐ Uma placa Khomp configurada para R2
☐ Usando uma placa Digium configurada para R2 usando o Asterisk padrão
☐ Usando uma placa Digivoice configurada para R2
☐ Usando uma placa Digium com o Asterisk modificado para suportar a biblioteca OpenR2

3 – Para configurar o hardware de uma placa Dahdi você deve configurar o arquivo:

☐ /etc/dahdi/system.conf
☐ chan_dahdi.conf
☐ zaptel.conf
☐ serial.conf

4 – Em uma placa Dahdi, no arquivo /etc/dahdi/system.conf você configura o hardware independente do Asterisk, no arquivo chan_dahdi.conf você configura o canal dahdi do Asterisk.

☐ Verdadeiro
☐ Falso

5 – A sinalização R2 definida pela ITU é padronizada no mundo todo e não existem variações.

☐ Verdadeiro
☐ Falso

6. A sinalização CCS é superior a sinalização CAS porque possui um menor tempo de estabelecimento e finalização de chamada e pode também passar informações no seu canal de dados como por exemplo o identificador de chamada.

☐ Verdadeiro
☐ Falso

7. O utilitário dahdi_genconf é usado para:

☐ Carregar o firmware da placa DAHDI
☐ Detectar e gerar automaticamente as configurações das placas compatíveis com DAHDI
☐ Gerar o arquivo extensions.conf
☐ Gerar o arquivo sip.conf

8. Se você possui um circuito E1 chegando com um conector BNC e uma placa com conectores RJ45, você vai precisar adquirir um _____ para compatibilizar a interface física.

☐ Cabo Split
☐ Transceiver
☐ Ferro de solda
☐ Ballun

9. Para fazer busca automática dos troncos livres nas ligações de saída você deve usar a sintaxe:

- ☐ DAHDI/1
- ☐ DAHDI/*
- ☐ DAHDI/g1
- ☐ Zaptel/g1

10. O ISDN BRI é uma variação do ISDN que permite dois canais "B" de voz/dados e possui um canal "D" para sinalização. Embora incomum no Brasil, esteve disponível em alguns estados como Santa Catarina e Rio de Janeiro em meados da década de 90. O ISDN BRI é muito comum na Europa, mas pouco comum nos EUA.

- ☐ Verdadeiro
- ☐ Falso
- ☐

6

Projetando redes com voz sobre IP

A tecnologia de Voz sobre IP está em franco crescimento no mercado de telefonia. O paradigma da convergência está alterando a forma como nos comunicamos, reduzindo custos e melhorando a maneira como colaboramos e trocamos informações. A voz é apenas o princípio da era da comunicação total via multimídia, onde se incluem: voz, vídeo e presença. A fibra óptica será uma das principais soluções para a crise energética. No futuro nós transportaremos menos as pessoas para o trabalho e em contrapartida transportaremos mais trabalho até as pessoas, porque isto é mais limpo, mais rápido e mais barato. O VoIP é apenas o início dessa revolução.

Objetivos

Ao final deste capítulo você deverá estar apto a:

- Descrever como o Asterisk trata VoIP;

- Entender o conceito de canais SIP, IAX e H.323;

- Escolher o protocolo de sinalização adequado a cada situação;

- Escolher um codec adequado ao canal utilizado;

- Dimensionar a quantidade de canais necessários;

- Determinar a quantidade de banda necessária.

- Parâmetros de qualidade de voz e QoS

Arquitetura do Asterisk e voz sobre IP

Como pode ser visto na figura abaixo, as tecnologias e protocolos de voz sobre IP são tratados como canais do Asterisk. O mais importante conceito é o de que o Asterisk pode fazer a conexão entre quaisquer dois ou mais canais de comunicação, não importando o codec ou o protocolo. Dito isso, pode se afirmar que o Asterisk pode conectar diferentes protocolos de sinalização, mesmo que estes estejam utilizando diferentes codecs ou protocolos.

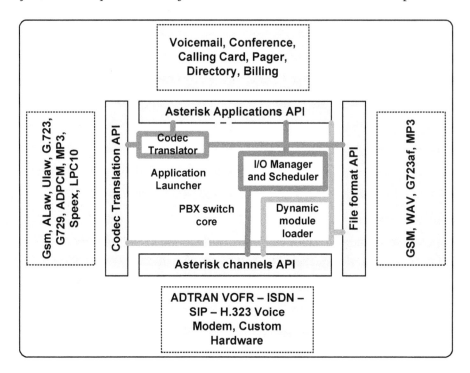

O ponto fundamental da arquitetura do Asterisk é que ele funciona como um gateway de mídia entre todos estes protocolos e não apenas como um SIP Proxy de sinalização. Com isto, um canal pode estar configurado em IAX2 com codec GSM e se comunicar com outro canal configurado com SIP e Codec G.711.

Nos capítulos seguintes vamos explicar um pouco das características de cada um destes protocolos, analisar em que momento e aplicação cada um deles é mais recomendado.

VoIP e o Modelo OSI

Como se pode ver na figura abaixo, VoIP é composto de diversos protocolos envolvendo várias camadas do modelo OSI. Precisamos entendê-lo a luz deste modelo para que possamos comparar corretamente protocolo com protocolo e entender o inter-relacionamento os diversos componentes.

Aplicação	Asterisk
Apresentação	G.729/G711/GSM/Speex
Sessão	H323/SIP/MGCP/IAX
Transporte	UDP/RTP/SRTP
Rede	IP/CBWFQ/WRED/IP Precedence/Diffserv
Enlace	Frame-Relay/ATM/PPP/Ethernet
Física	Ethernet/V.35/RS-232/xDSL

Nas quatro primeiras camadas, é tudo muito parecido com o seu padrão atual. Nas primeiras três camadas, podem ser acrescentados protocolos de QoS, tais como o "DIFFSERV" ou "CBWFQ" para priorizar os pacotes de voz e melhorar a qualidade da voz. Na camada de transporte o Real Time Protocol (RTP) é sem duvida o protocolo mais usado.

Na camada de sessão, estão os protocolos responsáveis por configurar e encerrar as chamadas. H.323 é um dos mais antigos protocolos nesta área. SIP é, atualmente, o protocolo mais difundido no mercado de provedores VoIP, colocando o H.323 em uma posição secundária. Os protocolos de sinalização utilizam o TCP ou UDP para o transporte dos pacotes.

Na camada de apresentação, nós temos os codecs transformando a mídia de um formato para outro.

Exemplo:

- O SIP utiliza o UDP ou o TCP na porta in 5060 para transportar sinalização. O RTP transporta o áudio utilizando a faixa de portas entre 10000 e 20000 no Asterisk (definido em rtp.conf). Sendo que a voz pode estar codificada com o codec G.729.

- Já o H.323 utiliza o TCP nas portas 1720 e 1719 para transportar a sinalização. O RTP transporta o áudio, geralmente via UDP, nas portas entre 16383 e 32768. O áudio pode estar codificado com o CODEC GSM ou outro.

Como escolher um protocolo de sessão

SIP (Session Initiated Protocol)

Padrão aberto descrito pela IETF na RFC 3261, largamente implementado, as principais operadoras VoIP estão usando SIP. É o padrão *de facto* para telefonia IP no momento. Os pontos fortes dele são a padronização pela IETF e sua forte adoção pelo mercado. Os pontos fracos são os problemas no uso do NAT, o uso da banda para o RTP que é alto, além do que o mesmo não foi projetado com a tarifação em mente (este é um problema normalmente para as operadoras VoIP).

IAX (Inter Asterisk eXchange)

Protocolo aberto do Asterisk que se encontra em fase de draft na IETF (www.ietf.org/internet-drafts/drafts-guy-iax00.txt). O IAX é protocolo binário para a redução da utilização de banda, sendo que seu modo conhecido como "trunked" permite que ele use um único cabeçalho para a passagem de várias ligações, desta maneira pode-se conseguir até um terço de economia de banda, dependendo do número de ligações simultâneas. Outro ponto forte do IAX é o fato dele usar apenas a porta UDP 4569 para sinalização e media. Com isto ele torna simples a configuração dos Firewalls e do NAT. Caso o mesmo fosse desenvolvido por um grande player no mercado, em minha opinião, seu slogan seria: "a melhor coisa que já aconteceu para o mundo do VoIP".

MGCP (Media Gateway Control Protocol)

É um protocolo para ser usado em conjunto com o H323, SIP e IAX. Sua grande vantagem é a facilidade de crescimento. Toda a inteligência é implantada no agente de chamadas (Call Agent) ao invés dos gateways. Isto simplifica muito a configuração. Seu ponto forte é o gerenciamento centralizado. Um mercado que o MGCP atingiu foi o de sistemas VoIP para TV a cabo, onde ele foi adotado como um dos padrões.

H.323

Este protocolo é largamente usado em VoIP e essencial na conectividade com projetos mais antigos usando roteadores Cisco ou Gateways que ainda o usam. O H.323 aos poucos vai dando lugar ao SIP mesmo entre os fornecedores tradicionais de PBX. Ele é muito usado para videoconferência também. Pontos fortes: larga adoção do mercado, padronização pela ITU. O seu principal ponto fraco é a complexidade de sua implantação.

Tabela de comparação entre os protocolos

Protocolo	Mantenedor	Usado para:
IAX2	IETF draft	Trunks Asterisk

		Telefones IAX2
		Conexão com provedores de serviço IAX
SIP	IETF	Telefones SIP
		Conexão com provedores de serviço SIP
MGCP	IETF/ITU	Telefones MGCP
		No momento não suporta conexão a gateways MGCP ou provedores de serviço
H.323	ITU	Telefones H.323
		Gateways H.323
		No momento o Asterisk não suporta atuar como um gatekeeper, mas pode conectar-se a um gatekeeper externo.
SCCP	Proprietário Cisco	Telefones Cisco

Codecs e conversão de Codecs

Codecs são usados para codificar um sinal analógico de voz em bitstream. Codecs variam na qualidade do som, banda passante necessária e requisitos computacionais. Cada serviço, programa, fonte ou gateway, tipicamente, suporta vários codecs diferentes e quando vão falar um com outro negociam que codec que será utilizado. Alguns codecs como o G.729, um codec muito popular, requerem o pagamento de royalties para a sua utilização.

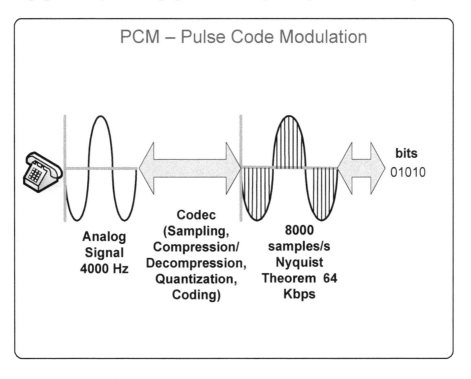

O Asterisk suporta os seguintes Codecs:

- **GSM:** 13 Kbps;
- **iLBC:** 13.3 Kbps;
- **ITU G.711:** 64 Kbps, também conhecido como alaw/ulaw;
- **ITU G.723.1**: 5.3/6.3 Kbps;
- **ITU G.726:** 16/24/32/40 Kbps;
- **ITU G.729:** 8 Kbps;
- **ITU** G.722: variável (High Definition)
- **Speex** - 2.15 to 44.2 Kbps;
- **LPC10** - 2.5 Kbps.

Os Codecs podem ser traduzidos de um para outro (transcoding), muito embora existam casos onde isto não funcione muito bem, sendo que a tradução entre codecs é uma operação com grande complexidade computacional. É possível também usar o modo passa-direto (pass-thru) onde o Asterisk, não se encarrega de traduzir os fluxos de mídia, os quais seguem diretamente de um telefone para outro. Nesta opção não é possível, gravar, ou usar o correio de voz.

Como escolher um CODEC.

A escolha do CODEC depende de vários fatores, tais como:

- Qualidade da Ligação
- Custo de Licenciamento
- Consumo de CPU
- Uso de Banda Passante
- Resistência a Perda de Pacotes
- Disponibilidade no Asterisk e nos telefones

A seguir apresentamos uma tabela que compara os principais codecs segundo estes parâmetros. A qualidade dos quatro codecs abaixo é conhecida como "Toll", em outras palavras, semelhante à da rede pública:

Codec	G.711	G.729A (20 ms)	iLBC (30 ms)	GSM 06.10 RTE/LTP
Banda (Kbps)	64	8	13.33	13

Custo	Gratuito	US$10.00/canal	Gratuito	Gratuito
Resistência a perda de pacotes[3]	Nenhum mecanismo	3%	5%	3%
Complexidade em Mips[4]	~0.35	~13	~18	~5

Mais recentemente o Codec G.722 vem ganhando espaço. Com banda entre 48 e 64Kbps o G722 é mais conhecido como HD (High Definition) por amostrar a voz com amplitude de 7 e 14Khz, bem mais que os 4Khz usados pelos outros codecs. Ele é, em minha opinião, uma tendência para o futuro. Com o HD é possível ouvir nuances de entonação que dão riqueza a comunicação e facilitam tarefas como entender uma língua estrangeira ao telefone.

Overhead causado pelos cabeçalhos.

Apesar dos codecs usarem bem pouca banda passante, temos uma sobre carga causada pelos cabeçalhos IP, UDP e RTP nos pacotes de voz. Desta forma, podemos afirmar que a necessidade de banda varia de acordo com os tipos de cabeçalho envolvidos. Se estivermos em uma rede Ethernet temos de adicionar o cabeçalho Ethernet ao cálculo, já se estivermos em uma rede WAN normalmente vamos adicionar o cabeçalho Frame-Relay ou PPP. Isto aumenta a quantidade de banda utilizada em até três vezes. Vamos examinar os seguintes exemplos:

---

[3] Resistência a perda de pacotes se refere a taxa na qual o MOS é aproximadamente 0.5 pior que a qualidade de pico para o CODEC.

[4] Uso de CPU se refere à quantidade em milhões de instruções por segundo para codificar e decodificar usando um DSP TI TMS320C54x. Existe uma relação quase direta entre MIPS e a freqüência do processador, estes valores servem como comparativo, mas não é possível fazer uma relação precisa entre número de canais e complexidade do CODEC com a freqüência da CPU necessária ao servidor Asterisk.

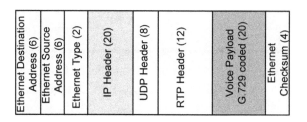

Exemplo: Pacote de voz codificado em g.729 com 20 ms de janela.
20 Bytes Payload/58 Bytes de cabeçalhos
Usando regra de 3 se 20 bytes são 8 Kbps, 78 Bytes são 31.2 Kbps

Uma conversa em g.729 em uma rede Ethernet consome 31.2 Kbps

Codec g.711 (64 Kbps)

- Ethernet (Ethernet+IP+UDP+RTP+G.711) = 95.2 Kbps
- PPP (PPP+IP+UDP+RTP+G.711) = 82.4 Kbps
- Frame-Relay (FR+IP+UDP+RTP+G.711) = 82.8 Kbps

Codec G.729 (8 Kbps)

- Ethernet (Ethernet+IP+UDP+RTP+G.729) = 39.2 Kbps
- PPP (PPP+IP+UDP+RTP+G.729) = 26.4 Kbps
- Frame-Relay (FR+IP+UDP+RTP+G.729) = 26.8 Kbps

Você pode facilmente calcular outros codecs usando a calculadora encontrada no link abaixo.
http://www.asteriskguide.com/bandcalc/bandcalcpt.php

Determinando a quantidade de canais

Um dos pontos importantes no uso de voz sobre IP é determinar a quantidade de canais necessários para um determinado destino, como uma filial ou um escritório remoto. Isto vai também nos ajudar a determinanr a banda passante necessária.

Matriz de interesse de tráfego

Normalmente o primeiro trabalho que se faz em qualquer implantação de VoIP é definir a matriz de interesse de tráfego. Em outras palavras quanto de tráfego será desviado para a plataforma VoIP. Isto é fundamental para que se possa determinar à quantidade de canais e conseqüentemente a banda necessária. Para determinar a matriz de interesse de tráfego existem várias ferramentas. Em pequenas implantações, com menos de 20 filiais, a matriz pode ser calculada em uma planilha em Excel.

Simplificações

Em alguns casos a tarifação da central não é fornecida ou não está disponível. Neste caso é possível usar algumas simplificações. Uma das mais usadas é estimar o número de ligações simultâneas por tipo de usuário. Por exemplo:

- PABX em empresas (1 ligação simultânea por 5 ramais)
- PABX para usuários residenciais (1 ligação simultânea para 16 ramais)

Exemplo #1 – Dimensionar o canal E1 de uma central telefônica

A empresa possui um escritório central com 120 ramais. Nosso objetivo é dimensionar a quantidade de troncos E1 no escritório central.

1.a Quantidade de linhas E1

- Quantidade total de ramais usando as linhas E1: 120=120 linhas
- Estatisticamente, para fins comerciais, é necessário 1 tronco para cada 5 ramais.
- Quantidade total de linhas = 24 ou aproximadamente 1xE1 linhas.

Método Erlang B

Simplificar nem sempre é a melhor escolha. Quando você tem dados estatísticos, pode adotar uma forma mais científica para realizar esses cálculos. Agner Karup Erlang (Copenhagen Telephone Company, 1909) desenvolveu uma fórmula para calcular a quantidade de linhas necessárias em um grupo de troncos.

Erlang é uma unidade de medida de tráfego utilizada em telecomunicações. Na prática é usado para descrever o volume de tráfego de uma hora. Por exemplo, um grupo de usuários faz 20 chamados em uma hora com uma duração média de cinco minutos por chamada. Então o número de erlangs usado para representar é como segue abaixo:

- Minutos de tráfego em uma hora: 20 x 5 = 100 minutos
- Horas de tráfego em uma hora = 100/60 = 1,66 Erlangs

Você pode obter estas métricas a partir de um registrador de chamadas e usá-las para o dimensionamento do número de linhas. A partir do momento que o número de linhas é conhecido pode se calcular a quantidade de banda passante necessária.

Vamos usar o modelo Erlang B que é o mais comum. Tal modelo assume que as ligações seguem uma distribuição probabilística (Poisson) e que as chamadas bloqueadas são automaticamente limpas. Um dos pontos importantes é que o modelo Erlang requer que se saibam quantos minutos de ligação existem na hora mais ocupada BHT (Busy Hour Traffic). Isto pode ser obtido de duas formas: a partir de um sistema de tarifação (forma mais precisa) ou por simplificação (BHT=17% do número de minutos chamados durante o dia).

Outra variável importante necessária ao cálculo é o GoS (grade of service). O GoS define a probabilidade das chamadas serem bloqueadas por falta de linhas. Podemos arbitrar 5% (0,05), 1% (0,01) ou outro valor desejado.

Exemplo: Calculando a quantidade de canais.

Estatística lida do sistema de tarifação (minutagem e BHT):

- Matriz para Filial 1 = 2000 minutos, BHT = 300 minutos/60 = 5 Erlangs

GoS arbitrado=0,01

Com o uso de uma calculadora Erlang, que pode ser encontra em www.erlang.com :

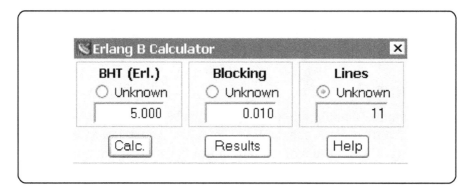

Para as ligações entre:

- Matriz e a Filial 1: 11 linhas são necessárias

Estamos usando a rede WAN baseada em Frame-Relay para conexão, neste caso a perda de pacotes é algo bastante raro. Escolhemos então o codec G.729 por ter melhor qualidade de som e alta compressão de dados (8 Kbps).

Dimensionando a largura de banda

Para dimensionar a largura de banda levamos em consideração alguns fatores.

- Codec Utilizado
- Camada de Datalink da Rede (Influência no overhead)
- Número de canais
- Overhead do protocolo (normalmente 5%)

No exemplo acima, estamos considerando que a camada 2 é Frame-Relay com codec G.729. Usando a calculadora de banda encontrada em:

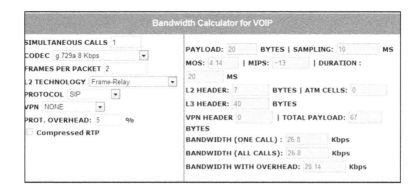

Exemplo 1.a Largura de banda necessária

- Largura de banda estimada para a Filial 1: 28,14x11 =294,8 Kbps

Como reduzir o uso de banda passante

Você pode reduzir o uso de banda passante na rede usando um dos três métodos a seguir:

- Compressão de cabeçalho RTP
- IAX Trunk
- Carga de voz

Compressão de cabeçalho RTP (cRTP)

Nas redes PPP e Frame-Relay, você pode utilizar a compressão do cabeçalho RTP. Este tipo de compressão é definido na RFC 2508, portanto é um padrão IETF e está disponível em diversos roteadores.

O impacto da utilização da utilização do cRTP é fabuloso. A banda usada pelo G.729 com os cabeçalhos cai de 26.4 Kbps para 11.2 Kbps, uma redução de 58,2%! É importante entender, no entanto que o cRTP é um protocolo de camada 2 e ele só é realmente prático quando você possui uma rede privada baseada em um dos seguintes protocolos, PPP, HDLC, Frame-Relay e em alguns casos MPLS (com o consentimento da operadora).

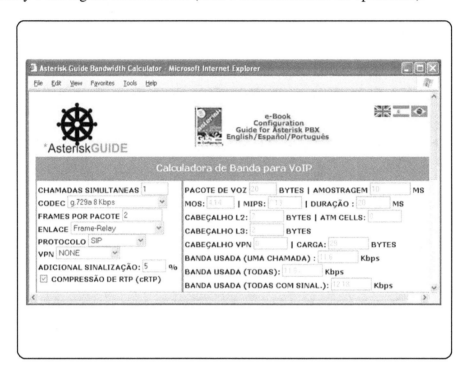

Modo IAX Trunked

Se você estiver interconectando dois servidores Asterisk, você deve utilizar o protocolo IAX2 em modo Trunk. Esta revolucionária tecnologia não precisa de nenhuma funcionalidade especial de nenhum roteador e pode ser utilizada sobre qualquer link de dados.

Exemplo: um pacote de voz em g.729 com 20 ms.
20 Bytes Payload/58 Bytes headers – Usando regra de 3, se 20
bytes são 8 Kbps, 78 Bytes são 31.2 Kbps

Exemplo: dois pacotes de voz codificados em g.729 com 20 ms.
40 Bytes Payload/66 Bytes headers – Usando regra de 3, se 20 bytes
são 8 Kbps, 106 Bytes são 44 Kbps
Média de 22 kbps por chamada ou 9.6 Kbps adicional por chamada

O modo Trunk do IAX2 reutiliza os mesmos cabeçalhos a partir da segunda chamada corrente. Quando utilizado em um link PPP com codec G.729, a primeira chamada consumirá 30 Kbps de banda, mas com a utilização do mesmo cabeçalho, a largura de banda necessária para as chamadas adicionais passa a ser de 9.6 Kbps.

Podemos calcular a largura de banda necessária para o modo Trunk utilizando:

Filial 1 (11 chamadas)

Largura de Banda = 31.2 + (11-1)* 9.6 Kbps = 127.2 Kbps

Filial 2 (8 chamadas)

Largura de Banda = 31.2 + (8-1)* 9.6 Kbps = 98.4 Kbps

A primeira chamada utiliza 31.2 Kbps e as demais 9.6 Kbps.

Aumentando a Carga de Voz

É um esquema comumente utilizado em gateways através da Internet. Utiliza-se um payload de voz maior, você sacrifica a latência em favor da redução da largura de banda, dado que a proporção entre o payload e os cabeçalhos aumenta em favor do payload. Entretanto tal estratégia não pode ser utilizada com o Asterisk, dado que o mesmo trata os canais VoIP internamente em janelas de 20 ms e tal parâmetro não pode ser alterado.

Example: Voice packet coded in g.729 20 ms sampling rate.
60 Bytes Payload/78 Bytes headers
Using simple proportion, if 60 bytes is 8 Kbps, 138 Bytes is 18.4 Kbps

A g.729 conversation in na Ethernet Network consumes 18.4 Kbps

Qualidade da voz

A qualidade de voz depende de alguns fatores. Vamos citar abaixo alguns dos mais importantes.

- Latência
- Jitter
- Perda de pacotes
- Codec
- Outros

Latência

A latência é o tempo que um determinado pacote leva par air do ponto A ao ponto B. Se você usa um utilitário do tipo PING para medir a latência, lembre-se que a latência é metado do RTT (round trip time) o que é efetivamente medido pelo ping. Em outras palavras se demora 190 ms para pingar, a latência é de 95ms.

Jitter

O Jitter é a variação da latência. Ele é um dos fatores que mais influênciam na qualidade de voz. Uma variação de latência causa uma distorção.

Perda de pacotes

Depois do Jitter a perda de pacotes é um dos maiores vilões da qualidade de voz. Alguns codecs possuem compensação na perda de pacotes. Eles geram um áudio durante os períodos de perda que é uma interpolação dos dados anteriores causando o que chamamos de voz metalizada.

Codec

Existem codecs de alta qualidade e baixa. Não dá para esperar uma grande qualidade de voz em codecs GSM e iLBC, mesmo quando a rede está ok. Eles distorcem um pouco o áudio ao fazer a compactação. Notavelmente o G.729 consegue manter uma boa qualidade de voz mesmo compactando de 8 para 1.

Outros fatores

Frequentemente o problema da qualidade de voz não tem relação com a qualidade da rede. Os fatores abaixo são muito mais comuns do que se pensa.

Microfone com volume no máximo

Em muitos casos o usuário coloca o volume no máximo no computador e volume máximo no softphone. Isto gera distorção e prejudica a qualidade de voz

Microfone com mau contato

Acontece bastante, parece um som de chuva, próximo ao conector o cabo está entrando em curto. O desgaste mecânico dos headsets é só uma questão de tempo.

Microfone embutido de notebook

Esta já aconteceu comigo várias vezes. Eu coloco o headset no computador, mas o microfone selecionado continua sendo o interno do notebook. Como o som do usuário sai no ambiente ele retorna pelo microfone embutido, o outro lado ouve um eco da sua própria voz.

Softphone em computador congestionado

Você já viu este cenário? Um softphone rodando com dezenas de planilhas, textos e apresentações na mesma máquina. É claro que se a CPU de uma estação de trabalho estiver congestionada ou em 100%, o softphone não poderá reproduzir a voz da melhor forma possível.

Erros nos canais.

Em vários casos bugs no canal DAHDI ou SIP causam problemas de qualidade de áudio. Já pegamos alguns assim na V.Office. Compile o DAHDI na máquina onde vai ser rodado ao invés de instalar o pacote pronto. Em muitos casos ajuda.

Cancelemento de eco

Em alguns casos quando você ouve eco, pode ser interessante instalar o OSLEC. Já vi vários casos onde o OSLEC melhorou muito a qualidade de voz.

Resumo

Neste capítulo você aprendeu que o Asterisk trata os protocolos de VoIP usando sua arquitetura de canais. Usando o modelo OSI, foi possível identificar os diversos protocolos, suas funções e seu inter-relacionamento. Os dados fornecidos sobre codecs e protocolos devem ajudar você a escolher um protocolo adequado para o seu projeto, entendendo o impacto da sua escolha. Entendeu como diferenciar users (client), peers(server) e friends(ambos). Mostramos como a dimensionar a quantidade de canais e a banda passante requerida por uma rede VoIP. Por fim, você aprendeu a identificar faotres que influenciam a qualidade de voz.

Questionário

1. Cite pelo menos quatro benefícios do uso de voz sobre IP

_____

_____

_____

2. Convergência é a unificação das redes de voz, vídeo e dados em uma única rede e seu principal benefício é a redução com os custos de manutenção de redes separadas.

☐ Correto

☐ Incorreto

3. O Asterisk não pode usar simultaneamente recursos da rede pública de telefonia e voz sobre IP, pois os codecs não são compatíveis.

☐ Correto

☐ Incorreto

4. A Arquitetura do Asterisk é de um SIP Proxy com possibilidade de uso de outros protocolos.

☐ Correto

☐ Incorreto

5. Dentro do modelo OSI, os protocolos SIP, H.323 e IAX2 estão na camada de:

☐ Apresentação

☐ Aplicação

☐ Física

☐ Sessão

☐ Enlace

6. SIP é hoje o protocolo mais aberto (IETF) sendo implantado pela maioria dos fabricantes.

☐ Correto

☐ Incorreto

7. O H.323 é um protocolo sem expressão, pouco usado e foi abandonado pelo mercado em favor do SIP.

☐ Correto

☐ Incorreto

8. O IAX2 é um protocolo proprietário da Digium, apesar da pouca adoção por fabricantes de telefone o IAX é excelente nas questões de:

☐ Uso de banda

☐ Uso de vídeo

☐ Passagem por redes que possuem NAT

☐ Padronizado por órgãos como a IETF e ITU.

9. "Users" podem receber chamadas

☐ Correto

☐ Incorreto

10. Sobre codecs assinale o que é verdadeiro

☐ O G711 é o equivalente ao PCM (Pulse Code Modulation) e usa 64 Kbps de banda.

☐ O G.729 é gratuito por isto é o mais utilizado, usa apenas 8 Kbps de banda.

☐ GSM vêm crescendo, pois ocupa 12 Kbps de banda e não precisa de licença.

☐ G711 u-law é comum nos EUA enquanto a-law é comum na Europa e no Brasil.

☐ G.729 é leve e consome pouca utilização de CPU na sua codificação.

7

O Protocolo IAX

Todas as referências ao IAX neste documento correspondem à versão dois, normalmente chamada de IAX2. O IAX2 substitui o IAX e como tal vamos nos referir a ele apenas como IAX daqui em diante. O Inter-Asterisk eXchange Protocol fornece transporte e controle de sinalização para voz e vídeo sobre redes IP. O IAX foi projetado primariamente para chamadas de voz. Ele foi inspirado em outros protocolos como o SIP e o MGCP, mas ao invés de usar dois protocolos separados para sinalização e mídia, ele unificou os dois dentro de um só. O IAX, ao contrário do SIP e o MGCP, não usa o protocolo RTP para o transporte da mídia.

Objetivos do Capítulo

Ao final deste capítulo você deverá estar apto a:

- Identificar os pontos fortes e fracos do protocolo IAX;
- Demonstrar em quais situações o IAX pode ser usado;
- Apontar as vantagens do modo trunk;
- Identificar as diferenças entre uso de banda do IAX e do SIP;
- Configurar o arquivo `iax.conf` para com telefones e provedores VoIP;
- Depurar problemas em conexões que façam uso do IAX;
- Configurar corretamente o arquivo `iax.conf` para evitar possíveis brechas de segurança.

O que há de novo no IAX nas versões 1.8, 10, 11 e 12

Muito pouco foi acrescentado ao IAX nos últimos 5anos. A única mudança que vale mencionar foi o suporte à IPV6 incluído na versão 12. Este capítulo foi praticamente intocado desde a versão 1.4.

IAX Design

Os principais objetivos do projeto do IAX foram:

- Minimizar o uso de banda passante para o tráfego de ambos, mídia e controle com ênfase específica em chamadas de voz individuais;
- Prover transparência ao NAT (Network Address Translation);
- Ter a possibilidade de transmitir informações sobre o plano de discagem;
- Suportar a implantação eficiente de recursos de paging e intercomunicação.

IAX é um protocolo de mídia e sinalização "peer-to-peer". Ele é semelhante ao SIP, mas não usa o RTP para o transporte da mídia. A abordagem do projeto básico especifica que o IAX deve multiplexar a sinalização e múltiplos fluxos sobre uma **única porta UDP** entre dois hosts de Internet. Nesta faceta do projeto, ele se torna dois protocolos, o primeiro é o protocolo de sinalização das sessões, o segundo o protocolo para transportar os fluxos de mídia. Como o IAX usa apenas uma porta UDP, tanto para sinalização quanto para fluxo de mídia, ele não sofre dos problemas de atravessar dispositivos que fazem NAT (Network Address Translation), como, por exemplo, roteadores ADSL (característica fundamental para operadoras de telefonia IP). O IAX usa a porta UDP 4569 para comunicar todos os pacotes. O IAX então usa um número de chamada de 15 bits para multiplexar os fluxos sobre uma única associação UDP.

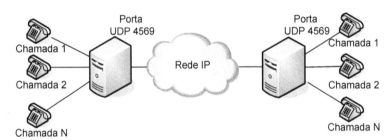

O protocolo IAX emprega um processo similar ao SIP de registro e autenticação. Uma descrição mais completa do protocolo pode ser encontrada em http://www.ietf.org/internet-drafts/draft-guy-iax-01.txt.

Uso de banda passante

O uso de banda passante em voz sobre IP é afetado por uma série de fatores. Desde o CODEC, até questões como compressão de cabeçalhos. O IAX permite o uso do modo trunked (entroncado). Neste caso, quando mais de uma ligação é feita, a carga adicional (o overhead) dos cabeçalhos IP é diminuído, encaminhando múltiplos pacotes de voz de diferentes ligações em um único pacote. Com isto a necessidade de banda é reduzida.

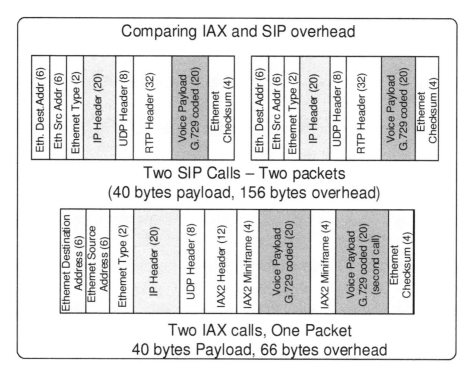

Nomenclatura dos canais

É importante entender como os canais são nomeados. Você vai precisar usar o nome correto dos canais na hora de fazer referência a eles, como por exemplo, na hora de discar.

Formato de uma conexão de saída.

O formato da conexão de saída é usado para discar ou para desviar para outro contexto usando o comando `switch`.

```
IAX2/[<user>[:<secret>]@]<peer>[:<portno>][/<exten>[@<context>][/<options>]
]
```

<user>	Identificação do usuário no ponto remoto, ou nome do cliente configurado no iax.conf (opcional)
<secret>	Senha (opcional). Como alternativa pode ser o nome do arquivo de uma chave RSA sem a extensão (.key, ou .pub), e dentro de [chaves] como por ex. [onomedoarquivo]
<peer>	Nome do servidor ao qual se conectar
<portno>	Número da porta para a conexão no servidor(opcional).
<exten>	Extensão no servidor Asterisk remoto(opcional) Contexto para usar no servidor asterisk remoto (opcional)
<context>	Contexto para usar no servidor asterisk remoto (opcional)
<options>	A única opção disponível é 'a' que significa pedido para auto-responder.

Exemplo de canais de saída

Abaixo alguns exemplos de uso dos canais de saída.

IAX2/mark:asdf@myserver/6275@default	chama "myserver" usando "mark" como nome do usuário e adsf como senha e pede a extensão 6275 no contexto default.
IAX2/iaxphone/s/a	chama o "iaxphone" pedindo resposta imediata
IAX2/john:[johnrsa]@somewhere.com	chama somewhere.com, usando john como nome do usuário e uma chave RSA para autenticação. O formato de um nome de canal IAX usado para uma conexão de entrada é simplesmente:

Formato de uma conexão de entrada

Quando uma ligação entra no Asterisk, ela é identificada pelo formato descrito abaixo. Isto é muito na hora de identificar e sanar problemas.

```
IAX2[[<username>@]<host>]/<callno>
```

<username>	O nome do usuário, se conhecido
<host>	O host para se conectar
<callno>	O número de chamada local

Exemplo de canais de entrada

Abaixo, alguns exemplos de formato de canal de entrada.

IAX2[mark@192.168.0.1]/14	Chama o número 14 do usuário "mark" no ip 192.168.0.1
IAX2[192.168.10.1]/13	Chama o número 13 do ip 192.168.10.1

Cenários de uso

Os cenários de uso vão nos permitir mostrar o arquivo de configuração do IAX com mais detalhes e ensiná-lo a configurar o Asterisk em cada uma das situações. As configurações relacionadas ao IAX são encontradas iax.conf no diretório /etc/asterisk. As configurações que vamos mostrar são:

- Conectando um softfone IAX ao Asterisk;
- Conectando o IAX a um provedor VoIP baseado em IAX;
- Conectando dois servidores através de IAX;
- Conectando dois servidores através de IAX2 no modo trunking;
- Depurando uma conexão IAX.

Conectando um softfone IAX ao Asterisk

O Asterisk suporta telefones IP e ATAs baseados em IAX. Para configurar um telefone IAX basta configurar o arquivo `iax.conf`, que é encontrado em `/etc/asterisk`, e o próprio telefone.

Vamos abordar neste capítulo o Zoiper que é gratuito e pode ser baixado da Internet a partir de www.zoiper.com.

Passo 1: Primeiro vamos fazer uma cópia de backup do arquivo `iax.conf` original:

```
#cd /etc/asterisk
#cp iax.conf iax.conf.backup
```

Passo 2: Edite o novo arquivo de configuração iax.conf

```
[general]
bindport=4569
bindaddr=8.8.1.4
bandwidth=high        ; importante, ajuda o asterisk a selecionar um codec
disallow=all
allow=ulaw
jitterbuffer=no
forcejitterbuffer=no
tos=ef
autokill=yes

[guest]
type=user
context=guest
callerid="Guest IAX User"

; Trust Caller*ID Coming from iaxtel.com
;
[iaxtel]
type=user
context=default
auth=rsa
inkeys=iaxtel


;
; Trust Caller*ID Coming from iax.fwdnet.net
;
[iaxfwd]
type=user
context=default
auth=rsa
inkeys=freeworlddialup


;
; Trust callerid delivered over DUNDi/e164
;
;
;[dundi]
;type=user
;dbsecret=dundi/secret
;context=dundi-e164-local

[2003]
```

```
type=friend
context=default
secret=superultrasecret
host=dynamic
```

No arquivo acima foram preservadas as opções defaults (linhas comentadas) do arquivo de exemplo. Os seguintes parâmetros foram modificados:

```
bandwidth=high
```

Esta linha afeta a seleção dos codecs pelo Asterisk. Como tal parâmetro foi configurado para `high` o Asterisk fará uso de codecs que utilizam uma banda passante maior e portanto tem uma qualidade de voz maior, como por exemplo o G.711 definido pela keyword `ulaw`. Caso você mantenha a opção original você não poderá escolher `ulaw`, neste caso o Asterisk retornará a mensagem "no codec is available" para a configuração abaixo.

```
disallow=all
allow=ulaw
```

Nas duas linhas acima nós desabilitamos todos os codecs exceto o `ulaw`. Posso afirmar que na minha experiência, dentro de uma rede local você dará preferência ao uso do `ulaw`, já que o mesmo tem uma complexidade computacional baixa em relação aos outros codificadores. Além disso, dentro de uma LAN a banda que tal codec utiliza é insignificante diante das conexões encontradas, hoje em dia, de 100 Mbps ou mesmo Gigabit Ethernet, dado que uma ligação utilizando o `ulaw` utiliza cerca de 100 kilobits/segundo. No caso de links WAN ou com a Internet você vai desejar codecs com uma melhor taxa de compressão, no entanto o processador do servidor em questão será mais requisitado. Os codecs `gsm`, `iLBC` e `G.729` possuem uma boa taxa de compressão de voz.

```
[2003]
type=friend
context=default
secret=supersecreto
host=dynamic
```

Com os comandos acima nós definimos um `friend` com o nome de `[2003]`. O contexto utilizado é o "default" (nos primeiros laboratórios faremos uso deste contexto para evitar confusões desnecessárias, sendo que o mesmo será explicado com mais detalhes no capítulo 9). O comando `host=dynamic` habilita o registro dinâmico do endereço IP do ramal em questão.

Passo 3: Faça o download e instale o Zoiper a partir do seguinte endereço http://www.zoiper.com/

> Nota: Os endereços na web mudam com frequência, caso o link acima não seja mais válido utilize alguma ferramenta de busca para encontrá-lo. Outros softfones também podem ser utilizados para este exemplo.

Passo 4: Configure uma conta, para tanto clique com o botão direito na interface do Zoiper. Você verá uma tela semelhante a seguinte:

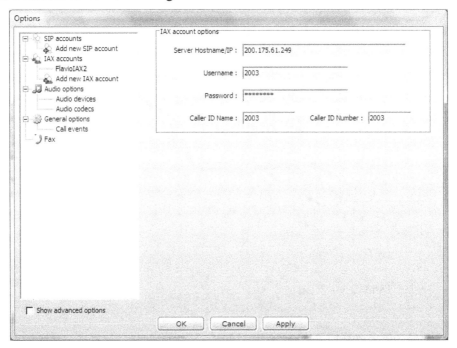

Passo 5: Configure o `extensions.conf` para testar o seu dispositivo IAX:

```
[default]
exten=>2000,1,Dial(SIP/2000)
exten=>2001,1,Dial(SIP/2001)
exten=>2003,1,Dial(IAX2/2003)
```

Agora você já pode fazer ligações entre os telefones SIP criados no capitulo 3 e o telefone IAX criado neste capitulo.

Conectando-se a um provedor baseado em IAX2

Ainda existem poucos provedores baseados em IAX. Você pode encontrar alguns procurando no google pelas palavras IAX providers. Em minha opinião é muito vantajoso para operadora fazer uso do IAX, já que o mesmo pode economizar banda, funciona bem atrás de NAT e pode usar autenticação baseada em pares de chaves RSA. Entre em contato com seu provedor para saber se o mesmo trabalha com IAX, não custa tentar e caso a demanda seja grande o suficiente o provedor pode até mesmo implantar esse recurso.

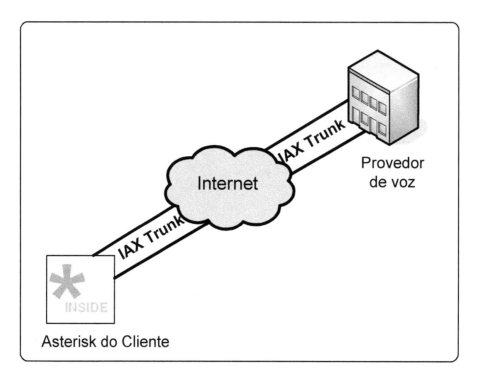

Conectando-se a um provedor usando IAX

Para se conectar à um provedor IAX siga os passos abaixo:

Passo 1: Abra uma conta no seu provedor favorito. Seu provedor ira fornecer a você três informações.

- Nome
- Senha
- Endereço IP ou nome do Host
- Chave pública RSA

Passo 2: Configure o arquivo `iax.conf` para registrar seu Asterisk no provedor. Adicione as seguintes linhas ao arquivo. A linha abaixo deve ser colocada dentro da seção [general].

```
[general]
register=>nome:senha@hostname/2003
```

Na linha acima você estará registrando no provedor com seu nome e senha. No momento de receber uma ligação ela será encaminhada para o ramal 2003.

```
[nome]            ; Seu número no provedor
type=peer
secret=senha            ; sua senha no provedor
host=hostname
```

Nas linhas acima estamos cadastrando o provedor permitindo a discagem para ele.

```
[nomeiax]
type=user
context=default
auth=rsa
inkeys=hostname
```

Isto é necessário para que ocorra a autenticação. Através do uso de chave pública você pode ter certeza de que a ligação está sendo recebida do verdadeiro provedor. Se alguém tentar usar este mesmo caminho as chaves de autenticação não vão bater.

Passo 4: Para testar a conexão chame qualquer número. Alguns provedores fornecem um número para um teste de eco. Para fazer isso edite o arquivo extensions.conf e adicione a seguinte linha no contexto default.

```
exten=>*98,1,Dial(IAX2/nome:senha@hostname/*98,20)
```

Entre na interface de linha de comando do Asterisk, faça um reload e em seguida use o comando iax2 show register para verificar se o sistema se registrou adequadamente no provedor.

```
CLI>reload
CLI>iax2 show register
```

Para se conectar ao provedor simplesmente disque 612 a partir do telefone.

Interligando dois servidores em modo trunk IAX

É bastante simples interligar dois servidores Asterisk. Não será preciso registrar os servidores, dado que os endereços IP dos mesmos são conhecidos.

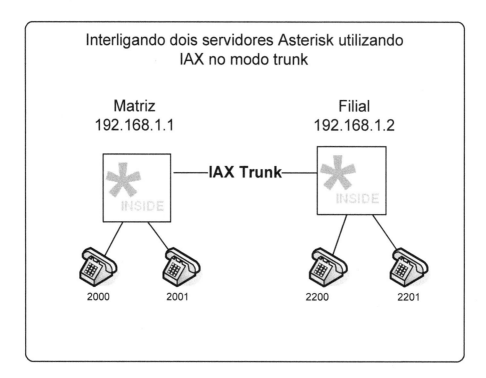

Você precisará criar os "peers" e "friends" no arquivo iax.conf. Os ramais da matriz começam com 20 seguidos por dois dígitos (ex.: 2000). Na filial os ramais começam com 22 seguidos de dois dígitos (ex.; 2200). Nós usaremos os dois Asterisk com o IAX em modo trunk e você precisará de uma fonte de clock para implantar esse cenário.

Passo 1: Configurar o `iax.conf` do servidor da filial:

```
[general]
bindport=4569                      ; bindport and bindaddr may be specified
bindaddr=0.0.0.0                   ; more than once to bind to multiple
disallow=all
allow=ulaw
;allow=gsm

[filial]
type=user
context=default
secret=password
host=192.168.2.10
trunk=yes
notransfer=yes

[matriz]
type=peer
context=default
username=HQ
secret=password
host=192.168.2.10
callerID='matriz'
```

```
trunk=yes
notransfer=yes

[2200]
type=friend
auth=md5
context=default
secret=password
host=dynamic
callerid='2000'

[2201]
type=friend
auth=md5
context=default
secret=password
host=dynamic
callerid='2001'
```

Passo 2: Configurar o `extensions.conf` no servidor da filial:

```
[general]
static=yes
writeprotect=no
autofallthrough=yes
clearglobalvars=no
priorityjumping=no

[globals]

[default]
exten=>_20XX,1,dial(IAX2/matriz/${EXTEN},20)
exten=>_20XX,2,hangup

exten=>_22XX,1,dial(IAX2/${EXTEN},20)
exten=>_22XX,2,hangup
```

Passo 3: Configurar o `iax.conf` no servidor da matriz:

```
[general]
bindaddr=0.0.0.0
bindport=4569
disallow=all
allow=ulaw
allow=gsm

[filial]
type=peer
context=default
username=Branch
secret=password
host=192.168.2.9
callerid="filial"
trunk=yes
notransfer=yes

[matriz]
type=user
secret=password
context=default
host=192.168.2.9
callerid="matriz"
```

```
trunk=yes
notransfer=yes

[2000]
type=friend
auth=md5
context=default
secret=password
callerid="2200"
host=dynamic

[2001]
type=friend
auth=md5
context=default
secret=password
callerid="2201"
host=dynamic
```

Passo 4: Configurar o `extensions.conf` no servidor da matriz:

```
[general]
static=yes
writeprotect=no
autofallthrough=yes
clearglobalvars=no
priorityjumping=no

[globals]

[default]
exten=>_22XX,1,Dial(IAX2/filial/${EXTEN})
exten=>_22XX,2,hangup

exten=>_20XX,1,Dial(IAX2/${EXTEN})
exten=>_20XX,2,hangup
```

Passo 5: Faça uma ligação de teste entre o ramal 2000 da matriz para o ramal 2200 na filial.

Autenticação no IAX

Vamos analisar a autenticação do IAX do ponto de vista prático e aprender a escolher as melhores opções dependendo das necessidades de segurança da configuração.

Conexões de entrada

Quando o Asterisk recebe uma conexão de entrada, a informação da chamada inicial pode incluir um nome de usuário (Do campo "username"). Além disso, a conexão de entrada tem um endereço IP que o Asterisk usa para a autenticação também.

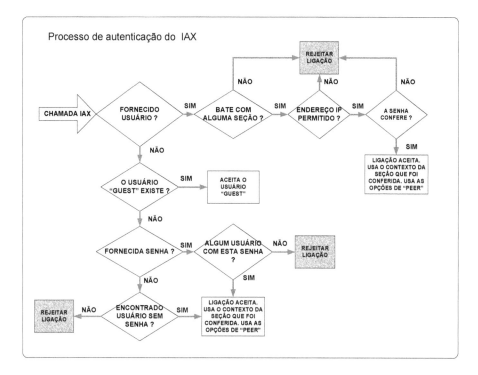

Se o nome do usuário é fornecido, o Asterisk faz o seguinte:

1. Pesquisa o `iax.conf` por uma entrada `type=user` (ou `type=friend`) com a seção nome `[username]`. Se não encontra, recusa a conexão.

2. Se a entrada encontrada tem configurações do tipo `deny/allow` (negar/permitir), compara o endereço IP do originador da chamada. Se a conexão não for permitida, recusa a conexão.

3. Faz a checagem da senha `secret` (plaintext, md5 ou RSA); se falha, recusa a conexão.

4. Aceita a conexão e envia para o originador para o contexto especifica na configuração `context=` da entrada no arquivo `iax.conf`.

Se um nome de usuário não é fornecido, o Asterisk faz o seguinte:

1. Pesquisa por um `type=user` (ou `type=friend`) no arquivo `iax.conf` sem uma senha especificada e também nas restrições do tipo `deny/allow`. Se uma entrada é encontrada, aceita a conexão e usa o nome da entrada do `iax.conf` como o nome do usuário.

2. Pesquisa por um `type=user` (ou `type=friend`) no `iax.conf` com um segredo ou chave RSA especificado e também verifica restrições do tipo `deny/allow`. Se uma entrada é encontrada, tenta autenticar o destino usando o segredo especificado ou a chave, e se

tem sucesso, aceita a conexão e usa o nome encontrado no arquivo `iax.conf` como nome do usuário.

Suponha que seu arquivo `iax.conf` tenha as seguintes entradas:

```
[guest]
type=user
context=guest

[iaxtel]
type=user
context=incoming
auth=rsa
inkeys=iaxtel

[iax-gateway]
type=friend
allow=192.168.0.1
context=incoming
host=192.168.0.1

[iax-friend]
type=user
secret=this_is_secret
auth=md5
context=incoming
```

Se uma chamada de entrada tem um nome de usuário especificado de:

- guest;
- iaxtel;
- iax-gateway;
- iax-friend.

O Asterisk irá tentar autenticar a conexão usando apenas a entrada correspondente em `iax.conf`. Se qualquer outro nome de usuário for especificado, a conexão será recusada.

Se nenhum usuário tiver sido especificado, o Asterisk irá autenticar a conexão como usuário guest (convidado). Entretanto se você não tiver um usuário guest no seu arquivo `iax.conf`, o usuário que está se conectando, pode especificar a senha associada com qualquer outra entrada no `iax.conf` que não tenha um endereço IP restrito. Em outras palavras, se você não tem uma entrada guest no seu `iax.conf`, você tem várias entradas com senhas que podem ser adivinhadas e que vão permitir que um usuário com fins maliciosos, possa tentar se conectar ao sistema.

Usar chaves RSA como segredo é uma forma de evitar este problema sem criar um usuário guest. Entradas RSA não são "adivinháveis". Outro método é usar restrições de IP em tantas entradas quanto possíveis.

Restrições baseadas em endereço IP

É possível restringir de que endereços IP um usuário ou telefone pode se conectar. Para isto você usa cláusulas permit/deny.

permit = <ipaddr>/<netmask> deny = <ipaddr>/<netmask>	As regras são avaliadas em seqüência e todas elas são checadas (este conceito difere das ACLs normalmente encontradas em routers e firewalls). Exemplo#1 permit=0.0.0.0/0.0.0.0 deny=192.168.0.0/255.255.255.0 Rejeitará qualquer pacote da rede 192.168.0.0/24 Exemplo#2 deny=192.168.0.0/255.255.255.0 permit=0.0.0.0/0.0.0.0 Permite qualquer pacote. A última instrução se sobrepõe frente a primeira.

Entroncamentos IAX2

As conexões de saída faze a autenticações usando um os seguintes métodos:

* A descrição do canal IAX2 passada pela aplicação Dial(). Evite usar este tipo de conexão pois os nomes e as senhas acabam registrados nos arquivos de log.

* Uma entrada com type=peer ou type=friend no arquio iax.conf.

* Uma combinação de ambos os métodos.

Conectando dois Asterisks usando chaves RSA

É possível usar autenticação forte com o IAX usando chaves RSA assimétricas. De acordo com o código fonte (res_krypto.c), o Asterisk usa pares de chave RSA com o algoritmo SHA-1 para "digest messages" ao invés do MD5 que é mais fraco. Abaixo um guia passo à passo de como conectar dois servidores usando chaves RSA.

Configurando o servidor para a filial

Para configurar a filial, siga os passos abaixo:

Passo 1: Gere as chaves RSA no servidor da filial

```
astkeygen -n
```

Quando solicitado, use o nome da chave branch. Nós usamos o parâmetro –n para evitar passar uma senha toda vez que o Asterisk reinicializar. Se você quiser melhorar a segurança, não use a opção –n e inicie o Asterisk com asterisk -i

Passo 2: Copie as chaves para o diretório /var/lib/asterisk/keys

cp branch.* /var/lib/asterisk/keys

Passo 3: Copie a chave pública para o servidor HQ (Sede)

scp branch.pub root@hq_ip_address:/var/lib/asterisk/keys

Passo 4: Edite o arquivo iax.conf no servidor da filial (Branch).

```
[general]
bindport=4569                    ; bindport and bindaddr may be specified
bindaddr=0.0.0.0                 ; more than once to bind to multiple
disallow=all
allow=ulaw

;Create an entry for the HQ server
[hq]
type=user
context=default
host=192.168.2.10
trunk=yes
notransfer=yes
auth=rsa
inkeys=hq

[2200]
type=friend
auth=md5
context=default
secret=password
host=dynamic
callerid='2200'

[2201]
type=friend
auth=md5
context=default
secret=password
host=dynamic
callerid='2201'
```

Passo 5: Configure o arquivo extensions.conf no servidor da filial

```
[default]
exten=>_20XX,1,dial(IAX2/branch:[branch]@192.168.2.10/${EXTEN},20)
exten=>_20XX,2,hangup
exten=>_22XX,1,dial(IAX2/${EXTEN},20)
exten=>_22XX,2,hangup
```

Configurando o servidor da sede (HQ)

Passo 1: Gere a chave RSA no servidor HQ

astkeygen -n

Quando solicitado use o noem da chave hq.

Passo 2: Copie as chaves para o diretório /var/lib/asterisk/keys

cp hq.* /var/lib/asterisk/keys

Passo 3: Copie a chave pública para o servidor da filial (Branch)

scp hq.pub root@branch_ip_address:/var/lib/asterisk/keys

Passo 4: Configure o arquivo iax.conf no servidor HQ

```
[general]
bindaddr=0.0.0.0
bindport=4569
disallow=all
allow=ulaw
allow=gsm

;Configure an entry for the branch server
[branch]
type=user
context=default
host=192.168.2.9
trunk=yes
notransfer=yes
auth=rsa
inkeys=branch

[2000]
type=friend
auth=md5
context=default
secret=password
callerid="2000"
host=dynamic

[2001]
type=friend
auth=md5
context=default
secret=password
callerid="2001"
host=dynamic
```

Passo 5: Configure o arquivo extensions.conf no servidor HQ.

```
[default]
exten=>_22XX,1,Dial(IAX2/hq:[hq]@192.168.2.9/${EXTEN})
exten=>_22XX,2,hangup
exten=>_20XX,1,Dial(IAX2/${EXTEN})
exten=>_20XX,2,hangup
```

Passo 6: Teste uma chamada do telefone 2000 no servidor HQ para o telefones 2200 no servidor da filial.

Configuração do arquivo iax.conf

O arquivo `iax.conf` possui uma grande quantidade de configurações e discuti-las uma a uma seria enfadonho e pouco útil. Vamos discutir algumas opções importantes na seção `[general]`, `[peer]`, `[user]` e `[friend]`.

O arquivo de configuração do IAX é uma coleção de seções, cada qual representa uma entidade dentro do escopo do IAX (A exceção da seção geral).

A primeira seção é tipicamente a seção geral. Nesta área, um número de parâmetros que afetam todo o sistema pode ser configurado. Especificamente os codecs default, portas, endereços, comportamento do jitter, bits de TOS e registros.

Configuração do endereçamento

O endereçamento é configurado na seção **[general]**.

Endereçamento do servidor:

bindport = <portnum>	Isto configura a porta em que o IAX vai se ligar. A porta default é 4569. É recomendado manter este valor.
bindaddr = <ipaddr>	Isto permite ligar o IAX a um endereço IP especifico ao invés de ligar o Asterisk a todos os endereços.

Seleção dos codecs:

A seleção dos codecs pode ser feita na seção [general] ou em cada entidade individualmente.

bandwidth = [low|medium|high]	high = todos os codecs estão habilitados medium = todos os codecs menos ulaw e alaw low = codecs e banda estreita
allow/disallow=[gsm|lpc10|g723.1|adpcm|ulaw|alaw|mp3|slinear|all]	Os comandos "allow" e "disallow" permitem fazer uma sintonia fina na seleção de codecs.
codecpriority = [caller, host, disabled, regonly]	Este parâmetro controla a negociação dos codecs de uma chamada entrante IAX. Pode ser definido de forma geral ou por peer. O valor default é 'host'.

Buffer de Jitter

Jitter também conhecido como variação do atraso é um dos principais responsáveis pela deterioração na qualidade de voz. Um buffer de Jitter pode ser usado para compensar estas variações de atraso. Um Jitter pequeno de menos de um frame de comprimento (em ms) normalmente não é um problema, entretanto um Jitter excessivo pode, caso não exista um buffer de Jitter, causar falhas no áudio.

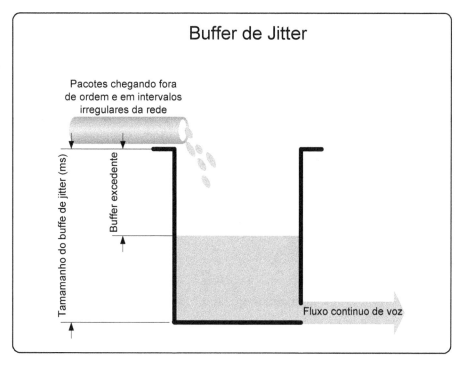

O buffer de Jitter permite reduzir estas variações a custa de uma latência maior. De uma forma geral é importante manter o atraso abaixo de 150 ms. Pode ser feita uma analogia entre o buffer de Jitter e um tanque d'água, ambos recebem água (ou pacotes) em intervalos irregulares, entretanto o fluxo de água (ou voz) é constante na saída do tanque. Quando você configura um buffer de Jitter ele naturalmente vai atrasar o pacote no exato tamanho do buffer. É importante pensar nisto em termos de "orçamento de atraso" que você pode consumir na configuração de um buffer de Jitter.

Os parâmetros para regulagem do buffer de Jitter seguem abaixo:

- **jitterbuffer=**`<yes/no>` – Habilita ou desabilita o buffer de Jitter.

- **Dropcount=**`<número>` - Ele representa o número máximo de frames que podem estar atrasados nos últimos dois segundos. Recomenda-se configurar este número abaixo de 3 (1,5% dos frames descartados).

- **Maxjitterbuffer=**`<número>` - O tamanho do buffer de Jitter. Normalmente abaixo de 100 ms.

- **Maxexcessbuffer=**`<número>` - Se o atraso da rede melhora após um período de Jitter alto, é possível que o buffer seja maior que o necessário. Então se o buffer estiver acima do `maxexcessbuffer`, o Asterisk irá começar a reduzi-lo

- **Minexcessbuffer**=<número> - Este parâmetro representa o espaço mínimo reservado para o buffer de Jitter, se o buffer baixar deste número, o Asterisk irá começar a aumentá-lo novamente.

Marcação de pacotes p/ QoS

O parâmetro abaixo permite que os pacotes do Asterisk sejam marcados para tratamento especial em switches e roteadores. Na versão 1.4 o campo TOS segue a padronização DSCP (Differentiated Services Code Point) RFC2474 e não mais o velho modelo de precedência que está descontinuado e deve ser removido a partir da nova versão.

Os valores permitidos para o TOS são:CS0, CS1, CS2, CS3, CS4, CS5, CS6, CS7, AF11, AF12, AF13,AF21, AF22, AF23, AF31, AF32, AF33, AF41, AF42, AF43 e ef (expedited forwarding)

Exemplo:

```
tos=ef
```
Com o comando acima você está dizendo que quer tráfego prioritário para voz (ef – expedited forward)

Criptografia IAX2

De acordo com Spencer, Guy, Capouch, Muller, and Shumard (2008), o IAX suporta criptografia usando uma chave simétrica de 128bits chamada AES-Advanced Encryption. Ela é muito simples de ativar em um entroncamento IAX como podemos demonstrar abaixo. No arquivo iax.conf use:

```
encryption=yes
```

Para forçar a criptografia:

```
forceencryption=yes
```

Para garantir a compatibilidade com versões mais antigas, você precisa impedir a rotação de chaves usando:

```
keyrotate=no
```

Comandos de depuração do IAX2

Os comandos de depuração são importantes na hora de encontrar problemas de conectividade. Seguem abaixo alguns dos principais.

iax2 show netstats

```
vtsvoffice*CLI> iax2 show netstats
         -------- LOCAL -------------------- -------- REMOTE --------------------
```

```
Channel     RTT  Jit  Del  Lost   %  Drop  OOO  Kpkts  Jit  Del  Lost   %  Drop  OOO
   Kpkts
IAX2/8590-1  16   -1   0    -1   -1    0   -1     1    60  110    3    0    0    0
0
```

iax2 show channels

```
vtsvoffice*CLI> iax2 show channels
Channel        Peer        Username  ID (Lo/Rem)  Seq (Tx/Rx)   Lag
Jitter  JitBuf  Format
IAX2/8590-2  8.8.30.43   8590       00002/26968  00004/00003  00000ms
-0001ms  0000ms  unknown
```

iax2 show peers

```
vtsvoffice*CLI> iax2 show peers
Name/Username      Host                          Mask                Port
Status
8584                     (Unspecified)    (D)  255.255.255.255   0
UNKNOWN
8564                     (Unspecified)    (D)  255.255.255.255   0
UNKNOWN
8576                     (Unspecified)    (D)  255.255.255.255   0
UNKNOWN
8572                     (Unspecified)    (D)  255.255.255.255   0
UNKNOWN
8571                     (Unspecified)    (D)  255.255.255.255   0
UNKNOWN
8585                     (Unspecified)    (D)  255.255.255.255   0
UNKNOWN
8589                     (Unspecified)    (D)  255.255.255.255   0
UNKNOWN
8590            8.8.30.43       (D)  255.255.255.255  4569        OK
(16 ms)
3232                     (Unspecified)    (D)  255.255.255.255   0
UNKNOWN
9 iax2 peers [1 online, 8 offline, 0 unmonitored]
```

iax2 set debug

Observe no debug destacado o início e o fim de uma ligação. Entre as ligações observe as comunicações de registro do canal e o sistema de controle de atraso e Jitter (poke, pong) de onde vêm as estatísticas vistas em iax2 show netstats. Use o comando iax2 set debug off para desligar a depuração.

```
vtsvoffice*CLI> iax2 debug
IAX2 Debugging Enabled


Rx-Frame Retry[ No] -- OSeqno: 000 ISeqno: 000 Type: IAX    Subclass:
REGREQ
   Timestamp: 00003ms  SCall: 26975  DCall: 00000 [8.8.30.43:4569]
   USERNAME      : 8590
   REFRESH       : 60
```

```
Tx-Frame Retry[000] -- OSeqno: 000 ISeqno: 001 Type: IAX     Subclass:
REGAUTH
    Timestamp: 00009ms  SCall: 00003  DCall: 26975 [8.8.30.43:4569]
    AUTHMETHODS      : 2
    CHALLENGE        : 137472844
    USERNAME         : 8590

Rx-Frame Retry[ No] -- OSeqno: 001 ISeqno: 001 Type: IAX     Subclass:
REGREQ
    Timestamp: 00016ms  SCall: 26975  DCall: 00003 [8.8.30.43:4569]
    USERNAME         : 8590
    REFRESH          : 60
    MD5 RESULT       : f772b6512e77fa4a44c2f74ef709e873

Tx-Frame Retry[000] -- OSeqno: 001 ISeqno: 002 Type: IAX     Subclass:
REGACK
    Timestamp: 00025ms  SCall: 00003  DCall: 26975 [8.8.30.43:4569]
    USERNAME         : 8590
    DATE TIME        : 2006-04-17  16:03:00
    REFRESH          : 60
    APPARENT ADDRES  : IPV4 8.8.30.43:4569
    CALLING NUMBER   : 4830258590
    CALLING NAME     : Flavio

Rx-Frame Retry[ No] -- OSeqno: 002 ISeqno: 002 Type: IAX     Subclass:
ACK
    Timestamp: 00025ms  SCall: 26975  DCall: 00003 [8.8.30.43:4569]
Tx-Frame Retry[000] -- OSeqno: 000 ISeqno: 000 Type: IAX     Subclass:
POKE
    Timestamp: 00003ms  SCall: 00006  DCall: 00000 [8.8.30.43:4569]
Rx-Frame Retry[ No] -- OSeqno: 000 ISeqno: 001 Type: IAX     Subclass:
ACK
    Timestamp: 00003ms  SCall: 26976  DCall: 00006 [8.8.30.43:4569]
Rx-Frame Retry[ No] -- OSeqno: 000 ISeqno: 001 Type: IAX     Subclass:
PONG
    Timestamp: 00003ms  SCall: 26976  DCall: 00006 [8.8.30.43:4569]
    RR_JITTER        : 0
    RR_LOSS          : 0
    RR_PKTS          : 1
    RR_DELAY         : 40
    RR_DROPPED       : 0
    RR_OUTOFORDER    : 0
Tx-Frame Retry[-01] -- OSeqno: 001 ISeqno: 001 Type: IAX     Subclass:
ACK
    Timestamp: 00003ms  SCall: 00006  DCall: 26976 [8.8.30.43:4569]

Rx-Frame Retry[ No] -- OSeqno: 000 ISeqno: 000 Type: IAX     Subclass:
NEW
    Timestamp: 00003ms  SCall: 26977  DCall: 00000 [8.8.30.43:4569]
    VERSION          : 2
    CALLING NUMBER   : 8590
    CALLING NAME     : 4830258590
    FORMAT           : 2
    CAPABILITY       : 1550
    USERNAME         : 8590
```

```
    CALLED NUMBER    : 8580
    DNID             : 8580

Tx-Frame Retry[000] -- OSeqno: 000 ISeqno: 001 Type: IAX    Subclass:
AUTHREQ
    Timestamp: 00007ms  SCall: 00004  DCall: 26977 [8.8.30.43:4569]
    AUTHMETHODS      : 2
    CHALLENGE        : 190271661
    USERNAME         : 8590

Rx-Frame Retry[Yes] -- OSeqno: 000 ISeqno: 000 Type: IAX    Subclass:
NEW
    Timestamp: 00003ms  SCall: 26977  DCall: 00000 [8.8.30.43:4569]
    VERSION          : 2
    CALLING NUMBER   : 8590
    CALLING NAME     : 4830258590
    FORMAT           : 2
    CAPABILITY       : 1550
    USERNAME         : 8590
    CALLED NUMBER    : 8580
    DNID             : 8580

Tx-Frame Retry[-01] -- OSeqno: 000 ISeqno: 001 Type: IAX    Subclass:
ACK
    Timestamp: 00003ms  SCall: 00004  DCall: 26977 [8.8.30.43:4569]
Rx-Frame Retry[ No] -- OSeqno: 001 ISeqno: 001 Type: IAX    Subclass:
AUTHREP
    Timestamp: 00063ms  SCall: 26977  DCall: 00004 [8.8.30.43:4569]
    MD5 RESULT       : 57cc5c48affba14106c29439944413a1

Tx-Frame Retry[000] -- OSeqno: 001 ISeqno: 002 Type: IAX    Subclass:
ACCEPT
    Timestamp: 00054ms  SCall: 00004  DCall: 26977 [8.8.30.43:4569]
    FORMAT           : 1024

Tx-Frame  Retry[000]  --  OSeqno:  002  ISeqno:  002  Type:  CONTROL
Subclass: ANSWER
    Timestamp: 00057ms  SCall: 00004  DCall: 26977 [8.8.30.43:4569]
Tx-Frame  Retry[000]  --  OSeqno:  003  ISeqno:  002  Type:  VOICE
Subclass: 138
    Timestamp: 00090ms  SCall: 00004  DCall: 26977 [8.8.30.43:4569]
Rx-Frame Retry[ No] -- OSeqno: 002 ISeqno: 002 Type: IAX    Subclass:
ACK
    Timestamp: 00054ms  SCall: 26977  DCall: 00004 [8.8.30.43:4569]
Rx-Frame Retry[ No] -- OSeqno: 002 ISeqno: 003 Type: IAX    Subclass:
ACK
    Timestamp: 00057ms  SCall: 26977  DCall: 00004 [8.8.30.43:4569]
Rx-Frame Retry[ No] -- OSeqno: 002 ISeqno: 004 Type: IAX    Subclass:
ACK
    Timestamp: 00090ms  SCall: 26977  DCall: 00004 [8.8.30.43:4569]
Rx-Frame Retry[ No] -- OSeqno: 002 ISeqno: 004 Type: VOICE  Subclass:
138
    Timestamp: 00210ms  SCall: 26977  DCall: 00004 [8.8.30.43:4569]
Tx-Frame Retry[-01] -- OSeqno: 004 ISeqno: 003 Type: IAX    Subclass:
ACK
```

```
    Timestamp: 00210ms  SCall: 00004  DCall: 26977 [8.8.30.43:4569]
Rx-Frame Retry[ No] -- OSeqno: 003 ISeqno: 004 Type: IAX    Subclass:
PING
    Timestamp: 02083ms  SCall: 26977  DCall: 00004 [8.8.30.43:4569]
Tx-Frame Retry[000] -- OSeqno: 004 ISeqno: 004 Type: IAX    Subclass:
PONG
    Timestamp: 02083ms  SCall: 00004  DCall: 26977 [8.8.30.43:4569]
    RR_JITTER        : 0
    RR_LOSS          : 0
    RR_PKTS          : 1
    RR_DELAY         : 40
    RR_DROPPED       : 0
    RR_OUTOFORDER    : 0

Rx-Frame Retry[ No] -- OSeqno: 004 ISeqno: 005 Type: IAX    Subclass:
ACK
    Timestamp: 02083ms  SCall: 26977  DCall: 00004 [8.8.30.43:4569]
Rx-Frame Retry[ No] -- OSeqno: 004 ISeqno: 005 Type: IAX    Subclass:
HANGUP
    Timestamp: 08693ms  SCall: 26977  DCall: 00004 [8.8.30.43:4569]
    CAUSE            : Dumped Call
```

Para desligar o debug use:

iax2 set debug off

Resumo

Neste capítulo você aprendeu a diferenciar os pontos fortes e fracos do IAX. Foi possível demonstrar os cenários de uso do Asterisk como cliente usando um softfone e entroncamento de dois PABX com IAX no modo trunk. Foi demonstrado que o modo trunk economiza banda enviando diversas ligações em um mesmo pacote evitando a criação de novos pacotes e cabeçalhos. Foi possível ver que a quantidade de banda usada depende do codec, bem como das configurações. Você aprendeu a configurar o arquivo iax.conf para se conectar a telefones e provedores e pode usar alguns dos comandos de console do Asterisk relacionados ao Asterisk.

Questionário

1. Podemos citar como principais benefícios do IAX a economia de banda e facilidade de passar por Firewalls com NAT.

☐ Correto

☐ Incorreto

2. No protocolo IAX os canais de sinalização e mídia passam separados. Esta afirmação é:

☐ Correta

☐ Incorreta

3. O IAX emprega os seguintes tipos de frames

☐ Frame Completo

☐ Frame Incompleto

☐ Mini-Frame

☐ Trunked Frame

4. A banda passante usada pelo protocolo IAX é a soma da carga de voz (payload) mais os cabeçalhos (Marque todas as que se aplicam)

☐ IP

☐ UDP

☐ IAX

☐ RTP

☐ cRTP

5. É importante ter a mesma configuração para o payload do codec (20 a 30 ms) que a sincronização dos frames no modo trunked (20 ms – padrão)

☐ Verdadeiro

☐ Falso

6. Quando o IAX é usado no modo trunk, apenas um cabeçalho é usado para transmitir múltiplas ligações. A afirmação acima está:

☐ Correta

☐ Incorreta

7. O protocolo IAX2 é o mais comum para conectar provedores de telefonia IP, pois passa fácil pelo NAT. A afirmação acima está

☐ Correta

☐ Incorreta

8. Em um canal IAX como o abaixo, a opção `<secret>` pode ser tanto uma senha como uma _____.

```
IAX/[<user>[:<secret>]@]<peer>[:<portno>][/<exten>[@<context>][/<options>]
]
```

9. O contexto é adicionado para cada cliente IAX, isto permite que diferentes clientes possuam diferentes contextos. Pode-se pensar em contexto como uma classe de ramal onde o cliente será colocado. A afirmação está

☐ Correta

☐ Incorreta

10. O comando IAX2 show registry mostra informações sobre:

☐ Os usuários registrados

☐ Os provedores ao qual o Asterisk se conectou.

8

O protocolo SIP

O protocolo SIP é sem dúvida o mais usado no lado VoIP do Asterisk. Este protocolo vem evoluindo rapidamente. Existem muitos detalhes importantes e estaremos abordando neste capítulo. Definido pela IETF na norma RFC3261, o SIP tem papel fundamental no acesso de telefones IP e a provedores VoIP. Vamos dar muita ênfase a questão de travessia de NAT que gera tantas dúvidas.

Objetivos

Ao final deste capítulo você deverá apto a:

- Entender a teoria de operação do SIP;

- Entender os pontos fracos e fortes deste protocolo;

- Configurar um telefone SIP para operar com o Asterisk;

- Configurar o Asterisk para se conectar com um provedor SIP;

- Integrar dois servidores Asterisk através do SIP;

- Configurar um servidor Asterisk atrás de NAT;

- Configurar um cliente atrás de NAT.

Novo nas versões 1.8, 10, 11 e 12

A versão 12 do Asterisk é a versão do chan_pjsip. Agora o Asterisk possui dois canais SIP, podendo o usuário escolher um ou outro. Temos uma seção inteira sobre o chan_pjsip. O canal SIP de uma forma geral recebeu diversas melhorias nos últimos anos. As mais significativas podem ser listadas abaixo:

- Suporte para IPV6 (1.8)
- Suporte a TLS/TCP (1.8). Criptografia de sinalização

- Suporte a SRTP/SDES, Criptografia de mídia (RTP)
- Suporte à COMEDIA na opção nat. Auxilia em processos onde o Asterisk é o gateway e o cliente está atrás de NAT (1.8)
- Suporte a passagem de erros Q.850 no canal SIP. Isto melhora a passagens de códigos de erro de um canal ISDN/SS7 através do SIP através do cabeçalho Reason:. use_q850_reason=yes. É muito útil no suporte a discadores. (11)
- Adicionado suporte para Websockets, Essencial no suporte à WebRTC e clientes web. (11)
- Suporte para ICE, essencial na negociação de peer atrás de NAT e no suporte à WebRTC.
- Suporte para RFC3327 Path header. Este cabeçalho é essencial no balanceamento de carga de clientes SIP usando um balanceador externo.

Neste capítulo as principais mudanças são a configuração de endereços IPV6 para o Asterisk. O suporte a TLS/SRTP é vista em um capítulo separado.

Visão geral

O SIP (Session Initiated Protocol) é um protocolo baseado em texto, similar ao HTTP e SMTP, projetado para iniciar, manter e terminar sessões de comunicação interativa entre usuários. Tais sessões incluem voz, vídeo, chat, jogos interativos e sessões de realidade virtual. Ele foi definido pela IETF e atualmente é o padrão *de facto* em telefonia IP.

Teoria da Operação do SIP

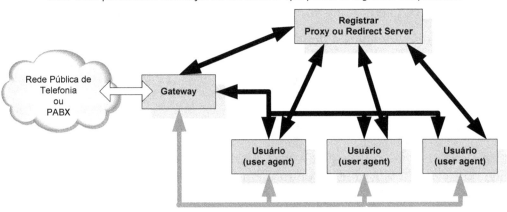

O SIP é um protocolo de sinalização de voz sobre IP que possui os seguintes componentes:

Fluxo de mídia RTP

- UAC (user agent client) – cliente ou terminal que inicia a sessão SIP.

- UAS (user agent server) – servidor que responde a sinalização SIP de um UAC.

- UA (user agent) – terminal de rede SIP (telefones SIP, ou gateway para outras redes), contém UAC e UAS.

- Servidor Proxy – Recebe pedidos de conexão de um UA e transfere ele para outro servidor proxy se a estação em particular não está em sob a sua administração.

- Servidor de Redirecionamento – Recebe pedidos de conexão e envia-os de volta ao emissor incluindo os dados de destino ao invés de enviá-los diretamente à parte chamada.

- Servidor de localização – recebe pedidos de registro de um UA e atualiza a bas de dados de terminais com eles.

Todas as seções do servidor (Proxy, Redirect e Location) estão tipicamente disponíveis em uma única máquina física chamada servidor SIP Proxy, que é responsável pela manutenção da base de dados de clientes, estabelecimento de conexões, manutenção e término e redirecionamento de chamadas.

Processo de Registro SIP

Antes que um telefone possa receber chamadas, ele precisa se registrar em uma base de localização. É neste banco de dados que o nome será associado ao endereço IP onde o telefone se encontra. No exemplo acima o ramal 8500 será relacionado com o endereço IP 200.180.1.1. O ramal também poderia ser associado a um endereço do tipo flavio@voffice.com.br também. Nã o é explicitamente necessário que o ramal seja um número de telefone.

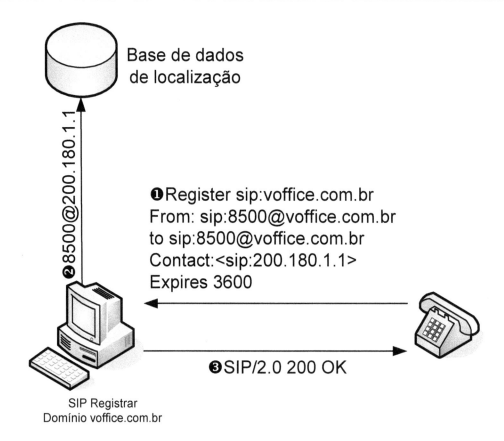

SIP Registrar
Domínio voffice.com.br

Operação do SIP em modo Proxy

No modo Proxy, toda a sinalização atravessa o Proxy. Esta situação ideal quando se deseja manter o controle da chamada para fins de bilhetagem por exemplo. Sem dúvida, este é o modo mais usado em detrimento ao modo Redirect.

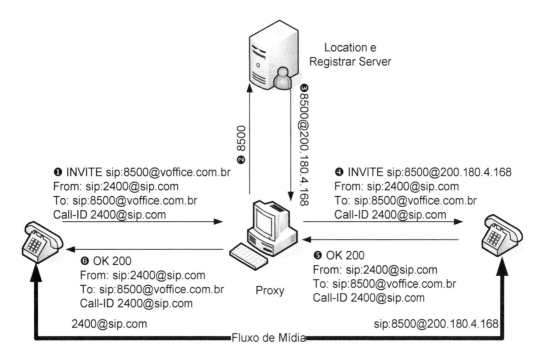

Como o Asterisk trata o SIP

É importante ressaltar que o Asterisk não é nem um SIP Proxy nem um SIP Redirect. O Asterisk é um Back to Back User Agent (B2BUA) e pode atuar como um registrar Server. Desta forma ele conecta dois User agent Clients a si próprio como se fossem canais de um PABX. O Asterisk possui um mecanismo chamado de re-invite, no qual o fluxo RTP da sessão não passa pelo Asterisk e sim flui diretamente entre os dois (ou mais) pontos da sessão. É possível usar o Asterisk em conjunto com um SIP Proxy, como, por exemplo, o OpenSIPS http://www.opensips.org. O OpenSIPS pode ajudar o Asterisk fazendo o papel de balanceador de carga ou de SIP Proxy de alto desempenho. Eu não vejo necessidade do uso do OpenSIPS, a não ser que você tenha necessidade de escalonar para alguns milhares de usuários.

SIP Reinvites (re-convidando)

Desde o início da adoção do Asterisk, o parâmetro directmedia=yes/no sempre foi um dos mais polêmicos. Desde a versão 1.4 não existe mais o re-invite propriamente dito, o servidor simplesmente coloca no cabeçalho SDP da mensagem de INVITE os destinos finais da mídia já no primeiro INVITE. Na versão 1.8 o parâmetro directmedia foi substituído pelo directmedia que tem uma série de novas opções. Com o directmedia há mais controle sobre a mídia permitindo forçar a mídia apenas no casos necessários.

O básico do directmedia é sim ou não. Este parâmetro controla um aspecto importantíssimo do servidor, que é se a mídia vai atravessar o servidor ou não. Se a mídia atravessar o servidor (directmedia=no), operações como gravação e "barge-in" são possíveis.

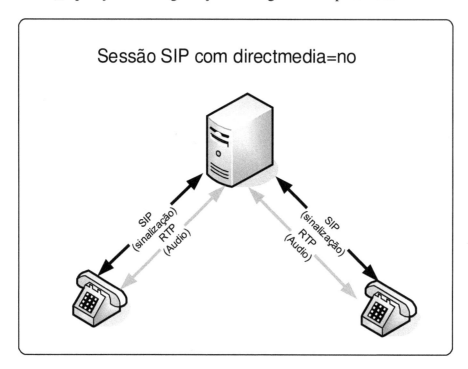

Já se a mídia vai diretamente de um cliente a outro (directmedia=yes), apesar de algumas operações não poderem ser realizadas, a carga do servidor é bastante aliviada.

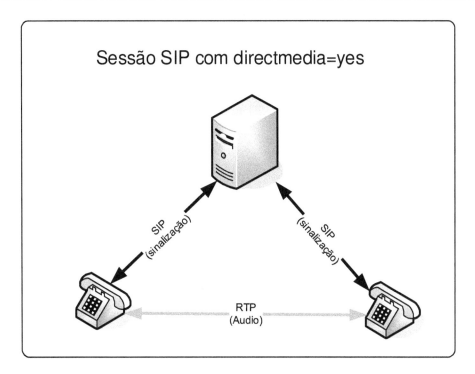

Nas versões mais recentes, pode-se ter um controle mais efetivo da media usando parâmetros adicionais.

- **directmedia=nonat**. Esta opção permite que a mídia seja ponto a ponto apenas para clients que não estão atrás de NAT.
- **directmedia=update.** Esta é uma opção um pouco obscura. Normalmente as mudanças de mídia são feitas através do método REINVITE. Os REINVITES podem em alguns casos ser substituído por UPDATES que são mais eficientes e usam uma transação separada. O directmedia=update pode ser combinado com **nonat**.
- **directmedia=outgoing**. Alguns clientes e servidores usam REINVITES imediatamente após o início da da chamada. Quando os REINVITES são enviados pelas duas partes ao mesmo tempo, podem ocorrer problemas. Este parâmetro pode ajudar a resolver este tipo de caso.
- **directmediadeny=0.0.0.0/0, directmediapermit=172.16.0.0/16.** Este parâmetro permite especificar as faixas de endereço para forçar a mídia ou não.
- **directmediaacl=acl_exemplo.** Use listas de controle de acesso com nome definidas no acl.conf.

Mensagens SIP

As mensagens básicas enviadas em um ambiente SIP são:

- INVITE – pedido de estabelecimento de conexão;

- ACK – reconhecimento do INVITE pelo receptor final da mensagem;

- BYE – término da conexão;

- CANCEL – término de uma conexão não estabelecida;

- REGISTER – registro do UAC no SIP proxy;

- OPTIONS – pedido de opções do servidor;

- REFER – Faz a transferência de uma ligação SIP;

- SUBSCRIBE – Pedido para receber as notificações de eventos;

- NOTIFY – Envia informações sobre o canal;

- INFO – Envia diversas mensagens (Ex.: DTMF);

- MESSAGE – Envio de mensagens instantâneas.

Respostas a mensagens do SIP são em formato texto como no protocolo HTTP. Abaixo estão as respostas mais importantes:

- 1XX – mensagens de informação (100-tentando, 180-campainha, 183-progresso);

- 2XX – pedido completado com sucesso (200- OK);

- 3XX – encaminhamento de chamada, o pedido deve ser direcionado para outro lugar. (302-movido temporariamente, 305- use proxy);

- 4XX – erro (403- Proibido);

- 5XX – erro de servidor (500-Erro interno do servidor, 501-Não implementado);

- 6XX – falha global (606- Não aceitável).

Exemplo:

```
INVITE sip:2000@192.168.1.133 SIP/2.0
Via:                                              SIP/2.0/UDP
192.168.1.116;rport;branch=z9hG4bKc0a8017400000063452fafbb00006967000000d2
From: "unknown"<sip:2001@192.168.1.133>;tag=1556140623845
To: <sip:2000@192.168.1.133>
Contact: <sip:2001@192.168.1.116>
Call-ID: 64B4C8EC-FCFC-49E9-98B1-90982EEEBED3@192.168.1.116
CSeq: 2 INVITE
Max-Forwards: 70
User-Agent: SJphone/1.61.312b (SJ Labs)
Content-Length: 335
Content-Type: application/sdp
```

```
Proxy-Authorization:                                        Digest
username="2001",realm="asterisk",nonce="6c55905e",uri="sip:2000@192.168.1.
133",response="983c0099eea125d8cdfe93b0ec99f3ec",algorithm=MD5
```

SDP. Protocolo de descrição da sessão

O SDP é definido no RFC2327. Seu propósito é descrever as sessões multimídia com o intuito de anuncio da sessão, convite de sessão, entre outras formas de inicialização de sessão. O SDP inclui:

- Protocolo de transporte (RTP/UDP/IP);

- Tipo de mídia (texto, áudio, vídeo);

- Formato da mídia ou codec (Vídeo no formato H.261, áudio codificado com G.711, etc);

- Informações necessárias para o recebimento dessas mídias (endereços, portas, etc).

No exemplo abaixo temos a descrição de uma sessão SDP descrevendo uma ligação entre dois telefones:

```
v=0
o=- 3369741883 3369741883 IN IP4 192.168.1.116
s=SJphone
c=IN IP4 192.168.1.116
t=0 0
a=setup:active
m=audio 49160 RTP/AVP 3 97 98 8 0 101
a=rtpmap:3 GSM/8000
a=rtpmap:97 iLBC/8000
a=rtpmap:98 iLBC/8000
a=fmtp:98 mode=20
a=rtpmap:8 PCMA/8000
a=rtpmap:0 PCMU/8000
a=rtpmap:101 telephone-event/8000
a=fmtp:101 0-11,16
```

Cenários avançados na utilização do SIP

No terceiro capítulo nós mostramos as opções básicas para conectar um telefone SIP ao Asterisk. Agora vamos partir para cenários mais avançadas na utilização deste poderoso protocolo. Nas próximas sessões você irá aprender a configurar Asterisk para fazer a conexão com um provedor VoIP utilizando SIP, como interconectar dois servidores Asterisk com SIP e como fazer uma ligação para um provedor que utilize SIP. Todas as configurações pertinentes ao SIP são feitas no arquivo /etc/asterisk/sip.conf.

Configuração de IPv4 ou IPv6

O Asterisk no momento de configurar o IP que vai estar ligado ao SIP permite que se use uma interface ou todas. Não é possível neste momento usar apenas duas interfaces em uma máquina com três interfaces.

Exemplos:

```
bindaddr=192.168.1.109    ; Usa um único endereço IPv4
bindaddr=2001:db8::1      ;Usa um único endereço IPv6
bindaddr=0.0.0.0          ; Se liga a todos os endereços IPv4
bindaddr=::               ; Se liga a todos os endereços IPv4 e IPv6
```

Configuração do transporte UDP, TCP e TLS

Na maioria dos casos é usado o suporte apenas a UDP. Em alguns casos especiais como suporte a Microsoft Lync e na interconexão com algumas centrais proprietárias é necessário usar o TCP. Para ligação com telefones seguros usa-se o TLS. Você pode fazer a ligação do endereço especificamente por protocolo de transporte usando.

```
udpbindaddr=0.0.0.0
tcpenable=no
tcpbindaddr=0.0.0.0
tlsenable=no
tlsbindaddr=0.0.0.0
transport=udp        ; Configura o transporte preferencial.
```

Modo pedântico

Esta é uma das configurações mais obscuras do Asterisk. Estou mencionando esta configuração aqui porque ela passou a valer na versão 1.8 como padrão. Com esta configuração em "yes", o sistema passa a verificar os tags SIP do sistema e uma série de requisitos de compatibilidade estrita com o SIP. Se você começar a ter problemas de interoperabilidade com softfones ou provedores, pode ser interessante desabilitar. Na versão 1.4 esta configuração tinha como default "no"

```
;pedantic=yes            ; Enable checking of tags in headers,
                         ; international character conversions in URIs
                         ; and multiline formatted headers for strict
                         ; SIP compatibility (defaults to "yes")
```

Conexão de um servidor Asterisk a um provedor SIP

Muitas vezes o Asterisk é utilizado para fazer a conexão a um provedor VoIP que utiliza SIP. Normalmente estas operadoras possuem tarifas mais baratas que as operadoras tradicionais. Outro atrativo interessante é de fazer a terminação para a rede pública em outros países através dos mesmos, o que pode baratear em muito o custo com ligações internacionais. Considero que estas são boas razões para a utilização de voz sobre IP. Nesta sessão você aprenderá a conectar o Asterisk a um provedor VoIP.

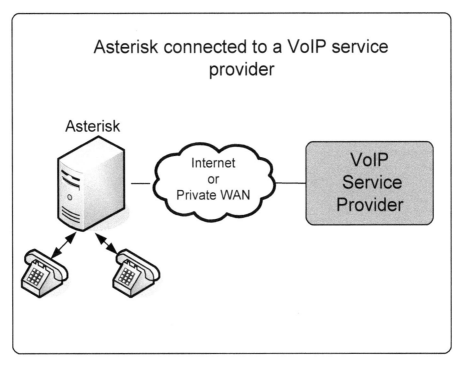

Três passos são necessários para conectar o Asterisk a um provedor SIP. Os testes podem ser realizados com a criação de uma conta no seu provedor favorito.

Passo 1: Fazer o registro no provedor SIP

Para se conectar a um provedor SIP, você vai precisar das seguintes informações do seu provedor.

- Nome do usuário (username)
- Senha de acesso (secret)
- Nome do host (hostname)
- Domínio (domain)
- Codecs permitidos

Esta configurações ira permitir que você localize o endereço IP do seu Asterisk. NA instrução abaixo, você está dizendo ao Asterisk para se registrar em um provedor SIP definido pelo seu hostname ou pelo seu endereço IP. A instrução diz que você vai receber chamadas na extensão 4100.

Na sessão [general] do sip.conf adicione a seguinte linha:

```
register=>username:secret@hostname/4100
```

Passo 2: Configurar o `peer`

Criar uma entrada do tipo [peer] para o provedor para simplificar a discagem no arquivo `sip.conf`. Observe a linha `insecure=very` necessária se você quer receber chamadas do seu provedor sem pedir autenticação.

```
[provider]
context=incoming
type=friend
dtmfmode=rfc2833
directmedia=no
username=username
secret=secret
host=provider's IP
fromuser=username
fromdomain=domain
insecure=invite
disallow=all
allow=ulaw
```

Passo 3: Criar um rota para o provedor no plano de discagem

Nós escolheremos os dígitos `010` para selecionar a rota através do provedor. Para discar para o número `610000` basta discar `010610000`.

```
exten=>_010.,1,Set(CALLERID(Num)=username))
exten=>_010.,n,Set(CALLERID(Name)="Nome do Usuario")
exten=>_010.,n,Dial(SIP/${EXTEN:3}@provedor)
exten=>_010.,n,Hangup
```

Abaixo vamos entrar em detalhes nos parâmetros específicos na conexão a provedores.

```
register=>username:secret@provider/4100
```

O comando `register` na seção [general] do arquivo `sip.conf` é usado para fazer o registro no provedor. Nele é informado o nome e senha do usuário, bem como o provedor e porta UDP. Além disso, no final após a "/" é colocado o ramal para receber chamados deste provedor. Tecnicamente falando este ramal é colocado no campo CONTACT do pacote SIP de forma que o provedor saiba como chamar o Asterisk. Por default este valor é a extensão "s" do contexto definido na seção general.

Os parâmetros de registro podem ser alterados na seção global usando:

```
registertimeout=20
```

Tenta novamente o registro a cada 20 segundos (padrão)

```
registerattempts=10
```

Número de tentativas de registro antes de desistir. Colocando este parâmetro em zero fará o Asterisk tentar para sempre até ele aceitar o registro.

CLI>sip show registry

O comando SIP show registry permite que você veja no console se seu Asterisk se registrou corretamente ao seu provedor.

```
username=username
```

É o nome usado na criação do "digest" de autenticação. O "digest" é um valor computado a partir do username, secret e realm (normalmente o nome do domínio).

```
host=provider
```

Host define o host a ser contatado.

```
fromuser=username
fromdomain=provider
```

Os parâmetros fromuser e fromdomain são, normalmente, necessários para autenticação em provedores de voz sobre IP. Eles são colocados no cabeçalho FROM da requisição SIP.

```
insecure=invite
```

Quando você se conecta a um provedor de voz sobre IP e faz uma ligação, o provedor pede a você suas credenciais. No caso inverso, quando o provedor encaminha uma ligação para o Asterisk, este também pede autenticação do provedor enviando uma mensagem 407 Proxy Authentication Required. É simples de entender que um provedor não poderá ter a senha de acesso para todos os seus clientes Asterisk. Este comando é usado para evitar que o Asterisk envie este tipo de requisição.

Se você usar insecure=invite o Asterisk não pedirá autenticação nas ligações vindas do provedor. Se usar insecure=port, o Asterisk encontrará o [peer] pelo endereço IP não importando a porta. Você pode também combinar os dois com insecure=invite;port.

Conectando dois servidores Asterisk utilizando SIP

Você pode usar o SIP para conectar dois servidores Asterisk. É de suma importância que você tome um cuidado especial com o plano de discagem antes de proceder com estas configurações.

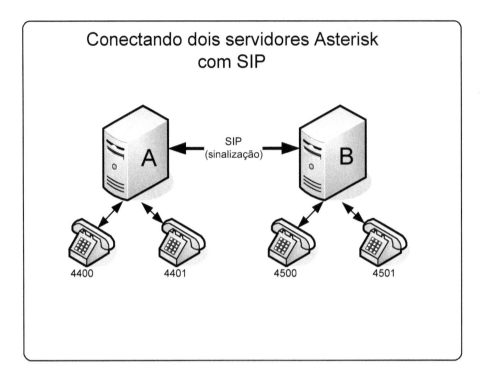

A idéia principal agora é usar um número de ramal para interligar os dois PABXs.

Passo1: Edite o arquivo `sip.conf` no servidor A.

```
[B]
type=user
secret=B
host=A
disallow=all
allow=ulaw
directmedia=no
context=from-sip

[B-out]
type=peer
fromuser=A
username=A
secret=A
host=B
disallow=all
allow=ulaw
directmedia=no
```

Passo 2: Edite o arquivo `sip.conf` no servidor B.

```
[A]
type=user
host=B
secret=A
disallow=all
allow=ulaw
```

```
directmedia=no
context=from-sip

[A-out]
type=peer
host=A
fromuser=B
username=B
secret=B
disallow=all
allow=ulaw
directmedia=no
```

Passo 3: Edite o arquivo `extensions.conf` no servidor A.

```
[from-sip]
exten=_44XX,1,dial(SIP/${EXTEN},20)
exten=_44XX,2,hangup()
exten=_45XX,1,dial(SIP/B-out/${EXTEN})
exten=_45XX,2,hangup()
```

Passo 4: Edite o arquivo `extensions.conf` no servidor B.

```
[from-sip]
exten=_44XX,1,dial(SIP/A-out/${EXTEN})
exten=_44XX,2,hangup()
exten=_45XX,1,dial(SIP/${EXTEN})
exten=_45XX,2,hangup()
```

O suporte do Asterisk a domínios SIP

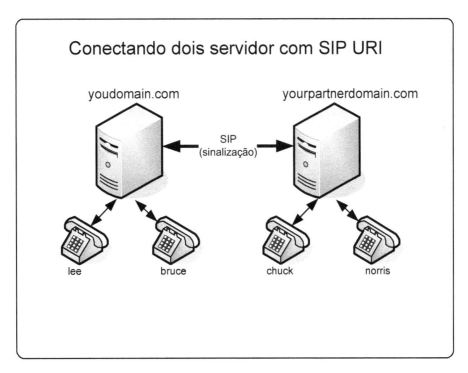

Conectando dois servidor com SIP URI

O SIP segue a arquitetura da Internet, portanto pode fazer uso de resolução de nomes (DNS). O primeiro passo para fazer uso dessa facilidade é configurar os servidores de nomes em questão. Em um ambiente SIP, você pode fazer uma ligação para um usuário localizado abaixo de um SIP Proxy com o uso do SIP URI (Uniform Resource Identifier). Para configurar os servidores DNS você deve adicionar registros dos tipos SRV no seu servidor de nomes. Por exemplo:

named.conf

```
; SIP server/proxy and its backup server/proxy
sip1.yourdomain.com          21600 IN A    200.180.4.169
sip2.yourdomain.com          21600 IN A    200.175.61.150
;
; DNS SRV records for SIP
_sip._udp.yourdomain.com   21600 IN SRV 10 0 5060 sip1.asteriskguide.com.
_sip._udp.yourdomain.com   21600 IN SRV 20 0 5060 sip2.asteriskguide.com.
```

Após ter configurado os servidores DNS você pode fazer uso da URI que aponta para um usuário SIP ou telefone SIP. Uma SIP URI é muito similar a um endereço de e-mail, como por exemplo, chuck@yourpartnerdomain.com. Com o uso do SIP URI não se faz necessário o uso de números de telefones para fazer ligações entre dois clientes SIP. Para ligar para um usuário basta como o mostrado abaixo:

```
exten=4000,1,dial(SIP/chuck@yourpartnerdomain.com)
```

Existem alguns parâmetros para controlar o comportamento da resolução de nomes:

```
srvlookup=yes
```

Este parâmetro habilita as lookups de registros DNS SRV para chamadas de saída. Sem este parâmetro não se faz possível fazer ligações para outros clientes SIP com o uso de registros DNS.

```
allowguest=yes
```

O parâmetro acima permite que um INVITE externo possa ser processado sem autenticação. A chamada é encaminhada para o contexto [general] ou para o contexto relacionado com o domínio.

> Atenção: Se você definir no contexto [general] uma saída para a PSTN um usuário externo poderá fazer uso do seu PABX para sair para a rede pública, e você pagará as tarifas sobre essas ligações. Tome muito cuidado com estes casos.

```
domain=acme.com,default
```

O comando domain permite que você utilize mais de um domínio dentro do mesmo servidor Asterisk. Se uma chamada é originada a partir de um determinado domínio ela é encaminhada para o contexto referente a este domínio.

```
;autodomain=yes
```

O domínio e endereço IP local são incluídos nos domínios permitidos.

```
;allowexternaldomains=no
```

O default é `yes`. Remova o comentário desta linha para desabilitar chamadas para domínios externos.

Configurações Avançadas

Esta seção irá explicar alguns parâmetros avançados de canais SIP como presença SIP, seleção de codecs, opções de DTMF e marcação de pacotes para QoS.

SIP Presence

O sistema de presence SIP é parcialmente implementado no Asterisk. O Asterisk suporta pedidos tais como SUBSCRIBE e NOTIFY dependendo do estado do canal. O Asterisk não suporta o método PUBLISH. Em outras palavras, você pode se inscrever (SUBSCRIBE) para para receber os estados (busy, idle e ringing) de um canal, mas não pode publicar informações como "away" ou "do not disturb". O cenário mais comum para o uso dos recursos de presença é a implantação de BLF (busy lamp field) que traduzindo é a lâmpada de indicação de ocupado. Você pode simular o comportamento de um sistema KS com lâmpadas para cada extensão e tronco.

Parâmetros SIP para presença.

- allowsubscribe=yes: Permite o uso do SUBSCRIBE

- subscribecontext=sip_subscribers: Contexto onde olhar as dicas (hints)

- notifyring=yes: Enviar NOTIFY ao ringar

- notifyhold=yes: Enviar NOTIFY em espera

- counteronpeer (renomeado a partir de limitonpeer para o Asterisk 1.4.x): Aplica um contador apenas do lado peer

- callcounter=yes: Habilita contadores de chamada para o dispositivo

- busylevel=1: Limite para o número de chamadas considerando o dispositivo como ocupado.

Por exemplo:

Passo 1: Testar a presence SIP com o Asterisk não é difícil. Primeiro, vamos configurar os arquivos `sip.conf` e `extensions.conf`.

No arquivo `sip.conf`

```
[general]
bindaddr=0.0.0.0
```

```
bindport=5060
disallow=all
allow=ulaw
allowsubscribe=yes
notifyringing=yes
notifyhold=yes
limitonpeer=yes
counteronpeer=yes
subscribecontext=from-internal

[6000]
type=friend
host=dynamic
context=from-internal
dtmfmode=rfc2833
secret=senha
callcounter=yes
busylevel=1

[6001]
type=friend
host=dynamic
context=from-internal
dtmfmode=rfc2833
secret=senha
callcounter=yes
busylevel=1
```

No arquivo `extensions.conf`

```
[default]
exten=2000,hint,SIP/2000
exten=2001,hint,SIP/2001
exten=_20XX,1,dial(SIP/${EXTEN})
exten=_20XX,n,Hangup()
```

Passo 2: Agora que você configurou a parte de presença SIP, vamos mostrar como configurar o X-LITE.

Sequencia: clique com o direito->SIP Account Settings->Properties->Presence

- Mude o modelo de presença de peer-to-peer para presence-agent que irá fazer com que o softfone se subscreva no Asterisk para receber eventos SIP. (Use o X-Lite versão 3, a versão 4 não suporta o uso de presence-agent).

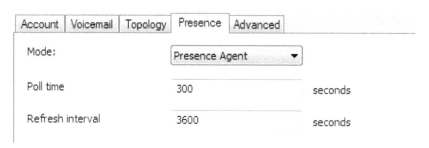

Passo 3: Adicione o contato para outros softfones. Neste exemplo, o X-LITE é a conta 2000, de forma que nós iremos adicionar um contato para a conta 2001.

Sequencia: Abra o painel direito (painel de presença no XLITE)->Clique em Contacts->Adicione um contato

Preencha o nome 2001. Display como 2001 e não esqueça de marcar a caixa "Show this contact's availability:

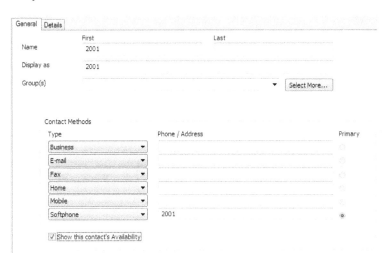

Passo 4: Agora chame a extensão 2001 e verifique o status do painel direito do softfone. Use os comandos de console como `core show hints` para ver o status de presença mudando no servidor e `sip show inuse` para mostrar quantas chamadas você tem em cada linha.

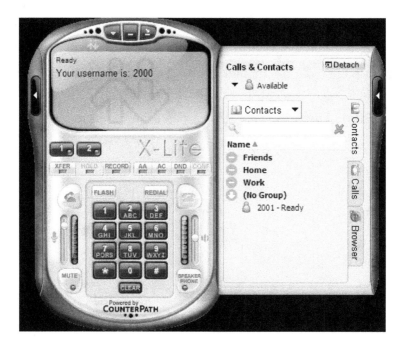

Configuração do codec a ser utilizado

A configuração de codec é simples e direta. Você pode habilitar ou desabilitar use `allow` e `disallow` respectivamente. Na sessão `[general]` ou na sessão `peer` e `user`. Uma boa opção é tomar uma codec como padrão para evitar que seja feita qualquer tradução Use o mesmo codec para as mensagens e vozes do Asterisk.

```
[general]
disallow=all
allow=g729
```

Opções de DTMF

Em diversas ocasiões você necessitará entrar com dígitos, como por exemplo, no menu do correio de voz ou em uma URA (unidade de resposta automática) qualquer. É muito importante que se passe interprete corretamente os sinais DTMF.

O método mais simples para passar o sinal DTMF é chamado de `inband`. Este parâmetro pode ser habilitado na sessão de `peer` e `user` do `sip.conf`. Quando você coloca `dtmfmode=inband` neste arquivo, os tons DTMF serão gerados como um sinal de áudio e trafegarão pelo mesmo caminho que o sinal de voz. Um dos problemas desse método é que alguns codificadores, como por exemplo, o G.729, distorcem os tons DTMF e desta maneira, estes tons acabam não sendo reconhecidos corretamente. Caso você deseje utilizar `dtmfmode=inband` você deverá usar o G.711 como codec usando `allow=ulaw`.

```
dtmfmode=inband
```

Outra maneira é fazer uso do RFC2833. Este padrão permite que se passem os dígitos DTMF como eventos nomeados (named events) nos pacotes RTP. A tabela abaixo mostra a relação entre os eventos e os dígitos DTMF.

Codificação de eventos	
0--9	0--9
*	10
#	11
A-D	15
Flash	16

```
dtmfmode=rfc2833
```

Por último você também pode passar os dígitos DTMF dentro dos pacotes SIP ao invés dos pacotes RTP. Este método é descrito no RFC3265 e também no RFC2976.

```
dtmfmode=info
```

A partir da versão 1.2 do Asterisk é possível se usar o seguinte comando:

```
dtmfmode=auto
```

No qual primeiro é feito a opção pela codificação dos dígitos DTMF dentro dos pacotes RTP e em caso de falha se transmitem os dígitos dentro do sinal de áudio (inband).

Opções de marcação de pacotes para QoS

A priorização de tráfico (QoS) consiste em uma série de algoritmos para dar privilégio a um determinado tipo de tráfico em detrimento de outros, a partir destas técnicas podemos melhorar consideravelmente a qualidade da voz que flui em uma rede IP. Com a implementação de QoS em uma rede podemos diminuir a banda consumida, a latência e o Jitter. As principais funções do QoS são agendamento de pacotes, fragmentação e compressão de cabeçalhos. A priorização de tráfico é implantada nos roteadores e switches de uma rede e não propriamente no Asterisk. Contudo o Asterisk pode ajudar estes dispositivos fazendo a marcação dos pacotes para entrega expressa (express delivery). A marcação é feita com o uso do DSCP (differentiated services code point) que é descrito nos RFCs 2474 e 2475.

```
tos_sip=cs3
tos_audio=ef
tos_video=af41
```

A partir da versão 1.4 você pode definir diferentes códigos para sinalização (SIP), áudio (RTP) e vídeo (RTP).

Autenticação das chamadas SIP

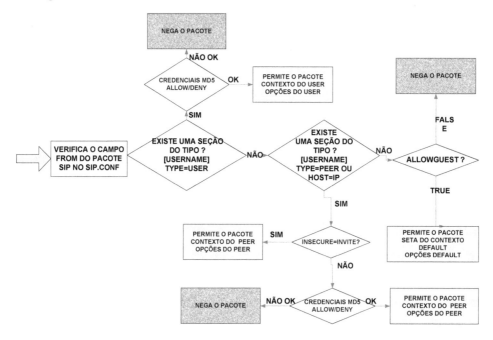

Quando o Asterisk recebe uma chamada SIP ele segue o fluxo mostrado acima. Três parâmetros da seção [general] que controlam a autenticação:

    allowguest=[yes|no]

Este comando controla se um usuário sem um peer correspondente pode se autenticar sem um nome e senha. Este parâmetro foi discutido na sessão sobre suporte a DNS do Asterisk.

    insecure=invite;port

Já discutido acima, impede que o Asterisk crie uma mensagem 407 Proxy Authentication Required.

    autocreatepeer=[yes|no]

O Asterisk identifica um [peer] pelo campo FROM da mensagem SIP. Quando você se conecta a um SIP Proxy é difícil determinar de antemão qual é o peer que deve ser criado. A opção autocreatepeer=yes resolve este problema, mas escancara o Asterisk. Se você fizer isso garanta que ninguém mais pode acessar o Asterisk (porta SIP, UDP 5060) diretamente com exceção do SIP Proxy.

> Cuidado: Use este comando com extremo cuidado pois, um usuário não autenticado poderá fazer ligações para a PSTN sem nenhuma restrição e causará

um prejuízo considerável na sua fatura caso exista uma rota para a mesma na
sessão [general].

```
secret=senha
```

Este parâmetro configura o segredo para a autenticação. Caso você não queira colocar os
segredos para autenticação em um arquivo de texto você poderá fazer uso da diretriz
md5secret para ao invés de usar a senha, utilizar um hash. Para gerar o hash md5 você pode
utilizar o seguinte comando:

```
#echo -n "username:realm:secret" |md5sum
```

E então utilizar a seguinte linha:

```
md5secret=0b0e5d467890....
```

Atenção: Não se esqueça de utilizar o "-n" ("carriage return"), ou ele será
utilizado no cálculo do hash md5.

```
deny=0.0.0.0/0.0.0.0
permit=192.168.1.0/255.255.255.0
```

O primeiro comando não permitirá que nenhum endereço IP faça conexão com o seu servidor
Asterisk, enquanto que no segundo somente será permitida a conexão de UACs com
endereços dentro da rede 192.168.1.0. Como esses comandos são avaliados do topo para
baixo o resultado final é que apenas clientes SIP com endereço dentro da rede local poderão
fazer conexões com o seu Asterisk.

Opções do RTP

É possível que controlar o fluxo RTP através de alguns parâmetros:

```
rtptimeout=60
```

Encerra o fluxo RTP caso não se encontre em atividade por 60 segundos ou não esteja em
"hold".

```
rtpholdtimeout=120
```

Termina qualquer chamada RTP sem atividade por no máximo 120 segundos mesmo que a
mesma se encontre em "hold".

SIP NAT Traversal

A tradução de endereços IP (NAT) tem sido usada pela maioria dos provedores de serviço e
empresas como uma maneira de contornar os problemas da falta de endereços IP.
Normalmente as empresas recebem um pequeno bloco de endereços IP que varia
normalmente de 1 a 255 endereços "válidos". Já os usuários domésticos recebem um
endereço válido dinâmico nos seus roteadores e usam endereços inválidos atrás destes

roteadores. O NAT faz o mapeamento dos endereços internos (inválidos) para endereços públicos externos (validos), o pulo do gato está no fato que este mapeamento pode ser feito de um pra muitos (um endereço válido para muitos endereços inválidos). Este mapeamento é valido por um tempo pré-determinado, após o qual na ausência de tráfego é tal relacionamento é descartado. Este mapeamento faz uso de pares de IPs e portas para relacionar endereços internos com externos. Existem quatro tipos de NAT:

- Full Cone
- Restricted Cone
- Port Restricted Cone
- Symmetric

NAT Full Cone (Cone Completo)

No caso do "Full Cone", o mapeamento é estático de um par ip:porta interno para um par IP:porta externo.Um computador na Internet que queira alcançar um cliente atrás do NAT, precisa apenas saber endereço IP e a porta para fazer a conexão com computador atrás do NAT. Este é o caso de firewalls do tipo non-stateful implementados com o uso de filtros.

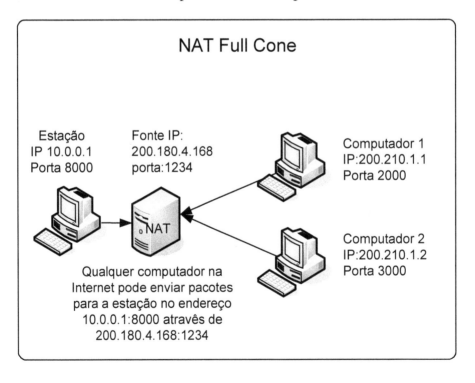

NAT Restricted Cone (Cone Restrito)

No caso de cone restrito, o par ip:Porta externo só é aberto uma vez que o computador interno envie dados para o endereço de destino IP específico. Entretanto no cone restrito o computador fazendo NAT bloqueará qualquer os pacotes com um endereço IP diferente com o mesmo destino ip:porta. Em outras palavras: o computador de dentro do ANT tem que primeiro enviar dados na direção do cliente externo antes que o último possa enviar dados de volta.

NAT Port Restricted Cone (Cone restrito por porta)

Um NAT do tipo "port restricted" é muito semelhante ao "restricted cone". A única diferença é que neste caso é que agora os pacotes que vem da rede externa provém do mesmo par ip:porta que o pacote enviado.

NAT Simétrico

O último tipo de NAT é o simétrico, ele é diferente dos três primeiros. Sua principal diferença é que um mapeamento específico é feito para cada endereço externo, desta maneira, apenas endereço IP específico é permitido de atravessar o NAT. Não é possível prever o par IP:porta que será utilizado pelo servidor responsável pelo NAT. Nas outras modalidades de NAT era possível fazer uso de um computador externo para descobrir o endereço IP externo de comunicação. Com o NAT simétrico, mesmo que você consiga fazer uma conexão com o mundo externo, o endereço descoberto só pode ser usado apenas por este servidor em questão.

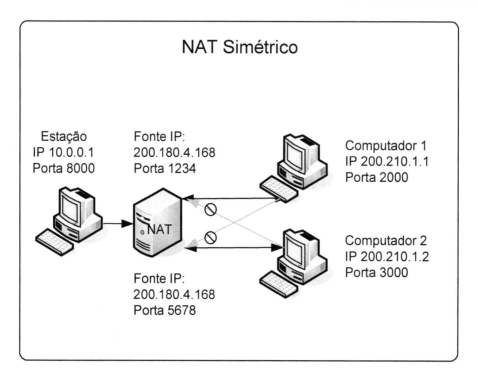

Tabela de firewalls NAT

A seguinte tabela sumariza os três tipos de NAT mostrando as principais semelhanças e diferenças. Preste atenção em particular ao NAT simétrico com relação ao endereço de retorno.

	Precisa enviar dados para abrir a entrada	Porta IP bem determinada para retorno	Restringe a entrada ao endereço IP:Porta do Destino
Full Cone	Não	Sim	Não
Restricted Cone	Sim	Sim	Só o IP
Port Restricted Cone	Sim	Sim	Sim
Simétrico	Sim	Não	Sim

Sinalização SIP e trafego RTP através do NAT

Uma das maiores dificuldades na realização do NAT transversal é que você precisa resolver dois problemas ao mesmo tempo. Paralelamente, você deve cuidar da sinalização (SIP) e do fluxo de voz (RTP). A causa mais comum do áudio unidirecional é relacionada ao uso do NAT.

Uma questão interessante sobre o SIP é que quando o UAC envia um pacote, ele adiciona ao campo CONTACT no cabeçalho o seu endereço IP. Normalmente este é um endereço interno (RFC1918), portanto não pode ser roteado normalmente através da Internet de volta para o UAC. Quando você configura o Asterisk com `nat=yes` no arquivo `sip.conf` você configura o servidor para desprezar o endereço IP contido no campo CONTACT no cabeçalho dos pacotes SIP e a utilizar o endereço IP e porta fonte do cabeçalho do pacote IP.

```
nat=yes
```

Agora se faz necessário manter o mapeamento do NAT aberto. Se o mapeamento é derrubado por timeout o servidor Asterisk não poderá enviar mais um INVITE para o UAC. O cliente poderá fazer chamadas, mas não as receberá. O comando abaixo é utilizado para manter o mapeamento ativo:

```
qualify=yes
```

Tal comando faz com que o servidor envie uma mensagem do tipo OPTIONS em intervalos regulares para manter o mapeamento ativo, desta maneira fazendo com que a conexão não expire por tempo.

Mesmo com a parte da sinalização SIP resolvida, ainda temos a questão de rotear o fluxo RTP de um cliente para outro. Se o NAT é do tipo simétrico não é possível que um UAC envie pacotes diretamente para o outro. Com isto temos que fazer que o tráfego RTP passe pelo servidor Asterisk com o seguinte comando:

```
directmedia=no
```

Estas configurações são apropriadas na grande maioria dos casos. Contudo ainda se pode aperfeiçoar o fluxo do tráfego com a utilização de ferramentas avançadas como o STUN (Simple Traversal of UDP over Nat), o qual é muito útil no caso da utilização de mapeamentos do tipo "full cone", "restricted cone", "port restricted" e ainda quando trata-se com gateways de aplicação (ALG – application layer gateway).

Com a utilização dessas técnicas você não precisará fazer nenhuma configuração especial no seu Asterisk para que o mesmo possa se comunicar com o mundo fora do NAT. Em casos onde você tem clientes usando STUN e ALG, pode ser um desperdício de banda passante forçar o fluxo de áudio através do Asterisk. Um parâmetro nem tão recente permite esta configuração.

```
directmedia=nonat
```

Com a diretriz acima, o Asterisk forçará o tráfego de áudio através do Asterisk quando ele estiver atrás de NAT. No caso de ALG e STUN, o cliente aparece para o Asterisk como se estivesse diretamente conectado na Internet. Neste caso, o Asterisk irá detectar esta situação e enviar o fluxo de áudio diretamente para o destino como se o parâmetro `directmedia` estivesse configurado para `yes`.

Asterisk atrás de NAT

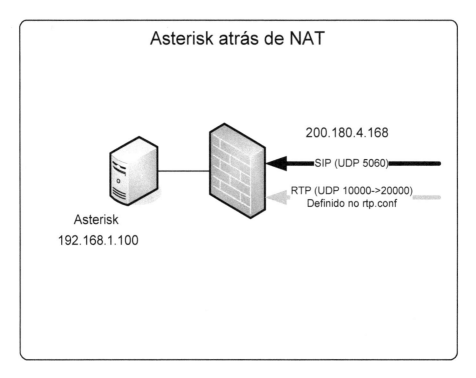

Os exemplos anteriormente assumem que o servidor Asterisk tenha um endereço IP externo (válido). Entretanto algumas vezes o servidor Asterisk se encontra atrás de um firewall que faz uso de NAT. Neste caso se fazem necessárias algumas configurações adicionais.

Passo 1: Configure o firewall para redirecionar estaticamente a porta UDP 5060 para a porta UDP 5060 do servidor Asterisk.

Passo 2: Configure o firewall para redirecionar estaticamente as portas UDP 10000 a 20000 padrão servidor Asterisk. Caso você queira restringir o número de portas abertas no servidor, você pode editar o arquivo rtp.conf para alterar a faixa de portas que o Asterisk utilizará. Outra maneira seria fazer uso de um firewall com suporte a SIP para abrir dinamicamente as portas utilizadas pelo RTP.

```
; RTP Configuration
;
[general]
;
; RTP start and RTP end configure start and end addresses
;
rtpstart=10000
rtpend=20000
```

Passo 3: Configure o servidor Asterisk para incluir o endereço externo nos campos do cabeçalho dos pacotes SIP e também dos do SDP. Você realiza isto alterando as seguintes linhas no arquivo `sip.conf`.

```
externip=200.180.4.168     ;External IP address
localnet=192.168.1.0/255.255.255.0     ;Internal Network Address
```

O primeiro parâmetro `externip` faz com que o Asterisk incluía o endereço IP dentro dos cabeçalhos dos pacotes SIP com destino à rede externa. O segundo comando mostra para o Asterisk qual é a rede interna, para que desta maneira o mesmo pode fazer a distinção entre a rede interna (privada) e externa (Internet).

Limitações do SIP

O Asterisk usa a entrada do fluxo RTP como fonte de sincronização de tempo para enviar o seu fluxo RTP de saída. Se o fluxo de entrada é interrompido devido a supressão de silêncio então a música em espera terá cortes. Em resumo, **você não pode usar supressão de silencio em telefones SIP**.

Textos de discagem utilizados com o SIP

Você pode realizar uma chamada para um cliente SIP de diversas maneiras. Pode ser usada uma das seguintes sintaxes, também conhecidas como "dial strings".

```
SIP/dispositivo       ; É preciso ter um peer definido no sip.conf
SIP/dispositivo/extensão
NewSIP/dispositivo/extensão/IPouHost
SIP/flavio@voffice.com.br  ; Pela URI
NewSIP/flavio@voffice.com.br/IPouHost
SIP/username[:password[:md5secret[:authname[:transport]]]]@host[:port]
```

Na versão 1.8 foi adicionado o IP ou host na terceira /. Isto permite especificar um domínio e depois o IP como outbound proxy.

Exemplos:

```
exten=>s,1,Dial(SIP/ipphone)
exten=>s,1,Dial(SIP/info@voffice.com.br)
exten=>s,1,Dial(SIP/192.168.1.8:5060,20)
exten=>s,1,Dial(SIP/8500@sip.com:9876)
exten=>s,1,Dial(SIP/info@voffice.com.br/192.168.1.1)
```

O novo canal PJSIP

O novo driver SIP do Asterisk é baseado em uma pilha SIP de mercado conhecida como PJSIP. Ela é usada em diversos softphones e produtos de telefonia. A principal razão para que o novo canal fosse criado, foi permitir um melhor crescimento futuro. O canal chan_sip apesar de ser muito bom, foi criado em 2002 quando o padrão SIP estava só começando. Ao invés de criar um canal único, o novo SIP foi criado em diversos módulos e bibliotecas que vão permitir novas funcionalidades. O resultado final é melhor escalabilidade, flexibilidade e maior facilidade no desenvolvimento de novos recursos.

A primeira impressão com o PJSIP é que, apesar de ele ser um pouco mais burocrático para configurar, ele permite recursos que o chan_sip não permitia, como por exemplo: Fazer a ligação das placas de rede individualmente, o canal antigo era tudo ou nada. No caso dos telefones passa a ser permitido agora que se tenha mais de um dispositivo registrado ao mesmo tempo. Se nestes dois recursos já acredito que o PJSIP é superior, mas ainda vai um tempo para ganhar a confiança e a credibilidade necessárias para substituir o chan_sip em produção.

Instalando a biblioteca PJSIP

Para instalar o novo canal você precisa instalar o **pjproject**. Reserve algum tempo, pois é um pacote grande. A Digium e a Tellus estão trabalhando para ter o pjsip integrado na instalação do Asterisk. Siga as instruções abaixo para instalar o PJSIP.

```
yum install git
git clone https://github.com/asterisk/pjproject pjproject
cd pjproject
./configure --prefix=/usr --enable-shared --disable-sound --disable-resample --disable-video --disable-opencore-amr --libdir=/usr/lib64 CFLAGS='-DPJ_HAS_IPV6=1'
make dep
make
make install
ldconfig
```

Ë possível ver todas as opções de configuração da pilha usando

```
./configure --help
```

Recompilando o Asterisk com o chan_pjsip

Para recompilar o Asterisk você terá de reconfigurar e selecionar os módulos relacionados ao PJSIP.

```
cd /usr/src/asterisk-12.0.0
make clean
./configure
make menuselect
make
make install
```

Selecione se já não estiver selecional o chan_pjsip e também os "Resource Modules" relacionados ao PJSIP. Veja as figuras abaixo:

Canal **chan_pjsip**

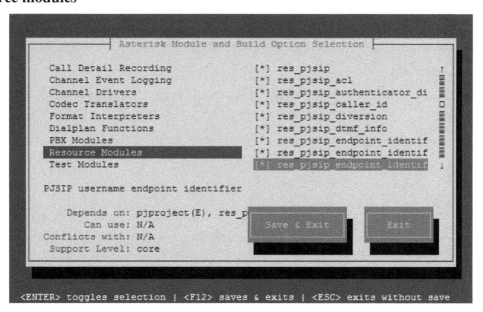

Resource modules

Configuração do canal PJSIP

Para configurar o canal PJSIP é necessária descrever vários objetos. Como eu já mencionei é um pouco mais burocrático. Abaixo segue uma receita passo a passo dos dois cenários mais comuns, configuração de ramais e configuração de um provedor SIP.

Configuração de ramais

Para configurar os ramais usando o novo canal PJSIP, siga os passos abaixo.

Passo 1: No arquivo pjsip.conf, defina o transporte que será usado pelos ramais.

```
[transport-udp]
type=transport
protocol=udp
bind=0.0.0.0:5061
```

Observe que eu usei a port 5061 para o canal PJSIP de forma a evita um conflito com o canal existente SIP. Não se esqueça de liberar a porta 5061 no iptables. No CentOS 6.5 todas as portas vem bloqueadas. Já perdi algum tempo com isso.

Passo 2: Defina o enpoint criando três objetos, o enpoint propriamente dito, sua autenticação e os endereços de registro. O AOR é a tabela de localização dos usuários, você pode deixar que o usuário se registre e informe o contato ou pode especificar o contato na seção AOR.

```
[6005]
type=endpoint
transport=transport-udp
context=from-internal
disallow=all
allow=ulaw
allow=gsm
auth=6005
aors=6005
direct_media=no
rtp_symmetric=yes
force_rport=yes
ice_support=yes    ;This is specific to clients that support NAT traversal

[6005]
type=auth
auth_type=userpass
password=6005
username=6005

[6005]
type=aor
max_contacts=2
;contact=sip:6001@192.0.2.1:5060
```

Passo 3: Repita o passo 2 para o ramal 6006

Passo 4: No arquivo extensions.conf adicione a discagem para os ramais no contexto [from-internal].

```
exten=>6005,1,dial(PJSIP/6005,20)
exten=>6006,1,dial(PJSIP/6006,20)
```

Passo 5: Registre um softfone ou telefone IP no ramal 6005 e outro no 6006. Disque entre eles e verifique se as chamadas estão completando corretamente.

Configuração de um provedor usando PJSIP

Para configurar um provedor vamos supor o caso mais comum, que o nosso Asterisk está atrás de NAT. Desta forma vamos precisar incrementar o transporte do forma a usar os endereços externos quando a rede não for 192.168. Siga o passo a passo para configurar um provedor.

Para configurar um provedor é preciso definir um objeto para registrar no provedor. Este objeto do ripo registration possui dois objetos associados, autenticação e transporte. Você precisa criar o objeto registration se você quiser receber chamadas. As chamadas serão recebidas na extensão s no contexto do endpoint.

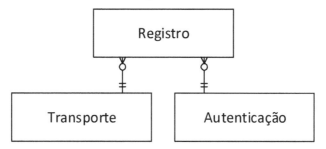

Passo 1. Configure o transporte para o provedor.

```
[transport-udp]
type=transport
protocol=udp
bind=0.0.0.0:5061
local_net=192.168.0.0/16
external_media_address=189.34.4.73
external_signaling_address=189.34.4.73
```

Definimos os endereços de sinalização e mídia externos e por fim o parâmetro local_net para permitir ao servidor diferenciar quando o usar o endereço externo e interno. Semelhante ao que fazíamos no chan_sip.

Passo 2: Definir a autenticação

```
[mytrunk_auth]
type=auth
auth_type=userpass
password=600000
username=600000
realm=asteriskguide.com.br
```

Passo 3: Configurar o registro SIP

Na configuração do tronco especificamos o tipo de transporte, e o tipo de autenticação.

```
[mytrunk]
type=registration
transport=transport-udp ; Usamos o transporte definido na seção anterior
outbound_auth=mytrunk_auth
```

```
server_uri=sip:sippulse.com
client_uri=sip:600000@sippulse.com
retry_interval=60
forbidden_retry_interval=600
expiration=3600
```

Passo 4: Definindo um endpoint para enviar as chamadas SIP.

A definição de um endpoint no PJSIP pode ser bastante confusa. Abaixo o modelo de relacionamento dos objetos qu definem um endpoint.

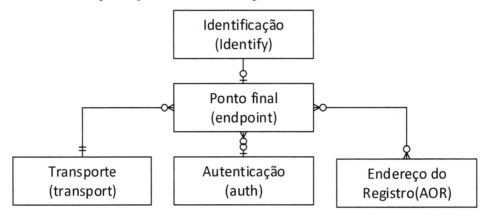

Se você quiser enviar chamadas terá de definir um endpoint. O endpoint possui três objetos associados, um objeto autenticação que possui as credenciais de autenticação no provedor. Um objeto AOR (Address of Record) que define o campo `Contact:` a ser enviado. Um objeto identify que permite identificar chamadas vindas do provedor. Veja abaixo o exemplo dos objetos definidos.

```
[mytrunk]
type=identify
endpoint=mytrunk
match=54.232.95.0

[mytrunk_auth]
type=auth
auth_type=userpass
password=600000
username=600000

[mytrunk]
type=aor

[mytrunk]
type=endpoint
transport=transport-udp
context=from-external
outbound_proxy=sip:54.232.95.0:9060
disallow=all
allow=ulaw
from_user=600000
from_domain=demo.sippulse.com
outbound_auth=mytrunk_auth
aors=mytrunk
```

```
force_rport=yes
direct_media=no
ice_support=yes
```

Comandos usados no troubleshooting do PJSIP

Depois de configurar você pode usar uma série de comandos para verificar a configuração do PJSIP

Este comando mostra os endpoints no Sistema, se você especificar um endpoint específico ele mostrará detalhadamente a configuração daquele endpoint.

```
CLI>pjsip show endpoint, endpoints
```

Ex: pjsip show endpoints

```
<Endpoint/CID.......................................>
<State.....>   <Channels.>
    I/OAuth:
<AuthId/UserName...................................
...>
       Aor:                <Aor........................>
<MaxContact>
     Contact:              <Aor/ContactUri.............>
<Status....>   <RTT(ms)..>
     Channel:              <ChannelId..................>
<State.....>   <Time(sec)>
       Codec:    <Codec>     Exten:  <DialedExten..........>    CLCID:
<ConnectedLineCID.......>


==========================================================
==================

 6005                                                          Not in
use    0 of inf
    InAuth:  6005/6005
       Aor:  6005                                             2
    Contact:   6005/sip:6005@192.168.255.1:22258;rinstance=4de  Unknown
nan
 6006                                                          Invalid
0 of inf
    InAuth:  6006/6006
       Aor:  6006                                             2
 mytrunk                                                       Invalid
0 of inf
    OutAuth:  mytrunk_auth/600000
       Aor:  mytrunk                                          0
```

Se você decider mostrar um endpoint espcifico pode usar:

```
CLI> pjsip show endpoint 6005
```

```
 6005                            Not in use   0 of inf
    InAuth:  6005/6005
       Aor:  6005                         2
```

```
      Contact:         6005/sip:6005@192.168.255.1:22258;rinstance=4de        Unknown
nan

ParameterName              : ParameterValue
==========================================================
100rel                     : yes
aggregate_mwi                : true
allow                      : (gsm|ulaw)
allow_subscribe              : true
allow_transfer               : true
aors                       : 6005
auth                       : 6005
...
```

Use pjsip ? para experimentar todos os commandos disponíveis para este tipo de canal.

Habilitando o debug no PJSIP

Para habilitar o debug no PJSIP você pode usar:

CLI>pjsip set logger on

Ele vai mostrar os pacotes SIP entrando e sainda do sistema. Para desabilitar use off ao invés de on.

Como discar usando o PJSIP

Para discar para o seu provedor você pode usar uma das especificações de discagem do PJSIP. Exemplo:

```
exten=>_2.,1,dial(PJSIP/mytrunk/sip:${EXTEN:1}@demo.sippulse.com,20)
```

No comando acima estamos dizendo para mandar para o provedor mytrunk tudo que for discado após o 2. Existem outras forma de discagem com o PJSIP como mostrado abaixo:

```
exten => _2.,1,Dial(PJSIP/${EXTEN:1})
exten => _2.,1,Dial(PJSIP/mytrunk/sip:${EXTEN:1}@x.y.z.w)
exten => _2.,1,Dial(PJSIP/${EXTEN:1}@mytrunk)
```

Convertendo o arquivo sip.conf para pjsip.conf

Um utilitário de conversão básica de sip.conf para pjsip.conf foi criado em python para ajudar na tarefa de migração do canal chan_sip para pjsip Para usá-lo siga as instruções abaixo:

Entre no diretório:

```
cd /usr/src/asterisk-12.0.0/contrib/scripts/sip_to_pjsip
./sip_to_pjsip.py /etc/asterisk/sip.conf pjsip.conf
```

No arquivo pjsip.conf você encontrará o arquivo convertido para o novo formato.

Resumo

Neste capítulo você aprendeu a utilizar o protocolo SIP para interconectar dois servidores Asterisk, fazer o registro de um telefone SIP no seu Asterisk e o registro do Asterisk em um provedor VoIP. Além disto, também foi visto como operar um servidor Asterisk atrás de um firewall com NAT. Algumas instruções de debug de linha de comando do SIP foram apresentados de forma que você possa fazer o diagnóstico básico de problemas com o SIP. O SIP agora possui dois tipos de canal chan_sip e pjsip. Minha recomendação por enquanto é continuar usando o chan_sip. O PJSIP apesar de ser muito promissor, ainda é muito recente e pouco testado em ambientes de produção.

Questionário

1. O SIP é um protocolo do tipo texto similar ao _____ e _____.

☐ IAX

☐ HTTP

☐ H323

☐ SMTP

2. O SIP pode ter sessões do tipo: (marque todos que se aplicam)

☐ Voz

☐ Correio Eletrônico

☐ Vídeo

☐ Chat

☐ Jogos

3. Podemos citar como componentes do SIP o: (marque todos que se aplicam)

☐ User Agent

☐ Media gateway

☐ PSTN Server

☐ Proxy Server

☐ Registrar Server

4. Antes que um telefone possa receber chamados, ele precisa se _____.

5. O SIP pode operar em modo PROXY e modo REDIRECT, a diferença entre eles é que no caso do PROXY a sinalização sempre passa pelo computador intermediário (SIP Proxy) enquanto no modo REDIRECT os clientes sinalizam diretamente.

☐ Correto

☐ Incorreto

6. No modo PROXY o fluxo de mídia e a sinalização passam pelo "SIP Proxy" e não diretamente de um cliente para o outro.

☐ Correto

☐ Incorreto

7. O Asterisk atua como um SIP Proxy.

☐ Correto

☐ Incorreto

8. A opção `directmedia=yes/no` é de importância fundamental, pois vai definir se o fluxo de mídia vai passar pelo Asterisk ou não. A afirmação está:

☐ Correta

☐ Incorreta

9. O Asterisk suporta sem problemas supressão de silêncio em canais SIP. A afirmação está:

☐ Correta

☐ Incorreta

10. O tipo mais difícil de NAT para transpor é o:

☐ Full Cone

☐ Restricted Cone

☐ Port Restricted Cone

☐ Simétrico

9

Recursos avançados do plano de discagem

No capítulo 3, nós discutimos o básico do plano de discagem. O objetivo era de dar uma visão geral da configuração do sistema antes de se aprofundar em tópicos mais avançados. Este capítulo irá abordar em profundidade o plano de discagem descrevendo técnicas avançadas, novas aplicações e novos conceitos.

Objetivos

Ao final deste capítulo, você deve estar apto à:

- Simplificar as linhas de extensão
- Resolver problemas de segurança no plano de discagem e filtragem de extensões
- Receber chamadas usando um menu de URA
- Usar macros para evitar reescrever comandos
- Implementar segurança no plano de discagem usando o include
- Implementar o siga-me usando o AsteriskDB
- Implementar horário noturno no seu PBX
- Usar o comando switch para transferir para outro PABX
- Usar o gerenciador de privacidade
- Implementar o correio de voz
- Implementar um diretório corporativo

Simplificando o seu plano de discagem

Este é um novo recurso disponível a paritr do Asterisk 1.6.2. Você pode simplificar o seu plano de discagem usando a palavra-chave "same" para definir uma extensão. Isto permite reduzir o número de erros de digitação no plano de discagem. Veja o exemplo abaixo:

```
exten => 4000,1,NoOp()
same  =>       n,Dial(SIP/005C2B313E22)
```

Segurança do plano de discagem

Uma vulnerabilidade foi recentemente descoberta no plano de discagem do Asterisk[5]. Esta vulnerabilidade permite que um usuário injete um novo canal e número no plano de discagem. Vamos supor que você tenha a seguinte linha no plano de discagem de seu servidor. `exten=>_X.,1,dial(SIP/${EXTEN})` e um usuário mal intencionado disque número `3000&DAHDI/1/011551123456789` em um softphone. O protocolo SIP por default aceita caracteres alfanuméricos de forma que a extensão discada irá realmente disparar duas chamadas. A primeiro para o canal SIP/3000 e a outra para o canal DAHDI/011551123456789, que é um número internacional. Deste modo, qualquer usuário com acesso a uma extensão pode discar para qualquer lugar no mundo, mesmo não estando autorizado.

A maneira mais simples de evitar este comportamento é filtrar a extensão permitindo apenas números antes de discar. Para isto usamos a função FILTER().

Exemplo:

```
exten=>_X.,1,DIAL(SIP/${FILTER(0-9,${EXTEN})})
```

A aplicação filter irá permitir que você filtre todos os caracteres do número discado, exceto pelos números 0 e 9. Mais informações podem ser vistas no arquivo README-SERIOUSLY.bestpractices.txt disponível no código fonte do Asterisk.

Recepção de chamadas com uma URA

No último capítulo as chamadas foram recebidas com DDR ou através de uma telefonista. Agora vamos criar uma URA e implantar o serviço de auto-atendimento. Mas primeiro precisamos nos tornar familiares com algumas aplicações:

- background
- record
- playback
- read
- gotoif

Você pode obter a descrição destas aplicações no console do Asterisk com o comando `core show application nomedaaplicação`. Agora vamos descrever brevemente estes comandos.

A aplicação background()

Esta aplicação reproduzirá um dado número de arquivos enquanto se espera que a extensão de origem faça uma chamada. Para continuar aguardando por dígitos após a aplicação ter

---

[5] http://downloads.asterisk.org/pub/security/AST-2010-002.pdf

acabado de reproduzir os arquivos o comando `waitexten()` deve ser usado. A sintaxe desta aplicação é a seguinte:

```
background(filename1[&filename2...][|options][|overridelang][|context])
```

O parâmetro `overridelang` dita qual deve ser o idioma a ser usado na reprodução dos arquivos. Caso seja especificado um contexto será utilizado o plano de discagem do mesmo quando dá chamada para a extensão. Caso um dos arquivos passados como argumento não sejam encontrados o processamento da chamada será encerrado. Opções:

- s – Não reproduz o arquivo caso o canal não esteja no estado `up` (ex.: ainda não foi atendido). Caso isto ocorra, a aplicação retornará imediatamente;
- n – Não atende o canal antes de reproduzir os arquivos;
- m – Encerra a aplicação caso se digite o número de uma extensão de um dígito do contexto de destino.

A aplicação record()

Esta aplicação gravará o áudio de um canal para um dado arquivo. Caso o arquivo já exista o mesmo será sobrescrito. Esta aplicação tem esta sintaxe:

```
record(filename.format|silence[|maxduration][|options])
```

Onde `format` corresponde ao formato do arquivo a ser gravado, `silence` é o tempo de silêncio, em segundos, antes que a aplicação retorne e `maxduration` é o tempo máximo de gravação. As opções deste comando são:

- a – Ao invés de sobrescrever o arquivo a gravação é concatenada no final do mesmo;
- n – Não atende, mas faz a gravação do mesmo assim caso a linha não seja atendida;
- q – Não emite o tom de bip para o começo da gravação;
- s – Não faz a gravação caso a linha ainda não tenha sido atendida;
- t – Usa o tom DTMF * como terminação ao invés do padrão #;
- x – Ignora qualquer tom de terminação e continua gravando até que o canal seja encerrado.

Caso seja colocado %d no nome do arquivo, estes caracteres serão substituídos por um número seqüencial cada vez que ocorrer uma gravação. Para saber quais são os formatos de arquivo suportados, basta executar o comando `core show file formats` na console. Por padrão o usuário pode pressionar enviar o tom # caso queira encerrar a gravação, este comportamento pode ser alterado em função das opções selecionadas. Se a opção `x` não for selecionada e o usuário fizer a desconexão antes de enviar o tom de terminação, a gravação será perdida.

A aplicação playback()

Esta aplicação reproduz um arquivo e toma a seguinte sintaxe:

```
playback(filename1[&filename2...][|option])
```

O nome do arquivo não inclui a sua extensão. As opções que este comando tem são:

- skip – Reproduz o arquivo caso o canal tenha sido atendido, caso contrário a aplicação termina imediatamente;
- noanswer – Reproduz o arquivo antes mesmo de atender o canal (canal o mesmo já não tenha sido atendido). Nem todos os canais suportam a reprodução de áudio no estado on-hook.

Após o seu termino essa aplicação atribui "SUCCESS" ou "FAILED" a variável de canal "PLAYBACKSTATUS".

A aplicação read()

Este comando atribui a uma determinada variável um número de dígitos enviados pelo usuário. Sua sintaxe é a seguinte:

```
read(varname[|filename][|maxdigits][|option][|atempts][|timeout])
```
Os parâmetros desta função são os seguintes:

- varname – Variável a ser preenchida;
- filename – Arquivo reproduzido antes de receber os dígitos ou tom com a opção "i";
- maxdigits – Número máximos de dígitos a serem recebidos, quando este número é atingido a aplicação interrompe a captura, sem a necessidade de se enviar o "#". O padrão é que 0 (sem limite) os dígitos serão capturados até que o usuário envia o tom "#". Seu valor máximo é 255;
- As opções possíveis são:
  - s – Faz com que a aplicação termine imediatamente caso a linha não esteja ativa;
  - i – Reproduz o arquivo como uma mensagem de aviso do seu indications.conf;
  - n – Recebe os dígitos mesmo que a linha não esteja ativa.
- atempts – Caso este parâmetro seja maior que 1, representará o número de tentativas feitas até que algum tom seja enviado;
- timeout – Um número inteiro de segundos para esperar pela entrada do usuário. Caso este parâmetro seja maior que zero o mesmo sobrescreverá o valor padrão.

Caso ocorra o timeout ou a aplicação feita falhe o canal será encerrado.

A aplicação gotoif()

É um goto() condicional, com a seguinte sintaxe:

```
gotoif(condição?[rotuloEmCasoVerdadeiro]:[rotuloEmCasoFalso])
```
Caso a condição seja avaliada como verdadeira o plano de discagem pulará para o primeiro rotulo, caso contrário para o segundo. Os rótulos são especificados da mesma maneira que é

feito para o `goto`. Caso um dos rótulos seja omitido, o plano de discagem não realizará o salto e continuará com a execução da próxima prioridade.

Configurações de timeout importantes

Dois parâmetros controlam o timeout em uma URA, eles podem ser manipulados com os seguintes comandos:

```
Set(TIMEOUT(digit)=segundos)
Set(TIMEOUT(response)=segundos)
```

O primeiro controla o timeout entre os dígitos passados e o segundo controla o timeout da resposta inteira.

Laboratório – Criando uma URA passo a passo

Vamos criar uma URA que reproduzirá a seguinte mensagem: Bem vindo a XYZ, disque 1 para vendas, 2 para suporte técnico, 3 para treinamento ou espera para falar com um de nossos atendentes. Quando o dígito se recebe um dígito a ligação é encaminhada da seguinte maneira:

- No caso da recepção do dígito 1 - A ligação é encaminhada para o departamento de vendas, no canal `SIP/4001`;

- No caso da recepção do dígito 2 - A ligação é encaminhada para o departamento de suporte técnico, no canal `SIP/4002`;

- No caso da recepção do dígito 3 - A ligação é encaminhada para o departamento de treinamento, no canal `SIP/4003`;

- Caso nenhum dígito seja enviado – A ligação é encaminhada para o atendente no canal `SIP/4000`.

Para tanto vamos seguir os seguintes passos:

Passo 1: Gravação das mensagens de voz (prompts)

Primeiro vamos criar uma extensão para gravarmos as mensagens de voz. Para gravar uma mensagem de voz disque para o número `9500nomedoarquivo`. Após o bip você pode iniciar a gravação, quando encerrar a gravação você pode pressionar o `#`, assim você ouvirá outro bip e a mensagem que você acabou de gravar. Esta extensão é implantada com os seguintes comandos:

```
exten=_9005.,1,answer()
exten=_9005.,n,record(${EXTEN:4}.wav||5|t)
exten=_9005.,n,playback(${EXTEN:4})
exten=_9005.,n,hangup()
```

Passo 2: Criação da lógica do menu

A lógica do menu é criada com os seguintes comandos:

```
exten=9004,1,goto(menu,s,1)
```

```
[menu]
exten=s,1,background(mainmenu)
exten=1,1,goto(vendas,s,1)
exten=2,1,goto(suporte,s,1)
exten=3,1,goto(treinamento,s,1)
exten=i,1,dial(${OPERATOR}) ; tratar os dígitos fora do menu
exten=t,1,dial(${OPERATOR}) ; tratar o timeout
[vendas]
exten=s,1,dial(SIP/4001,20,t)
[suporte]
exten=s,1,dial(SIP/4002,20,t)
[treinamento]
exten=s,1,dial(SIP/4003,20,t)
```

Sendo que a extensão de entrada na URA é a 9004.

Processo "encontra enquanto você disca".

Agora vamos implantar um URA para a recepção de chamadas. A aplicação background lê o contexto atual e define o número máximo de dígitos para cada combinação possível. A implantação é feita com os seguintes comandos:

```
[entrada]
exten=>s,1,background(welcome)
exten=>1,1,dial(DAHDI/1)
exten=>2,1,dial(DAHDI/2)
exten=>21,1,dial(DAHDI/3)
exten=>22,1,dial(DAHDI/4)
exten=>31,1,dial(DAHDI/5)
exten=>32,1,dial(DAHDI/6)
```

Quando você entra no contexto [entrada] a mensagem de boas vindas é reproduzida e após isso o Asterisk espera que algum dígito seja pressionado.

Número Discado	Ação do Asterisk
1	Chama o canal DAHDI/1
2	Espera pelo timeout, então chama o canal DAHDI/2
21	Chama o canal DAHDI/3
22	Chama o canal DAHDI/4
3	Espero pelo timeout e então encerra a chamada
31	Chama o canal DAHDI/5
32	Chama o canal DAHDI/6
4	Encerra a chamada

É importante evitar ambigüidade nos menus. Todos querem ser atendidos o mais rápido possível, por esta razão você não deverá fazer uso dos números 2, 21 e 22.

Utilização da aplicação read()

Use o bloco de comandos abaixo e observe os resultados.

```
exten=9005,1,read(test|1)
exten=9005,n,gotoif($[${test}=1]?one:other)
exten=9005,n,hangup()
exten=9005,n(one),playback(tt-weasels)
exten=9005,n,hangup()
exten=9005,n(other),playback(tt-monkeys)
```

```
exten=9005,n,hangup()
```

Inclusão de contextos

Um contexto de extensões pode incluir o conteúdo de outro.

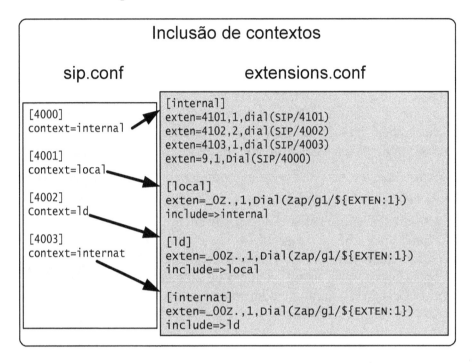

No exemplo acima qualquer canal pode ligar para qualquer extensão no contexto [internal], entretanto apenas o canal 4003 pode fazer ligações internacionais. Com o uso do include a criação de planos de discagem fica facilitada. Desta maneira você pode controlar quais canais tem acesso à quais extensões. Entretanto é bom tomar alguns cuidados básicos, algumas regras importantes são:

- Um canal pode fazer ligações apenas para outros números que estejam no seu mesmo contexto

- O contexto na qual a chamada é processada é definido no canal entrante (chan_dahdi.conf,iax.conf,sip.conf)

Contexto default

```
Extensão            Descrição
4101                João da Silva
4102                Jose da Silva
0                   Telefonista
```

Contexto local

```
      Extensão            Descrição
      _9NXXXXXX           Chamadas locais
      include=>           "default"
```

Contexto `ld`

```
      Extensão            Descrição
      _91NXXNXXXXX Chamadas de longa distância
      include=> "local"
```

Aqui nós definimos três extensões:

O contexto default permite discar três extensões: João, José e a telefonista. O contexto local tem um padrão de extensões para permitir a discagem de números de sete dígitos (chamadas locais). O contexto `ld` tem um padrão de extensões para permitir uma discagem de longa distância, e ele também inclui o contexto `local`, deste modo permitindo ao usuário fazer chamadas locais e também discar as extensões de João, José ou a telefonista.

Usando contextos de extensão você pode cuidadosamente controlar quem tem acesso aos serviços de discagem

Quando o Asterisk recebe uma chamada de entrada em um canal, o Asterisk olha no contexto definido pelo canal por comandos dizendo ao Asterisk o que ele deveria fazer. O contexto define diferentes conjuntos de comandos dependendo de que extensão o usuário discou. Por exemplo, o contexto pode prover um conjunto de comandos para definir o que fazer se o usuário discou `123` e outro conjunto de comandos se o usuário discou `9` e outro se o usuário discou qualquer número iniciando com `555`.

Para cada contexto, você deve definir uma ou mais extensões. O Asterisk as usa para comparar contra o número discado. Para cada extensão, você diz ao Asterisk o que fazer listando um conjunto de comandos.

Encaminhar chamadas para outro servidor Asterisk

Você pode encaminhar o plano de discagem para outro servidor Asterisk com o uso do comando "switch", o qual tem a seguinte sintaxe:

```
      [iaxprovider]
      switch=>IAX2/user:[key]@server/context
```

Especifica o encaminhamento para outro servidor. O usuário e chave precisam ser definidos no arquivo `iax.conf` de servidor que é chamado. O contexto é o contexto no servidor de destino.

Ordem de processamento do plano de discagem

A ordem que o Asterisk segue para processar uma chamada é a seguinte:

1. Um casamento exato em função do número discado e do `callerID`;

2. Um casamento exato em função apenas do número discado;

3. Algum padrão que se encaixe com o número discado;

4. Um contexto que tenha o comando `switch`;

5. Um contexto que tenha sido incluído com `include`

Em alguns casos, mais de um padrão casa com o número chamado, desta maneira o Asterisk poderá não fazer o processamento da chamada como você acha que ele deveria fazê-lo. Para ver a ordem de processamento do seu plano de discagem basta executar o comando `dialplan show` no console do servidor.

Exemplo:

Suponha que você queira discar `912` para encaminhar um tronco analógico `DAHDI/1` e encaminhar todos os outros números discados que comecem com `9` para o canal `DAHDI/2`. Assim você poderá usar algo como:

```
[exemplo]
exten=>_912.,1,Dial(DAHDI/1/${EXTEN})
exten=>_9.,1,Dial(DAHDI/2/${EXTEN})
```

> **Nota:** Caso mais de um padrão se encaixe com a extensão, os padrões dentro do mesmo contexto são processados antes daqueles incluídos com o comando `include`

O comando #INCLUDE

Um arquivo grande ou vários arquivos pequenos?

Com a instrução `#include <nome do arquivo>` no `extensions.conf`, outros arquivos são incluídos. Desta forma você pode configurar o sistema onde o `extensions.conf` é o arquivo principal, `users.conf` contêm os usuários locais, `services.conf` contém os serviços. Desta forma o plano de discagem pode ser mais fácil de manter, dependendo do tamanho do seu ambiente. Não confunda o `#include <nome do arquivo>` com a instrução `include <context>`. O `#include` funciona em todos os arquivos de configuração do Asterisk.

Macros

Uma macro é um conjunto de comandos que vai ser executado em seqüência. As macros são usadas primariamente para processar as extensões, de forma que não seja necessário no plano de discagem digitar várias linhas de comando repetidas para cada extensão.

Definição de uma macro

Você pode definir uma macro com o uso do comando `[macro-nomedamacro]`. Dentro da macro você pode fazer uso das seguintes variáveis:

- ${ARG1}, ${ARG2}, ${ARGn} – Primeiro argumento da macro, segundo argumento, enésimo argumento;
- ${MACRO_CONTEXT} – Contexto a partir da qual a macro foi executada;
- ${MACRO_EXTEN} – Extensão a qual chamou a macro;
- ${MACRO_OFFSET} – Alterada pela macro para definir a prioridade a se executada após o termino da macro;
- ${MACRO_PRIORITY} – Prioridade que chamou a macro.

Exemplo:

```
[macro-stdexten] ;Macro - extensão padrão
;${ARG1} - canal a ser chamado
exten=>s,1,Dial(${ARG1},20,tTww)
exten=>s,n,goto(${DIALSTATUS})
exten=>s,n,hangup()
exten=>s,n(BUSY),voicemail(b${MACRO_EXTEN)
exten=>s,n,hangup
exten=>s,n(NOANSWER),voicemail(u${MACRO_EXTEN)
exten=>s,n,hangup
exten=>s,n(CHANUNAVAILABLE),hangup
exten=>s,n(CANCEL),hangup
exten=>s,n(CONGESTION),hangup
```

Chamar uma macro

Para chamar uma macro você precisa fazer uso da aplicação macro(), a qual tem a seguinte sintaxe:

```
macro(macroname,arg1,arg2...)
```

Exemplo:

Para chamar a macro escrita no exemplo anterior basta executar o seguinte comando:

```
exten=>_4XXX,2,Macro(stdexten,sip/${EXTEN})
```

Existem mais exemplos de macros no arquivo extensions.conf (arquivo original criado pelo comando make samples).

A base de dados do Asterisk

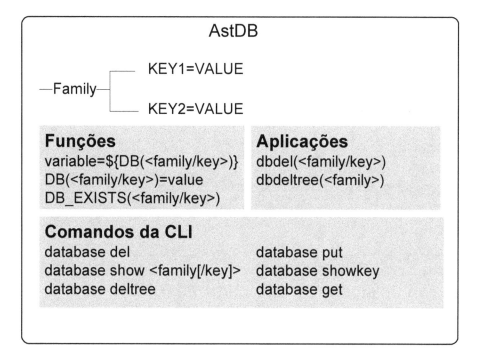

Para configurar siga-me, listas negras e não perturbe precisamos de algum meio para armazenar os dados com persistência entre recargas do Asterisk e depois ler estes registros. Felizmente o Asterisk prove tal mecanismo, o qual é feito através do AstDB. Recentemente o banco de dados que era baseado na versão 1 do Berkley DB foi substituído pelo SQLite. A estrutura de acesso no entanto permanece a mesma. Ela é bastante similar ao registro do Windows que usa famílias e chaves em uma estrutura hierárquica.

Funções, aplicações e comandos da CLI que envolvem o AstDB

Existem algumas funções, aplicações e comandos da CLI que podem ser usados com o AstDB.

Algumas funções interessantes são as seguintes:

- variable=${DB(<family/key>)}
- DB(<family/key>)=value
- DB_EXISTS(<family/key>)
- DB_KEY(prefix) ; Lista uma lista de chaves com o prefixo

Exemplos:

```
exten=_*21*XXXX,1,set(DB(CFBS/${CALLERID(num)}=${EXTEN:4}))
```

```
exten=s,1,set(temp=${DB(CFBS/${EXTEN})})
```

Algumas aplicações podem ser utilizadas para manipular a base de dados:

- dbdel(<family/key>)
- dbdeltree(<family>)

E por último pode se usar os seguintes comandos na CLI para realizar algumas operações com o banco:

- database del
- database put
- database show <family[/key]>
- database showkey
- database deltree
- database get
- ^new^database query ; Permite fazer uma query SQL no sistema

Configuração do siga-me e não perturbe (DND)

Neste exemplo o recurso de siga-me é habilitado com a seguinte a combinação `*21*<número>` já o siga-me se ocupado é habilitado com `*61*<número>`. Para desabilitar o primeiro basta enviar `#21#<número>` e `#61#<número>` para o segundo. Para programar o DND deve-se enviar `*41*<número>` e `#41#<número>` para desligar o mesmo.

Famílias utilizadas:

- CFIM – Família base de encaminhamento imediato;
- CFBS – Família base de encaminhamento quando ocupado;
- DND – Família base para não perturbe.

A macro seguinte confere se a base de dados contêm as famílias CFIM, CFBS e DND e as suas respectivas chaves e as trata de acordo.

```
[macro-stdexten]
;${ARG1}-Extension
exten=>s,1,gotoif(${DB_EXISTS(dnd/${ARG1})}?dnd)
exten=>s,n,gotoif(${DB_EXISTS(CFIM/${ARG1})}?cfim)
exten=>s,n(dial),Dial(SIP/${ARG1},20)
exten=>s,n,goto(${DIALSTATUS})
exten=>s,n,hangup()
exten=>s,n(BUSY),gotoif(${DB_EXISTS(CFBS/${ARG1})?cfbs:end)
exten=>s,n(cfbs),Dial(SIP/${DB(CFBS/${ARG1})},20)
exten=>s,n,hangup()
exten=>s,n(cfim),Dial(SIP/${DB(CFIM/${ARG1})},20)
exten=>s,n,hangup()
exten=>s,n(dnd),Playback(donotdisturb)
exten=>s,n,hangup()
```

As funcionalidades são implantadas desta maneira:

```
[apps]
;siga-me imediato
exten=>_*21*XXXX,1,Set(DB(CFIM/${CALLERID(num)})=${EXTEN:4})
exten=>_*21*XXXX,2,Hangup
exten=>#21#,1,DBdel(CFIM/${CALLERID(num)})
exten=>#21#,2,Hangup
;não perturbe
exten=>_*41*X.,1,Set(DB(dnd/${EXTEN:4})=${EXTEN:4})
exten=>_*41*X.,n,Hangup
exten=>#41#,1,DBdel(dnd/${EXTEN:4})
exten=>#41#,2,Hangup
;siga-me se ocupado
exten=>_*61*XXXX,1,Set(DB(CFBS/${CALLERID(num)})=${EXTEN:4})
exten=>_*61*XXXX,2,Hangup
exten=>#61#,1,DBdel(CFBS/${CALLERID(num)})
exten=>#61#,2,Hangup
```

Implantação de listas negras

Para configurar uma lista negra, faremos uso da aplicação LookupBlacklist, a qual faz uma busca do número presente no CallerID da chamada no banco de dados do AstDB dentro da família blacklist. Caso o número seja encontrado é atribuída a variável LOOKUPBLSTATUS a string FOUND, caso contrário o valor atribuído é NOTFOUND. Se for passado o parâmetro j para essa função a mesma se comportará como em versões anteriores a 1.2, ou seja, pulará n+101 prioridades caso o número seja encontrado.

Exemplo:

```
[incoming]
exten => s,1,LookupBlacklist(j)
exten => s,2,Dial(SIP/4000,20,tT)
exten => s,3,Hangup()
exten => s,102,Goto(blocked,s,1)

[blocked]
exten => s,1,Answer()
exten => s,2,Playback(blockedcall)
exten => s,3,Hangup()
```

Para inserir um número na lista negra vamos utilizar uma série de comandos parecida com a anterior. Para incluir um número na lista negra basta discar *31*<númeroASerBanido> e para retirá-lo #31#<número>. Isto é o que foi implantado abaixo:

```
[apps]
exten=>_*31*X.,1,Set(DB(blacklist/${EXTEN}=1))
exten=>_*31*X.,2,Hangup()
exten=>_#31#X.,1,dbdel(blacklist/${EXTEN}:4)
exten=>_#31#X.,2,Hangup()
```

Caso queira adicionar um número a lista negra a partir da CLI:

```
CLI>database put blacklist <name/number> 1
```

> **Nota:** O valor associado a chave pode ser qualquer um, a LookupBlacklist() procura pela chave e não pelo seu valor.

Para apagar o número da lista negra:

```
CLI>database del blacklist <name/number>
```

Contextos baseados em horário

Vamos começar com a implantação:

```
; Normal hours behavior
[incoming]
include=>normalhours|08:00-18:00|mon-fri|*|*

; After hours behavior
include=>afterhours|18:00-23:59|*|*|*
include=>afterhours|00:00-08:00|*|*|*
include=>afterhours|*|sat-sun|*|*|*

[normalhours]
exten=s,1,goto(mainmenu,s,1)

[afterhours]
exten=s,1,Playback(afterhoursmessage)
exten=s,n,Dial(SIP/${SECURITY})
exten=s,n,Voicemail(u${OPERATOR})
```

Na figura acima temos um plano de discagem feito de vários contextos. Quando uma chamada está entrando, ela vem por um canal. Este canal pertence a um contexto. No caso acima o canal pertence ao contexto incoming. Dentro do contexto menuprincipal, temos dois contextos que foram incluídos afterhours e normalhours. Estes dois contextos foram incluídos usando o comando:

```
include => context|<times>|<weekdays>|<mdays>|<months>
```

Por exemplo:

```
; Este é o horário de expediente
include=>expediente|08:00-18:00|mon-fri|*|*

; Este é o horário fora de expediente
include=>foradeexpediente|18:00-23:59|*|*|*
include=>foradeexpediente|00:00-08:00|*|*|*
include=>foradeexpediente|*|sat-sun|*|*|*
```

As mensagens dependentes de horário podem também ser programadas usando a aplicação gotoiftime, a qual tem o uso mais intuitivo e torna o plano de discagem mais simples de ser entendido. Este comando assume a seguinte sintaxe:

```
GotoIfTime(<timerange>|<daysofweek>|<daysofmonth>|<months>?[[context|]exte
nsion|]pri)
```

Se a hora atual corresponder ao intervalo especificado, o comando irá saltar para a extensão apropriada. Cada um dos itens poderá ser preenchido com * (sempre) ou como uma faixa. Se o tempo atual não bate com a hora especificada o próximo comando deverá ser executado.

Como especificar o tempo:

- <timerange>=<hour>':'<minute>'-'<hour>':'<minute> |"*" onde <hour> de 0 e 23 e <minute> de 0 e 59;

- <daysofweek>=<dayname>|<dayname>'-'<dayname>|"*", onde <dayname> pode assumer uma das seguintes strings "sun", "mon", "tue", "wed", "thu", "fri" e "sat";

- <daysofmonth>=<daynum>|<daynum>'-'<daynum> |"*" onde <daynum> pode assumir um valor entre 1 e 31;

- <months>=<monthname>|<monthname>'-'<monthname>|"*" onde <monthname> pode assumir uma das seguintes strings "jan", "feb", "mar", "apr", "may", "jun", "jul", "aug", "sep", "oct", "nov" e "dec";

Nomes de dia e de mês não diferenciam maiúsculas e minúsculas.

```
exten=>s,1,GotoIfTime(8:00-18:00|mon-fri|*|*?expediente,s,1)
```

Transfere para o contexto expediente na extensão s prioridade 1 se a ligação chegar entre as 08:00 e 18:00, não verificando o dia ou mês.

Utilização do DISA.

DISA ou "direct inward system access" é um sistema que permite que o usuário ao discar para o Asterisk receba um segundo tom e possa discar a partir do servidor Asterisk. Tal sistema pode ser utilizado por colaboradores que se encontram fora da empresa e desejariam fazer ligações a partir do servidor da mesma. O formato do comando segue abaixo:

```
DISA(passcode[|context])
DISA(arquivo de senhas)
```

Exemplo de uso:

```
exten => s,1,DISA(no-password|default)
```

Com este comando por exemplo, o usuário disca para a central e sem nem mesmo passar uma senha, recebe um tom de discagem. Qualquer chamada colocada no DISA neste caso será processada no contexto "default".

Os argumentos para este aplicação permitem uma senha global ou senhas individuais dentro de um arquivo. Se nenhum contexto for especificado será usado o contexto disa. Pode ser utilizado um arquivo de senhas (especificando o caminho completo do arquivo) o mesmo pode conter # e ; para comentários. Além disso os argumentos podem ter um CallerID adicionados a eles para que um novo CallerID possa ser usado nesta chamada.

Exemplo:

```
numeric-passcode|context|"Flavio" <(48) 30258590>
```

Limitação de ligações simultâneas

A partir da versão 1.2 se encontram disponíveis as aplicações GROUP que associa um canal a um grupo e GROUP_COUNT que retorna o número de canais ativos dentro de um grupo. Com o uso destes dois comandos podemos limitar o número de ligações simultâneas.

Exemplo:

Suponha que você tem uma filial chamada Rio onde os telefones começam com _214x e que esta localidade é servida por um canal de dados onde apenas 64Kbps foram reservados para ligações. Neste caso você vai querer que apenas duas ligações ao mesmo tempo possam ser feitas para esta localidade. Veja o exemplo abaixo:

```
exten=>_214X,1,set(GROUP()=Rio)
exten=>_214X,n,Gotoif($[${GROUP_COUNT()} > 2]?estourou)
exten=>_214X,n,Dial(SIP/${EXTEN})
exten=>_214X,n,hangup
exten=>_214X,n(estourou),playback(ligacoesexcedidas)
exten=>_214X,n,hangup
```

A aplicação VoiceMail()

Antes de configurar um sistema de correio de voz, precisamos nos familiarizar com a aplicação voiceMail. O help desta aplicação é mostrado abaixo.

```
Leave a Voicemail message

[Description]
  VoiceMail(mailbox[@context][&mailbox[@context]][...][|options]):

Options:
b - Play the 'busy' greeting to the calling party.
g(#) - Use the specified amount of gain when recording the voicemail message.
The units are whole-number decibels (dB).
s - Skip the playback of instructions for leaving a message to the calling
party.
u - Play the 'unavailble greeting.
j - Jump to priority n+101 if the mailbox is not found or some other error
occurs.
```

Esta aplicação permite que o canal que fez a chamada deixar uma mensagem de voz para a caixa de correio especificada, caso a mesma não exista o plano de discagem será encerrado. Quando mais de uma caixa é especificada a saudação utilizada será a da primeira caixa de mensagens. A aplicação voiceMail será encerrada caso algum desses dígitos for recebido:

- 0 - Pula para a extensão o (Operator - telefonista) do contexto atual;
- * - Pula para a extensão a do contexto atual.

Quando a aplicação encerrar ela atribuirá a variável de canal ${VMSTATUS} uma dessas strings:

- SUCCESS
- USEREXIT
- FAILED

As opções desta aplicação são as seguintes:

- b - Reproduz para o canal de origem a saudação busy;
- g(<value>) - Usa o <value> como ganho das mensagens gravadas. Este parâmetro deve ser um número inteiro de decibéis (dB).
- s - Pula a reprodução das instruções;
- u - Reproduz a saudação unavailable;
- j - Pula para a prioridade n+101 caso a caixa de mensagens não exista ou ocorra algum erro.

Em todos os casos antes do início da gravação será reproduzido o arquivo bip.gsm.

As mensagens de voz vão ser armazenadas no diretório:

/var/spool/asterisk/voicemail/context/<boxnumber>/INBOX/.

Caso seja enviado o # ou a ligação sofra timeout por silêncio a gravação será interrompida e o plano de discagem prossegue para a próxima prioridade. Tome o cuidado de tratar esses casos, como por exemplo:

```
exten=>somewhere,4,voicemail(u${EXTENSAO})
exten=>somewhere,5,Playback(Goodbye)
exten=>somewhere,6,Hangup
```

Configuração

Para configurar o correio de voz você deve seguir os seguintes passos:

Passo 1: Configurar o arquivo voicemail.conf.

No arquivo voicemail.conf você deverá configurar os usuários e as suas senhas. Este arquivo tem a seguinte sintaxe:

```
<Mailbox    ID>    =    <pincode>,    <fullname>,    <email    address>,
<pagermail>,<option=value>, <option=value>
```

Sendo que os campos são:

- <Mailbox ID> - Identificação da caixa de mensagens, normalmente a própria extensão;
- <pincode> - Senha para o acesso ao sistema de e-mail;
- <fullname> - Utilizado pela aplicação directory;
- <email address> - Endereço de e-mail para ser enviado o voicemail;
- <pageremail> - Para notificações através de um gateway SMS ou pager;

- <option> - Diversas opções são possíveis, vamos explorar algumas no decorrer destes capítulos.

O correio de voz tem diversas opções, entretanto vamos nos concentrar na criação da caixa de mensagens. Após a sessão [general] você pode configurar as caixas de mensagens nos seus próprios contextos.

Exemplo:

```
[general]

[default]
1234=>1234,   Joe   Doe,   joedoe@somecompany.com,   joedoe@somecompany.com,
saycid=yes|dialout=fromvm|callback=fromvm|review=yes|operator=yes
```

Passo 2: Configurar o arquivo extensions.conf

Configurar o arquivo extensions.conf para que uma chamada ocupada ou não atendida seja direcionada para o utilitário VoiceMail.

Exemplo:

```
;usually we will use a macro to process the voicemail.

[macro-stdexten]
exten=>s,1,Dial(${ARG1},20,t)
exten=>s,n,Goto(${DIALSTATUS})
exten=>s,n,hangup()
exten=>s,n(BUSY),voicemail(b${MACRO_EXTEN})
exten=>s,n,hangup()
exten=>s,n(NOANSWER),voicemail(u${MACRO_EXTEN})
exten=>s,n,hangup()
exten=>s,n(CANCEL),hangup
exten=>s,n(CHANUNAVAIL),hangup
exten=>s,n(CONGESTION),hangup

[local]
exten=>6601,1,Macro(stdexten,SIP/6601)
exten=>6602,1,Macro(stdexten,SIP/6602)
```

Passo 3: Configurar uma extensão para que o usuário possa ouvir seu correio de voz e administrá-lo.

O aplicativo VoiceMailMain reproduz no canal um menu com a seguinte estrutura:

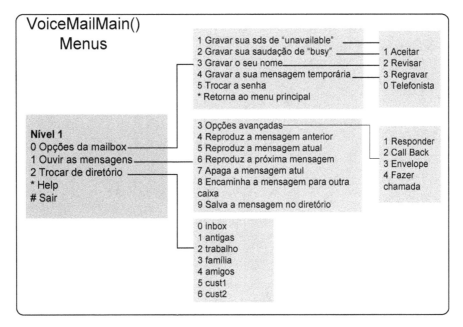

Você pode utilizar este aplicativo da seguinte maneira:

```
exten=>9000,1,VoiceMailMain()
```

Quando alguém discar para a extensão 9000 será apresentado o menu acima.

Enviar uma mensagem de voz para o e-mail

Em muitos casos, a aplicação voicemailmain não é utilizada para ler os correios de voz. Ao invés disso é mais simples e prático enviar um email com a mensagem de voz em anexo. Com a configuração dos parâmetros attach e delete você pode enviar as mensagens de voz para o seu email e apagá-las da sua caixa de entrada do correio de voz.

Para enviar o correio de voz para um e-mail se faz necessário o uso de um agente de transferência de email (MTA). Alguns exemplos de MTA são Exim, Sendmail e Qmail.

Exemplo:

Como no nosso sistema de testes estamos usando o Debian e o mesmo usa o Exim como MTA basta definir o seguinte parâmetro no voicemail.conf:

```
mailcmd =/usr/sbin/exim
```

Caso deseje alterar alguma das opções do Exim:

```
dpkg-reconfigure exim4-config
```

Você pode fazer com que o próprio Exim envie um email através de SMTP ou com o auxílio de um smarthost (provavelmente o servidor de emails da sua empresa). Verifique com o administrador de email a melhor forma de proceder.

Personalização da mensagem de email

Você pode alterar o conteúdo da mensagem de email é enviada atribuindo diferentes valores as seguintes variáveis:

- VM_NAME
- VM_DUR
- VM_MSGNUM
- VM_MAILBOX
- VM_CIDNUM
- VM_CIDNAME
- VM_CALLERID
- VM_DATE

O assunto do email enviado é o seguinte:

"New message ${VM_MSGNUM} in mailbox ${VM_MAILBOX}"

Já o corpo do email é preenchido desta maneira:

"Dear ${VM_NAME}:\n\n\tjust wanted to let you know you were just left a ${VM_DUR} long message (number ${VM_MSGNUM})\nin mailbox ${VM_MAILBOX} from ${VM_CALLERID}, on ${VM_DATE}, so you might\nwant to check it when you get a chance. Thanks!\n\n\t\t\t--Asterisk\n"

Interface web para o correio de voz

A interface web para o correio de voz é um script escrito em Perl chamado vmail.cgi que pode ser encontrado em /usr/src/asterisk-12.0.0/contrib/scripts/vmail.cgi. Para sua execução é necessário que o Perl e o Apache estejam instalados. O comando make install, quando dá instalação do Asterisk, não instala este aplicativo por padrão a não ser que seja executado o comando make webvmail.

Instruções mais detalhadas de como instalar esta interface no Debian podem ser encontradas em:

http://www.voip-info.org/wiki/index.php?page=Asterisk+gui+vmail.cgi

Notificações do correio de voz

Você pode configurar o arquivo voicemail.conf para que mensagens sejam enviados ao seu telefone quando você tiver algum correio de voz. Este recurso funciona com telefone SIP, DAHDI e alguns telefones IAX. Para indicar que existe uma mensagem o telefone pode piscar uma indicação ou tocar um tom diferenciado.

Você precisa configurar a caixa postal no arquivo correspondente ao canal em questão.

Laboratório - Notificações do correio de voz no telefone

1. Edite o arquivo sip.conf e incluía mailbox=4401 no canal SIP 4001;

2. Edite o extensions.conf e cria a extensão para gravar as mensagens de voz do canal 4001 da seguinte maneira:

        exten=9008,n,voicemail(b4401)
3. Vá até o console do servidor e faça uma recarga do Asterisk;

4. No X-Lite clique com o botão direito e vá para SIP->Account Settings >Properties >Voicemail e marque a caixa "check voicemail";

5. Disque para a extensão 4401 e deixe uma mensagem;

6. Observe o ícone de correio de voz no X-Lite.

A aplicação directory()

Esta aplicação apresentará ao canal de origem um diretório com extensões nas quais pode ser feita uma busca por nomes. Sua sintaxe é a seguinte:

```
Directory(vm-context[|dial-context[|options]])
```

Onde:

- vm-context é o contexto dentro do arquivo voicemail.conf a ser utilizado pelo diretório;

- dial-context é o contexto do plano de discagem no qual será procurada a extensão selecionada pelo usuário ou quando for direcionado para as extensões o e a.

As opções deste comando são:

- e - Além do nome também mostra o número da extensão para o canal de origem antes de apresentar as opções;
- f - Permite a quem originou a chamada entrar com o primeiro nome do usuário e não o seu sobrenome.

A lista de nomes correspondentes as extensões é extraída do arquivo voicemail.conf. Caso a aplicação recebe um desses tons DTMF ela encerra imediatamente:

- 0 - Pula para a extensão o (Telefonista);
- * - Pula para a extensão a.

Laboratório - Utilizando a aplicação directory()

1. Edite o voicemail.conf da seguinte maneira:

```
[default]
; Define maximum number of messages per folder for a particular context.
;maxmsg=50
4400=>4400,Clint Eastwood,ceastwood@asteriskguide.com
4401=>4401,John Wayne,jwayne@asteriskguide.com
```

2. Adicione as duas extensões ao plano de discagem:

```
exten=9006,1,VoiceMailMain()
exten=9006,n,Hangup()
exten=9007,1,Directory(default|default)
exten=9007,n,Hangup()
```

3. Vá para o console do Asterisk e faça uma recarga;

4. Disque 9006 e grave um nome para a extensão 4000 e 4001;

5. Ligue para 9007 e disque as três primeiras letras do sobrenome relacionado a uma das extensões (EAS=327). Caso esta seja a opção correta transfira o ramal pressionando 1.

Laboratório – Configurando um PABX

Até agora você aprendeu diversos conceitos sobre plano de discagem. Além disso, foram apresentadas diversas funções, aplicações e conceitos. Vamos tentar solidificar o conhecimento fazendo uso do que foi visto até agora. Considere o seguinte cenário:

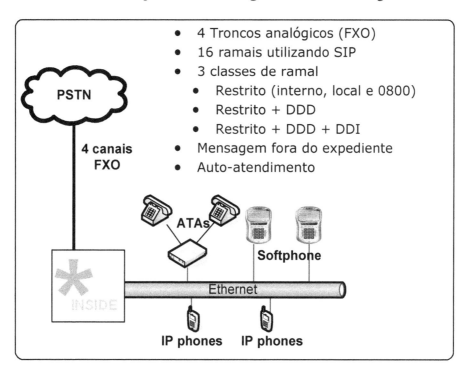

Passo 1 - Configurando os canais.

Troncos analógicos (chan_dahdi.conf)

Em primeiro lugar vamos configurar os troncos analógicos. Estes troncos são interfaces do tipo FXO. Neste exemplo usaremos uma placa Digium T400P com 4 portas FXO.

Vamos assumir neste caso que o drivers da placa de telefonia (/etc/dahdi/system.conf) já estão configurados e carregados. No arquivo chan_dahdi.conf você configura os canais DAHDI correspondentes aos troncos da central.

```
signalling=fxs_ks
language=en
context=entrada
group=1
channel=>1-4
```

Canais SIP (`sip.conf`)

Vamos escolher a faixa de numeração do número 2000 ao número 2099. Dois codecs vão ser utilizados, G.729 e G.711 ulaw. O primeiro para telefones ligados pela Internet ou através de linhas de baixa velocidade, o segundo para os telefones locais. Vamos convencionar que ramais dos números 2000 até o 2039 são restritos, dos ramais 2040 até o 2059 podem fazer DDD e do número 2060 em diante podem fazer DDI.

```
[general]
disallow=all
allow=gsm
allow=ulaw
bindport = 5060
bindaddr = 0.0.0.0
context = ramais

[2000]
type=friend
username=2000
secret=supersecret
host=dynamic
mailbox=20
context=restrito
directmedia=yes

[2040]
type=friend
username=2040
secret=supersecret
host=dynamic
mailbox=20
context=podeddi
directmedia=yes
dtmfmode=rfc2833

[2060]
type=friend
username=2060
secret=supersecret
host=dynamic
mailbox=20
context=podeddd
directmedia=yes
dtmfmode=rfc2833
```

Passo 2 - Configurando o plano de discagem

Agora vamos configurar o plano de discagem para atender as especificações da central. Todas as configurações desta seção são feitas no arquivo `extensions.conf`.

Definindo os ramais e saída local

```
; Este contexto permite ligar para ramais e ligações locais
[ramais]
exten=>_20XX,1,Dial(SIP/${EXTEN},20,r)

[local]
exten=>_0XXXXXXXX,1,Dial(DAHDI/g1/${EXTEN:1},20,Tt) ; Ligações locais
```

Definindo a saída para DDD

```
[ddd]
; Discagem para DDD para número de 7 dígitos (BrT)
exten=>_00XXXXXXXX,1,Dial(DAHDI/g1/${EXTEN:1},20,Tt)

; Discagem para DDD para número de 8 dígitos
exten=>_00XXXXXXXXX,1,Dial(DAHDI/g1/${EXTEN:1},20,Tt)
```

Definindo a saída para DDI

```
[ddi]
; Discagem para DDI
exten=>_000X.,1,Dial(DAHDI/g1/${EXTEN:1},20,Tt)
```

Definindo as classes de ramal

```
[restrito]
include=>ramais
include=>local

[podeddd]
include=>ramais
include=>local
include=>ddd

[podeddi]
include=>ramais
include=>local
include=>ddd
include=>ddi
```

Recepção das chamadas

Para receber as chamadas, vamos usar dois contextos um para ligações durante o expediente e outra para ligações fora do expediente. A ligação será atendida por uma URA e transferida diretamente para um ramal ou para um outro menu.

Menus: Expediente e fora do expediente

Nos menus abaixo, o sistema irá tocar uma mensagem avisando ao originador da chamada que a empresa se encontra fora do expediente, mas permitindo que o usuário disque um ramal (eventualmente alguém está fazendo hora-extra).

```
[entrada]
include=>expediente|08:00-18:00|mon-fri|*|*

; Este é o horário fora do expediente
include=>foradoexpediente|18:00-23:59|*|*|*
include=>foradoexpediente|00:00-07:59|*|*|*
include=>foradoexpediente|*|sat-sun|*|*

[expediente]
exten=>s,1,Goto(menuprincipal,s,1)

[foradoexpediente]
exten=>s,1,Background(foradoexpediente)
exten=>s,2,hangup()
```

```
exten=>i,1,hangup()
exten=>t,1,hangup()
include=>ramais
```

Menus: Principal e Vendas

Durante o expediente o usuário é recebido pelo menu com auto-atendimento. A mensagem será algo como: "Bem vindo, você ligou para a NomedaEmpresa, Disque 1 para vendas, 2 para suporte e três para treinamento ou o ramal desejado".

```
[globals]
TELEFONISTA=SIP/2060
VENDAS=SIP/2035
SUPORTE=SIP/2004
TREINAMENTO=SIP/2036

[menuprincipal]
exten=> s,1,Background(bemvindo-menuprincipal)
exten=>1,1,Goto(vendas,s,1)
exten=>2,1,Goto(suporte,s,1)
exten=>3,1,Goto(treinamento,s,1)
exten=>i,1,Playback(Invalido)
exten=>i,2,hangup()
exten=>t,1,Dial(${TELEFONISTA},20,Tt)
include=>ramais

[vendas]
exten=>s,1,Dial(${VENDAS},20,Tt)

[suporte]
exten=>s,1,Dial(${SUPORTE},20,Tt)

[treinamento]
exten=>s,1,Dial(${TREINAMENTO},20,Tt)
```

Com isto a maior parte da funcionalidade do seu plano de discagem está pronta e agora você pode começar a testar e melhorar sua configuração.

Resumo

Neste capítulo você aprendeu como receber chamadas com uma URA. Foi apresentado ao conceito de inclusão de contexto. Aprendeu como utilizar macros para evitar a repetição desnecessária de comandos. Se familiarizou com o AstDB utilizado em funções como siga-me, lista negra e DND. Aprendeu a configurar um contexto que modifica seu comportamento em função do horário. E finalmente configurou uma boa parte desses conceitos.

Questionário

1. Para incluir um contexto que depende do horário, você pode usar:

```
include=> context|<times>|<weekdays>|<mdays>|<months>
```

O comando abaixo:

```
include=>expediente|08:00-18:00|mon-fri|*|*
```

☐ Executa as extensões de segunda a sexta das 08:00 às 18:00.

☐ Executam as opções todos os dias em todos os meses.

☐ O comando é inválido.

2. Quando o usuário disca `0` para pegar a linha o Asterisk automaticamente corta o áudio. Isto é ruim, pois o usuário está acostumado a discar o `0` e ouvir o tom externo de discagem. Para criar este comportamento que o usuário está acostumado, pode-se usar comando _____.

3. Os comandos:

```
exten => 8590/482518888,1,Congestion
exten => 8590,1,Dial(DAHDI/1,20)
exten => 8590,2,Voicemail(u8590)
exten => 8590,102,Voicemail(b8590)
```

Faz com que um usuário que ligou para a extensão `8590`:

☐ Receba um sinal de ocupado se o `CallerID=482518888`

☐ Receba um sinal de ocupado independente do número discado

☐ Vá para o canal `DAHDI/1`

☐ Vá para o `Voicemail()` se o canal `DAHDI/1` estiver ocupado ou não atender, exceto no caso onde o `CallerID` for `482518888`

4. Para concatenar várias extensões basta separá-las com o sinal ____.

5. Um menu de voz normalmente é criado com o comando inicial _____.

6. Você pode incluir arquivos dentro dos seus arquivos de configuração com o comando _____.

7. O Asterisk permite que se use no plano de discagem uma base de dados baseada em:

☐ Oracle

☐ MySQL

☐ Berkley DB

☐ PostgreSQL

8. Quando você usa o comando `Dial(tipo1/identificar1&tipo2/identificar2)` com vários identificadores, o Asterisk disca para cada um na seqüência e espera 20 segundos ou o tempo de timeout antes de passar para o outro número. A afirmação é:

☐ Falsa

☐ Verdadeira

9. No comando Background a música de fundo tem de ser tocada inteiramente antes que o usuário possa digitar algo. A afirmação é:

☐ Falsa

☐ Verdadeira

10. Os formatos válidos par o comando `Goto`() são:

☐ `Goto (context,extension)`

☐ `Goto(context,extension,priority)`

☐ `Goto(extension,priority)`

☐ `Goto(priority)`

11. Switches são usados para direcionar para outro PABX. A afirmação acima está:

☐ Correta

☐ Incorreta

12. Uma macro pode ser usada para automatizar uma série de operações em seqüência para uma extensão específica. O primeiro argumento passado pela chamada da macro é o:

☐ `${ARG1}`

☐ `${ENV1}`

☐ `${V1}`

☐ `${X}`

10

Funções típicas de um PABX

Neste capítulo exploraremos as funções típicas configuradas em um PABX e como elas são implantadas no Asterisk. Não basta apenas discar e receber chamadas no seu Asterisk. Para que um sistema seja aceito pelos usuários diversas funcionalidades precisam ser implantadas.

Objetivos

Ao final deste capítulo você deverá estar apto a entender e configurar as seguintes funcionalidades:

- Estacionamento de chamadas;
- Captura de chamadas;
- Transferência de Chamadas;
- Conferência;
- Gravação de chamadas;
- Música de espera.

Suporte aos recursos de PABX

No protocolo SIP, o telefone reina. Asterisk suporta diversos tipos de telefones. Algumas funcionalidades podem ser configuradas no dispositivo SIP, outras no servidor Asterisk. É interessante a padronização do tipo de telefone usado dentro de uma empresa, para que desta maneira seja possível criar um manual único de como utilizar as funções disponíveis.

É importante entender que alguns recursos são disponibilizados pelo telefone e outros pelo Asterisk. Como exemplo, podemos tomar a transferência de chamadas, alguns telefones suportam esse recursos nativamente, enquanto que em outros é necessário utilizar o Asterisk para desempenhar essa tarefa.

Onde os recursos são normalmente implementados

No próprio Asterisk
Música em espera
Estacionamento de chamadas
Captura de chamadas
Gravação de chamadas
Sala de conferência
Transferência (cega e com consulta)

Plano de discagem
Siga-me se ocupado
Siga-me imediato
Siga-me se não atender
Lista negra
Não perturbe
Rediscagem

No próprio telefone
Chamada em espera
Transferência cega
Transferência com consulta
Conferência a três
Indicador de mensagem em espera

Funcionalidades disponibilizadas no Asterisk

As seguintes funcionalidades podem ser configuradas no servidor Asterisk:

- Música de espera;
- Estacionamento de chamadas;
- Captura de chamadas;
- Gravação de chamadas;
- Conferência;
- Transferência de chamadas (às cegas e com consulta).

Funcionalidades configuradas no plano de discagem

As seguintes funcionalidades podem ser configuradas no plano de discagem:

- Transferência de chamado caso não atenda;
- Transferência de chamada caso ocupado;
- Transferência de chamada automática;
- Listas negras;
- Não perturbe (DND);
- Re-discagem.

Funcionalidades configuradas no telefone

As seguintes funcionalidades podem ser configuradas no próprio telefone:

- Chamada em espera;
- Transferência de chamadas (às cegas e com consulta);
- Conferência a três;
- Indicador de mensagens no correio de voz.

O arquivo features.conf

Algumas das funções apresentadas neste capítulo são configuradas no arquivo features.conf. Abaixo mostramos este arquivo, nas sessões subseqüentes deste capítulo iremos detalhar muitas das funcionalidades que podem ser habilitadas neste arquivo. A partir da versão 12, a parte de estacionamento de chamadas recebeu um novo arquivo de configuração chamado res_parking.conf. Como você pode ver pela mostra do arquiv abaixo, o Asterisk permite um alto grau de customização nos recursos de transferência e pick-up.

```
;
; Sample Call Features (transfer, monitor/mixmonitor, etc) configuration
;
;Note - All parking lot configuration is now done in res_parking.conf

[general]
;transferdigittimeout => 3          ; Number of seconds to wait between digits when
transferring a call
                                    ; (default is 3 seconds)
;xfersound = beep                   ; to indicate an attended transfer is complete
;xferfailsound = beeperr            ; to indicate a failed transfer
;pickupexten = *8          ; Configure the pickup extension. (default is *8)
;pickupsound = beep          ; to indicate a successful pickup (default: no sound)
;pickupfailsound = beeperr;to indicate that the pickup failed (default:no sound)
;featuredigittimeout = 1000         ; Max time (ms) between digits for
                                    ; feature activation  (default is 1000 ms)
;recordingfailsound = beeperr  ; indicates that a one-touch monitor or one-touch
mixmonitor feature failed
                                    ; to be applied to the call. (default: no sound)
;atxfernoanswertimeout = 15         ; Timeout for answer on attended transfer default
is 15 seconds.
;atxferdropcall = no                ; If someone does an attended transfer, then hangs
up before the transfer
                                    ; target answers, then by default, the system will
try to call back the
                                    ; person that did the transfer.  If this is set to
"yes", the ringing
                                    ; transfer target is immediately transferred to
the transferee.
;atxferloopdelay = 10                ; Number of seconds to sleep between retries (if
atxferdropcall = no)
;atxfercallbackretries = 2          ; Number of times to attempt to send the call back
to the transferer.
                                    ; By default, this is 2.


[featuremap]
```

```
;blindxfer => #1                    ; Blind transfer  (default is #) -- Make sure to
set the T and/or t option in the Dial() or Queue() app call!
;disconnect => *0                   ; Disconnect  (default is *) -- Make sure to set
the H and/or h option in the Dial() or Queue() app call!
;automon => *1                      ; One Touch Record a.k.a. Touch Monitor -- Make
sure to set the W and/or w option in the Dial() or Queue() app call!
;atxfer => *2                       ; Attended transfer  -- Make sure to set the T
and/or t option in the Dial() or Queue() app call!
;parkcall => #72                    ; Park call (one step parking)  -- Make sure to
set the K and/or k option in the Dial() app call!
;automixmon => *3                   ; One Touch Record a.k.a. Touch MixMonitor -- Make
sure to set the X and/or x option in the Dial() or Queue() app call!
```

Transferência de chamadas

A transferência de chamadas é um dos recursos essenciais a qualquer PABX. O Asterisk disponibiliza a transferência de chamadas internamente. Por outro lado, vários telefones disponibilizam uma transferência baseada no protocolo SIP propriamente dito. Isto pode gerar bastante confusão na hora de ensinar os usuários como fazer uma transferência. A transferência disponibilizada no telefone, normalmente é feita através de um botão específico, normalmente o transfer. Já a transferência do Asterisk é habilitada no arquivo features.conf com um código definido pelo usuário.

Transferência de Chamadas

Transferência as cegas
- Precisa ser habilitada na aplicação dial() com as opções "tT";
- Pressione "#" durante uma ligação;
- Dígite o ramal para qual deseja transferir;
- Encerre a ligação;
- Caso a ligação não seja atendida pelo ramal de destino, o telefone tocará de novo;

Transferência assitida
- Habilitada no features.conf (desabilitada por default);
- Dígite "*2" para começar a transferência;
- Disque para o ramal de destino;
- Converse com a extensão de destino;
- Encerre a ligação;
- A transferência é feita.

Para habilitar a transferência em um dispositivo SIP, consulte o manual do fabricante. Alguns podem ser bem pouco intuitivos. Caso o seu dispositivos SIP não suporte esta funcionalidade, a mesma pode ser disponibilizada através do Asterisk.

Existem dois tipos de transferência:

- **Transferência às cegas (blind transfer)** – Este tipo de transferência é configurado com o parâmetro "`blindxfer`". Caso seja atribuído o valor `#1` a ele, basta você discar `#1` e o número da extensão para a qual deseja transferir a ligação e desligar o telefone, assim a ligação será transferida para o ramal que você designou.

- **Transferência assistida (ou supervisionada)** – Já esta modalidade de transferência é configurada com o parâmetro `atxfer`. Para realizá-la, durante uma chamada, digita a seqüência de dígitos atribuídos a `atxfer` (Ex.: `*2`), o Asterisk fala `transfer` e então dá a você um tom de discagem, enquanto coloca o originador em música em espera. Você disca para quem vai transferir e fala com ele para introduzir a chamada, então desliga e a transferência está completa. Se a pessoa transferida não quiser atender, ela simplesmente desliga o telefone e você recebe a chamada de volta.

Configuração

Para que a transferência de chamadas funcione corretamente, observe os seguintes pontos:

1. Se o telefone for padrão SIP assegure-se que a opção `directmedia=no` está habilitada (obrigatório).

2. Na instrução Dial certifique-se que as opções `t` ou `T` estejam habilitadas. Vale aqui uma menção a este parâmetro, o `t` minúsculo permite ai usuário chamado transferir, por isto é mais comum nas ligações entrantes. O `T` maiúsculo permite ao usuário de origem transferir, por isto é mais comum nas ligações de saída.

Estacionamento de chamadas

É usado para estacionar uma chamada. Isto auxilia quando você está atendendo em um telefone fora da sua sala. Estaciona a chamada em uma determinada extensão e quando se move de volta a sua sala digita a extensão onde a chamada está estacionada. Na versão 12, o arquivo `res_parking.conf` é o responsável pela sua configuração.

Estacionamento de chamadas

Estacionamento

701	702	703	704
705	706	707	708
709	710	711	712
713	714	715	716
717	718	719	720

700

1. Você transfere a ligação para a extensão 700.
2. A ligação é estacionada no primeiro slot livre e este slot é anunciado a você.
3. Você chama a extensão na qual a ligação esta estacionada e então retoma a ligação.

```
[general]
parkext => 700          ; Extensão para a ser ligada para estacionar
parkpos => 701-720      ; Conjunto de extensões onde as chamadas serão
                        ; estacionadas. O Asterisk estaciona a chamada
                        ; na primeira posição livre e a incremeta de 1
context => parkedcalls  ; Contexto das chamadas estacionadas
```

Por default a extensão 700 é usada para estacionar uma chamada. No meio de uma conversa, pressione # para iniciar uma transferência, então disque 700. O Asterisk irá agora anunciar a extensão do estacionamento, mais provavelmente 701 ou 702. Desligue, e o originador da chamada será colocado em espera na extensão anunciada. Vá para um telefone diferente e disque para a extensão anunciada (ex 701) e então você pode continuar a conversa. Se o telefone de origem ficar estacionado por mais tempo que o limite então o Asterisk irá tocar a extensão discada originalmente.

Configuração

Inclua a seguinte linha no seu `extensions.conf`

```
include=>parkedcalls
```

Teste esta funcionalidade discando #700 durante uma chamada. Caso queira alterar o funcionamento do estacionamento de chamas, altere as devidas opções no arquivo `features.conf`.

Notas:

- A extensão estacionada não será mostrada com o comando `core dialplan show` no console;
- É necessário reiniciar o Asterisk após alterar o `features.conf`, um "`dialplan reload`" não basta;

- Para efetuar o estacionamento você deve ser capaz de transferir a ligação, preste atenção nas opções `tT` da função `dial()`;

Captura de chamadas (call pick-up)

A captura permite que você puxe uma chamada de um colega no mesmo grupo de chamadas. Isto evita que você tenha de levantar para atender um telefone do seu vizinho que não para de tocar.

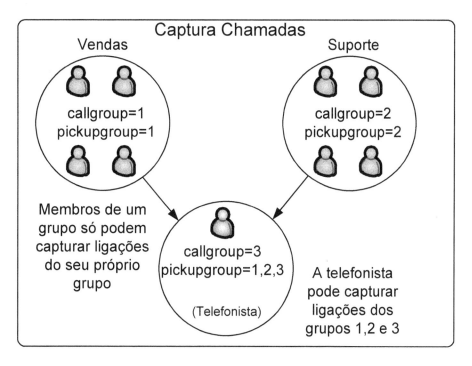

Discando `*8` você pode capturar uma chamada no seu grupo de chamadas. Este recurso pode ser alterado no arquivo `features.conf`.

Configurações

Configure o grupo a qual suas extensões pertencem dentro de um dos seguintes arquivos `sip.conf`, `iax.conf`, `chan_dahdi.conf` (obrigatório). ^New^Na versão 12 é possível usar nomes ao invés de números para os grupos de captura.

```
[4x00]
callgroup=1
pickupgroup=1,2
```

Você pode alterar no `features.conf` os dígitos para a captura de chamadas da seguinte forma:

```
pickupexten=*8; Configura a extensão de captura. O padrão é *8
```

Conferência (call conference)

Existem diversas formas de colocar uma chamada em conferência usando o Asterisk. A primeira opção e a mais simples é usar a ponte de conferência do próprio telefone. A maioria dos telefones IP modernos permite que se faça uma conferência a três usando o recurso de ponte do próprio telefone. Em outras palavras o misturador de voz fica no próprio telefone.

Quando se deseja fazer uma conferência com um grande número de pessoas, se torna mais prático usar uma sala de conferência. O Asterisk disponibiliza duas aplicações para conferência, a primeira é MeetMe que na minha opinião está obsoleto e a segunda o Confbridge.

MeetMe versus Confbridge. O MeetMe não suporta conferências em alta definição e também não suporta conferência com vídeo. Além disso ele depende do DAHDI para sincronização. O Confbridge foi criado para superar os limites do MeetMe. O Confbridge permite conferência em alta definição e videoconferência no padrão Segue-Quem-Está-Falando (FollowtheTalker) e permite a personalização dos menus de dtmf facilmente usando o arquivo confbridge.conf.

Confbridge

Para colocar um usuário em conferência na nova aplicação, a sintaxe é:

```
ConfBridge(conference,bridge_profile,user_profile,menu)
```

Onde:

conference é o nome da sala de conferência.

bridge_profile é o nome do perfil da conferência definido em confbridge.conf. Quando deixado em branco um perfil dinâmico é criado. Se nenhum perfil dinâmico estiver presente, o perfil default_bridge é usado.

user_profile é o nome do perfil de usuário definido em confbridge.conf. Se for deixado em branco um perfil dinâmico será criado. Se não houverem perfis dinâmicos, o perfil default_user será usado.

menu é o nome do menu DTMF usado pelo Confbridge. Nenhum menu será usado se esta opção for deixada em branco.

Configurando o arquivo confbrige.conf

O arquivo confbridge.conf possui diversas seções. Abaixo descreveremos as principais.

A primeira seção é o perfil da ponte de áudio/vídeo (bridge_profile)

[default_bridge]

type=bridge

max_members=50   Esta opção define o número máximo de
                                                membros. O padrão é ilimitado.

record_conference=yes   Grava a conferência no nome de arquivo
                                                confbridge-<nome da bridge de
                                                conferência>-<hora-de-inicio>.wav

record_file=</caminho/do/arquivo>   Por default spool/monitor

internal_sample_rate=auto   Configura a taxa interna de amostragem em
                                                que a conferência é mixada. Auto ajusta
                                                para a melhor qualidade. Outros valores
                                                podem ser de 8000 até 19200.

mixing_interval=40   Configura a taxa interna de mixagem em
                                                milisegundos. Quanto maior o intervalo,
                                                melhor o desempenho, mas maior o delay.
                                                Por default, 20ms é usado.

video_mode=follow_talker   O modo de vídeo define como o confbridge
                                                gerencia a videoconferência.

                                                video_mode = follow_talker; Neste modo a
                                                confbridge segue quem está falando na
                                                apresentação do vídeo. Os participantes
                                                devem estar usando o mesmo codec e
                                                mesma configuração de jitter buffer. É
                                                recomendado desabilitar o jitterbuffer
                                                quando for usado vídeo.

                                                video_mode=none; Nenhum video é setado
                                                como fonte, mas ainda é possível setar via
                                                AMI ou DTMF.

                                                video_mode=last_marked. O último usuário
                                                marcado a entrar na coferência usará os
                                                recursos de vídeo. Vai haver uma única
                                                fonte de video.

                                                video_mode=first_marked. Semelhante a
                                                anterior, mas o primeiro a entrar é a fonte da
                                                conferência.

language=en	Linguagem padrão para as mensagens

Todas as mensagens de áudio tocadas podem ser alteradas no confbridge.conf. O nome das mensagens pode ser obtido diretamento no arquivo exemplo.

A segunda seção é o o perfil de usuário user_profile.

[default_user]

type=user

admin=yes	Configura se o usuário é administrador ou não da conferência. Não é o padrão
marked=yes	Configura se o usuarios está marcado ou não. Não é o padrão.
startmuted=yes	Inicia mudo. Padrão é não.
music_on_hold_when_empty=yes	Música de espera quando há um único usuário na conferência.
music_on_hold_class=default	A classe de música em espera para esta conferência.
quiet=yes	Quando habilitado os prompts de entrada, saída e introdução não são tocados. Existem prompts como o de senha que devem ser tocados independente desta opção.
announce_user_count=yes	Configura se o número de usuários na conferência deve ser anunciado.
announce_user_count_all=yes	Configura se o número de usuários na conferência deve ser anunciado para todos os outros usuários.Esta opção pode ser configurada para yes ou para o número.
announce_only_user=yes	Configura se o anúncio de apenas um usuário deveria ser tocado quando um canal entra em uma conferência vazia.
wait_marked=yes	Configura se o usuário deve esperar por um usuário marcado entrar antes. Por padrão é no.

end_marked=yes	Esta opção irá remover todos os usuários da conferência após o usuário marcado sair da conferência.
dsp_drop_silence=yes	Esta opção melhora muito o desempenho da conferência e no sentido de remover os ruído. Recomendada em conferências grandes.
dsp_talking_threshold=128	O tempo em milissegundos acima do qual o dsp tenha estabelecido uma linha base de silêncio para um usuário antes que o usuário seja considerando um membro falante. Por default o valor é de 160 ms
dsp_silence_threshold=2000	O tempo em milissegundos acima do qual o usuário é considerado em silêncio.
talk_detection=yes/no	Esta opção seta se os eventos de detecção de fala/silêncio a serem enviados para o AMI ou como eventos.
denoise=yes	Configura se o filtro de remoção de ruídos será usado ou não.
jitterbuffer=yes	Habilita o buffer de jitter no fluxo de áudio do usuários antes da mixagem de áudio ser feita. É altamente recomendável, mas adiciona um pouco de atraso(delay).
pin=1234	Estabelece a senha da conferência.
announce_join_leave	Configura se será anunciado o usuário entrando e saindo da conferência.
dtmf_passthrough=yes	Configurar se o dtmf deveria passar para a conferência. O padrão é não.
announcement=<caminho/para/arquivo>	Toca um som sempre que o usuário se juntar a conferência.

Ainda resta configurar as opções de menu do confbridge. Elas seguem abaixo:

Veja o exemplo abaixo de menu de usuário configurável:

```
[sample_user_menu]
```

```
type=menu
*=playback_and_continue(conf-usermenu) - Toca a mensagem e continua
1=toggle_mute - Coloca em mudo
4=decrease_listening_volume - Diminui o volume
6=increase_listening_volume - Aumenta o volume
7=decrease_talking_volume - Diminui o volume da fala
8=leave_conference - Deixa a conferência
9=increase_talking_volume - Aumenta o volume da fala.
```

É possível também criar menus personalizados para os administradores.

```
[sample_admin_menu]
type=menu
*=playback_and_continue(conf-adminmenu) - Toca a mensagem e continua
1=toggle_mute - Coloca em mudo
2=admin_toggle_conference_lock  ; Trava a conferência
3=admin_kick_last          ; Derruba o último usuáio
4=decrease_listening_volume; Diminui o volume
6=increase_listening_volume; Aumenta o volume
7=decrease_talking_volume - Diminui o volume da fala
8=no_op ; Nenhuma operaçao
9=increase_talking_volume; Aumenta o volume da fala.
```

As funções do confbridge

As opções da ponte de conferência podem ser passadas dinamicamente no plano de discagem usando a função CONFBRIDGE(). Veja os exemplos abaixo:

```
exten => 1,1,Answer()
exten => 1,n,Set(CONFBRIDGE(user,template)=default_user)
exten => 1,n,Set(CONFBRIDGE(user,admin)=yes)
exten => 1,n,Set(CONFBRIDGE(user,marked)=yes)
exten => 1,n,ConfBridge(vendas)
```

MeetMe

O `meetme()` é uma ponte utilizada em conferência, muito simples de usar, com a vantagem de funcionar com qualquer tipo de canal. Este aplicativo é menos sofisticado que o Confbridge, mas ainda pode ser usado.

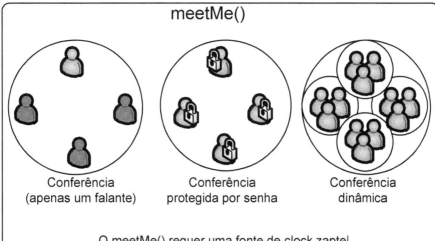

A aplicação meetMe()

Com o uso no console do comando meetme show você obtém a seguinte saída:

```
MeetMe conference bridge
[Description]
MeetMe([confno][,[options][,pin]])

Main Options
'a' -- set admin mode
'c' -- announce user(s) count on joining a conference
'd' -- dynamically add conference
'D' -- dynamically add conference, prompting for a PIN
'e' -- select an empty conference
'E' -- select an empty pinless conference
'i' -- announce user join/leave with review
'I' -- announce user join/leave without review
'l' -- set listen only mode (Listen only, no talking)
'm' -- set initially muted
'M' -- enable music on hold when the conference has a single caller
'q' -- quiet mode (don't play enter/leave sounds)
't' -- set talk only mode. (Talk only, no listening)
'1' -- do not play message when first person enters
```

Vale lembrar que para usar o meetme se faz necessário a compilação dos drivers DAHDI e a carga de pelo menos um módulo zaptel no Kernel do Linux. Caso você não possua uma placa zaptel, utilize o módulo ztdummy como fonte de clock.

A aplicação `meetme` coloca o usuário em uma sala de conferência específica. Se o número da conferência for omitido, será pedido um ao usuário. O usuário pode sair da conferência encerrando a chamada, ou caso a opção `p` esteja habilitada, pressionando o `#`.

As opções podem ser uma ou mais das seguintes:

- "a" - Configura o modo de administração;
- "A" - Configura o modo marcado;
- "b" - Roda o script AGI especificado em `${MEETME_AGI_BACKGROUND}`, sendo que o padrão é `conf-background.agi` (apenas para canais `DAHDI`);
- "c" - Anuncia a conta do usuário que entrou na sala de conferência;
- "d" - Adiciona dinamicamente a conferência;
- "D" - Dinamicamente adiciona a conferência, pedindo pelo `PIN` (personal identification number);
- "e" - Seleciona uma conferência vazia;
- "E" - Seleciona uma conferência vazia sem `pin`;
- "i" - Anuncia a entrada e saída de usuário com revisão;
- "I" - Anuncia a entrada e saída de usuário sem revisão;
- "l" - Modo de escuta, o canal não fala;
- "m" - Canal inicialmente silencioso;
- "M" - Habilita a música em espera caso a conferência tenha apenas um participante;
- "o" - Trata os participantes não ativos como se estivessem em silêncio (mute). Desta maneira não se faz necessária a codificação destes canais (poupa CPU) e o áudio recebido que não for registrado como flalando (`talking`) é omitido (evita acumulação de ruído de fundo);
- "p" - Permite ao usuário sair da conferência pressionando `#`;
- "P" - Sempre pede pelo `PIN` mesmo quando especificado;
- "q" - Modo quieto, não reproduz os sons de entrada e saída;
- "r" - Grava a conferência no arquivo especificado em `${MEETME_RECORDINGFILE}` no formato `${MEETME_RECORDINGFORMAT}`, o formato padrão é `wav` e o nome de arquivo padrão é `meetme-conf-rec-${CONFNO}-${UNIQUEID}`;
- "s" - Apresenta um menu (usuário ou administrador) quando o tom `*` é enviado;
- "t" - Configura o modo de fala apenas, não escuta;
- "T" - Habilita a detecção de falantes, envia para a interface de gerenciamento e para a lista do `meetme()`;
- "w[(segundos)]" - Espera até que o usuário marcado entre na conferência;
- "x" - Encerra a conferência quando o último usuário marcar sair da mesma;

- "X" - Permite que o usuário saia da conferência enviando apenas um dígito do contexto ${MEETME_EXIT_CONTEXT} ou do contexto atual caso esta variável não esteja definida;
- "1" - Não toca mensagem quando o primeiro participante entra na conferência.

Esta aplicação é configurada no arquivo meetme.conf e não é necessário reiniciar ou recarregar o Asterisk para que as mudanças feitas nesse arquivo surtam efeito. Um exemplo deste arquivo é o seguinte:

```
;
; Configuration file for MeetMe simple conference rooms for Asterisk of
course.
;
; This configuration file is read every time you call app meetme()

[general]
;audiobuffers=32          ; The number of 20ms audio buffers to be used
                         ; when feeding audio frames from non-DAHDI channels
                         ; into the conference; larger numbers will allow
                         ;  for the conference to 'de-jitter' audio that
arrives
                         ; at different timing than the conference's timing
                         ; source, but can also allow for latency in hearing
                         ; the audio from the speaker. Minimum value is 2,
                         ; maximum value is 32.
;
[rooms]
;
; Usage is conf => confno[,pin][,adminpin]
;
conf=>9000
conf=>9001,123456
```

Existem outras duas outras aplicações para auxiliar no uso do meetme(), meetmecount() e meetmeadmin().

A função meetmecount() retorna o número de participantes de uma conferência. Este comando tem a seguinte sintaxe:

```
MeetMeCount(confno[|varname])
```

Caso uma variável seja passada (parâmetro opcional), a mensagem com o número de participantes não é tocada e sim a quantidade de participantes é atribuída a varname.

Já a função meetmeadmin() faz o papel de administração da conferência. Sua sintaxe é a seguinte:

```
MeetMeAdmin(confno,command,[user])
```

Os comandos possíveis são os seguintes:

- "e" - Retira da sala de conferência o último usuário que entrou na mesma
- "k" - Retira o participante [user] da conferência
- "K" - Retira todos os participantes da conferência
- "l" - Destrava a conferência

- "L" - Trava a conferência
- "m" - Tira do silêncio o usuário [user]
- "M" - Coloca em silêncio o usuário [user]
- "n" - Tira do silêncio todos os participantes da conferência
- "N" - Coloca em silêncio todos os usuários da conferência que não forem administradores
- "r" – Retorna o volume do usuário [user] ao padrão
- "R" Retorna o volume de todos os participantes da conferência ao padrão
- "s" - Abaixa o volume de microfone de todos os participantes da conferência
- "S" - Eleva o volume de microfone de todos os participantes da conferência
- "t" - Abaixa o volume de microfone do usuário [user];
- "T" - Abaixa o volume de microfone de todos os usuários;
- "u" - Eleva o volume de microfone usuário [user];
- "U" - Eleva o volume de microfone todos os usuários;
- "v" - Abaixa o volume do áudio ouvido na sala de conferência inteira;
- "V" - Aumenta o volume de áudio ouvido na sala de conferência inteira.

Configuração

Para criar uma sala de conferência siga os seguintes passos:

Passo1 : Escolha as extensões para a sala de conferência;

Passo 2: Inclua o comando MeetMe() no arquivo extensions.conf;

Passo 3: Caso queira alterar alguma funcionalidade do meetMe() basta alterar o arquivo meetme.conf.

Exemplo

Para configurar uma sala de conferência simples siga os seguintes passos:

Passo 1: Coloque no arquivo extensions.conf a sala de conferência 101.

```
exten=>500,1,MeetMe(101|123456)
```

Passo 2: Defina no arquivo meetme.conf a senha (pin) 123456 na extensão 500

Gravando uma ligação

Existem diversas formas de gravar uma ligação no Asterisk. Você pode usar a aplicação mixmonitor() para realizar tal tarefa. Com o uso no console do comando mixmonitor show você obtém a seguinte saída:

```
Record a call and mix the audio during the recording
```

```
[Description]
MixMonitor(<file>.<ext>[|<options>[|<command>]])

Records the audio on the current channel to the specified file.

options:
a- Append to the file instead of overwriting it.
b-Only save audio to the file while the channel is bridged.
v(<x>) - Adjust the heard volume by a factor of <x>
V(<x>) - Adjust the spoken volume by a factor of <x>
W(<x>) - Adjust the both heard and spoken volumes
```

O mixmonitor() grava o áudio do canal atual no arquivo especificado. Caso o arquivo especificado contêm um caminho absoluto, este será usado, caso contrário o arquivo será gravado no diretório asterisk.conf.

As opções que podem ser passadas para o mixmonitor() são as seguintes:

- "a" - Adiciona o áudio gravado ao final do arquivo ao invés de sobrescrevê-lo;
- "b" - Apenas salva o áudio do canal enquanto o mesmo estiver conectado (não inclui conferências);
- "v(<x>)" - Ajusta o volume do áudio ouvido por um fator x, o qual pode conter valores entre -4 e 4;
- "V(<x>)" - Ajusta o volume do áudio falado por um fator x, o qual pode conter valores entre -4 e 4;
- "w(<x>)" - Ajusta ambos os volumes do áudio ouvido e falado por um fator x, o qual pode conter valores entre -4 e 4.

Ao final da gravação é atribuída a variável ${MIXMONITOR_FILENAME} o arquivo em que foi salva a gravação e <command> será executado.

Um recurso interessante também é o automon. Ele permite que você simplesmente tecle *1 para iniciar uma gravação.

Exemplo:

```
exten=>_4XXX,1,Set(DYNAMIC_FEATURES=automon)
exten=>_4XXX,2,Dial(SIP/${EXTEN},20,jtTwW);wW enables the recording.
```

Os canais são separada em entrada(IN) e saída(OUT) e são salvos em dois arquivos distintos em /var/spool/asterisk/monitor.

Os arquivos podem ser unidos com o uso do aplicativo do Linux chamado sox desta maneira:

debian#soxmix *in.wav *out.wav output.wav

Você também pode definir o automon não sessão [globals] da seguinte forma:

```
[globals]
DYNAMIC_FEATURES=>automon
```

Música em espera (MoH)

A funcionalidade música em espera passou por diversas mudanças entre a versão 1.0 e 1.4. Na última versão o Asterisk por padrão fica em modo "FILE-BASED". Em outras palavras, o Asterisk proverá os arquivos de música em espera nos formatos G.711, G.729, GSM, etc. Portanto não se faz necessário a tradução da música antes que ela seja enviada ao canal, e desta maneira o uso de CPU é diminuído, um aspecto muito bem vindo. Em versões mais antigas a MoH era normalmente proveniente de arquivos no formato MP3 (o que ainda pode ser feito). No entanto, o uso de CPU era muito mais intensivo devido à tradução de um formato para outro. .

O novo arquivo de configuração musiconhold.conf está mostrado abaixo. Observe que a classe default agora usa o formato de arquivo nativo mode=quietmp3.

Cada sessão é uma classe. A única classe não comentada é a classe default. Caso você queira ter diferentes classes para diferentes arquivos você precisará criar novas classes.

```
; Music on Hold -- Sample Configuration
[default]
mode=files
directory=moh
```

Configuração

Para usar música em espera você deve configurar a classe de MoH no arquivo de configuração do canal chan_dahdi.conf, sip.conf, etc. As músicas com licença livre são instaladas no formato wav. Durante a instalação você pode selecionar quais os formatos disponíveis através dentro do make menuselect. Caso você queira utilizar outros arquivos você deve utilizá-los nos formatos suportados.

Exemplo:

Adiciona a seguinte linha ao arquivo chan_dahdi.conf:

```
[channels]
musiconhold=default
```

Edite o arquivo musiconhold.conf alterando as seguintes linhas:

```
[default]
mode=files
directory=/var/lib/asterisk/moh
```

Dentro do plano de discagem você pode utilizar música em espera da seguinte maneira:

```
Exten=>100,1,SetMusicOnHold(default)
Exten=>100,2,Dial(DAHDI/2)
```

Edite os arquivos para habilitar música em espera

No arquivo /etc/asterisk/chan_dahdi.conf, adicione a linha:

```
[channels]
musiconhold=default
```

Mapas de aplicações

A partir da versão 1.2 é possível adicionar novas funcionalidades através do uso de mapas de aplicações no arquivo features.conf. Para ficar mais claro vamos fazer uso de um exemplo.

Suponha que você precise identificar em uma central de atendimento que tipo de cliente esta do outro lado da linha. Você poderia criar um mapa de aplicação para relacionar cada tipo de cliente. Esta aplicação poderia contar o número de clientes de um determinado tipo que atendeu as ligações feitas. Na aplicação abaixo o operador pode digitar #8 para identificar o cliente como "móvel" e #9 para "fixo".

```
[applicationmap]
; Note that the DYNAMIC_FEATURES channel variable must be set to use the
; features defined here.  The value of DYNAMIC_FEATURES should be the names
; of the features to allow the channel to use separated by '#'.
; For example:
;
Set(DYNAMIC_FEATURES=myfeature1#myfeature2#myfeature3)
; Example Usage:
```
No arquivo extensions.conf

```
movel=>#8, self, Set,DB(costumer/counter)=$[${DB(costumer/counter)}+1]
fixo=>#9, self, Set,DB(partner/counter)=$[${DB(partner/counter)}+1]
```

Resumo

Neste capítulo você aprendeu a configurar diversas funcionalidades encontradas em PABXs no Asterisk, tais como transferência de chamadas, estacionamento de chamadas, música em espera entre outras.

Questionário

1. Com relação ao estacionamento de chamadas assinale as afirmativas verdadeiras.

☐ Por default a extensão 800 é usada para estacionamento de chamadas

☐ Quando for para o outro telefone disque 700 para recuperar a chamada

☐ Por default a extensão 700 é usada para estacionamento de chamadas

☐ Digite a extensão anunciada para recuperar a chamada

2. Para que a captura de chamadas funcione é preciso que as extensões estejam no mesmo _____. No caso de extensões DAHDI isto é configurado em _____.

3. No caso de transferência de chamadas existem as transferências _____, onde o ramal de destino não é consultado antes e a transferência _____ onde é possível verificar se o usuário está na extensão.

4. Para fazer uma transferência assistida você usa o __ enquanto para fazer uma transferência às cegas (blind) você usa ___.

☐ #1, #2

☐ #2, #1

☐ #3, #1

☐ #4, #2

5. Para fazer conferência no Asterisk é necessário usar o aplicativo _____.

6. Se for necessário administrar uma conferência, você pode usar o aplicativo _____ e tirar um usuário da sala.

☐ MeetMe()

☐ MeetMeConsole()

☐ MeetMeAdministrator()

☐ MeetmeAdmin()

11

Distribuição automática de chamadas.

Filas de atendimento permitem que as chamadas de entrada no PABX possam ser tratadas de forma mais eficiente. Elas podem ajudar você a reduzir custos, aumentar as vendas, entre outras coisas. Isto porque a distribuição de chamadas afeta como você faz negócios não por alguns dias, mas por vários anos. Com o uso de uma fila você pode dimensionar melhor o número e controlar a qualidade dos agentes além de analisar o fluxo de chamadas. As filas mudaram muito das primeiras versões 1.2 e 1.4, para as mais recentes e vamos chamar a atenção nas melhorias recentes ocorridas.

Objetivos

Ao final deste capítulo você deverá estar apto a:

- Compreender a utilidade das filas de atendimento;
- Compreender o seu funcionamento básico;
- Instalar e configurar uma fila de atendimento.

Visão geral

Filas de chamada não são exatamente uma novidade. Quando você tem um fluxo de chamadas de entrada muito alto, é difícil distribuir de forma apropriada para atendentes em uma central telefônica comum. Usar uma estratégia de grupo onde o telefone é tocado em todas as mesas com mais de três atendentes não me parece uma boa idéia. Outro ponto importante é que em alguns casos um determinado atendente pode não estar presente, desta forma o telefone irá tocar sem ninguém atender. Uma fila de chamada em contrapartida só entregará chamadas para atendentes disponíveis, tocará música em espera caso um cliente tenha de esperar por alguns segundos e ainda é possível gerar estatísticas de atendimento.

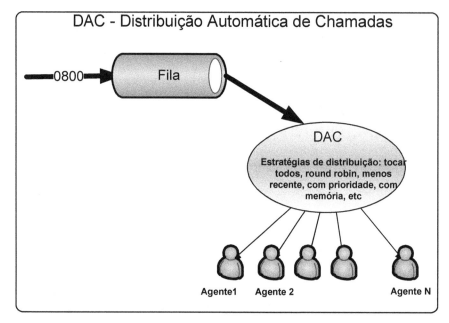

De uma forma geral os seguintes passos são executados em uma fila de distribuição de chamadas.

- As chamadas de entrada são colocadas na fila;

- Agentes atendem as chamadas da fila (extensões que logaram como agente);

- Uma estratégia de gerenciamento e distribuição de chamadas na fila é usada;

- É tocada música enquanto o usuário espera na fila.

- Podem ser feitos anúncios para membros que estão na fila.

A principal aplicação para filas é o de serviço de atendimento ao consumidor (SAC). Com o uso de filas você evita de perder chamadas quando seus agentes estão ocupados. Caso você constate que o número de ligações médio dentro da fila é maior do que o desejado, você pode adicionar mais agentes para resolver este problema.

Outro ponto chaves das filas de atendimento e distribuição automática de chamadas são as estatísticas que podem ser geradas como TME (tempo médio de espera), TMA (tempo médio de atendimento), chamadas abandonadas, as quais permitem que você possa dimensionar cientificamente seu atendimento para prover um melhor serviço a seus clientes.

Arquitetura de um DAC

Um DAC é composto por filas e agentes, sendo que um agente pode pertencer a uma ou mais filas ao mesmo tempo. Uma fila pode conter agentes, canais e grupos de agentes.

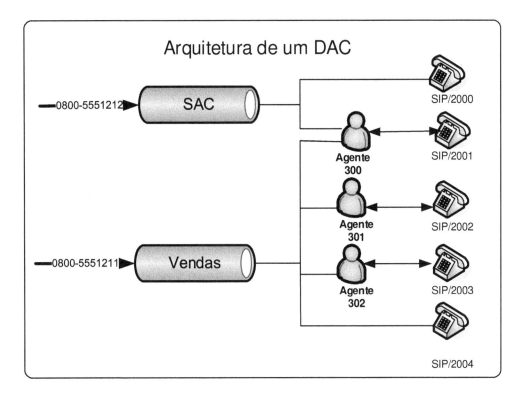

Filas

Filas são definidas no arquivo de configuração `queues.conf`. Agentes são atendentes que fizeram o login e pertencem a uma fila.

Uma mudança significativa ocorreu com o método de como as chamadas são distribuídas. Em versões anteriores à 1.4, a fila operava em modo serial, ou seja, esperava pela chamada ser despachada para então enviar uma nova chamada a outro agente. Caso um agente demorasse 30 segundos para receber uma chamada, os outros agentes teriam que esperar a mesma quantidade de tempo para receber a próxima. Para filas de grande volume, tal comportamento se mostrou muito ineficiente. O comportamento atual é não esperar que a chamada seja atendida, desta maneira, colocando em paralelo a distribuição de chamadas. Este comportamento é controlado pelo parâmetro `autofill` e para operar em paralelo deve ser preenchido com `yes`.

As filas podem ser gravadas usando `monitor-type=mixmonitor`. Neste modo as chamada são gravadas e mixadas ao mesmo tempo.

Exemplo de um arquivo `queues.conf`:

```
[general]
persistentmembers = yes
autofill = yes
monitor-type = MixMonitor
```

```
[costumerservice]
musicclass = default
announce = queue-costumerservice
strategy = rrmemory
servicelevel = 60
context = costumerservice
timeout = 15
retry = 5
wrapuptime=15
announce-frequency = 90
periodic-announce-frequency=60
announce-holdtime = yes
monitor-format = wav
member => Agent/301,301
Member => Agent/300,300
```

Agentes

Os agentes são configurados no arquivo `agents.conf` e são o um canal do tipo proxy. Os agentes podem ser úteis para o seu uso com filas e também para criar a mobilidade de extensão. O usuário pode fazer login com qualquer telefone e receber as suas chamadas no mesmo. Os agentes são definidos no arquivo agents.conf. Você pode discar para um agente da seguinte maneira:

`Dial(agent/<nome>)`

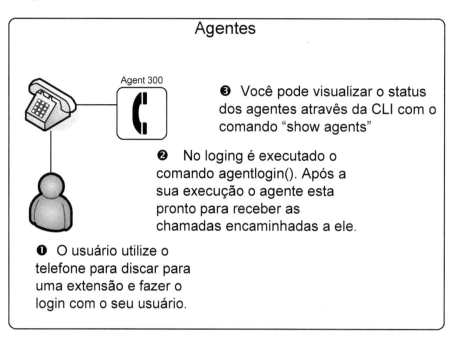

Você pode configurar grupos de agentes, mas esta funcionalidade não esta relacionada às estratégias de DAC. É bem provável que você queira listar os seus agentes um a um. Caso você queira transferir para um grupo de agentes você pode fazer uso dos seguintes comandos no seu `queue.conf`:

```
member=>agent/@1          ;any agent in group 1
member=>agent/:1,1  ;any agent in group 1, wait for first available,
                        ;do not use agent groups.
```

Exemplo de um arquivo `agents.conf`:

```
; Agent configuration

[general]
persistentagents=yes

[agents]
autologoff=15
autologoffunavail=yes
ackcall=no
endcall=yes
wrapuptime=5000
musiconhold => default
;
;This section contains the agent definitions, in the form:
;
; agent => agentid,agentpassword,name
;
agent => 300,300
agent => 301,301
```

Membros

Membros são canais ativos que respondem as chamadas de uma fila. Eles podem ser canais diretos (SIP, DAHDI, IAX) ou agentes que fizeram o login.

Estratégias de distribuição

As chamadas de uma fila podem ser distribuídas seguindo uma das seguintes estratégias:

- **ringall**: O telefone de todos os membros da fila toca até que um deles atenda a ligação;

- **roundrobin**: As chamadas são distribuídas igualmente entre os membros;

- **leastrecent**: A chamada é distribuída para o membro que recebeu a ligação mais antiga;

- **fewestcalls**: A chamada é encaminhada para o membro que recebeu menos ligações;

- **random**: As chamadas são distribuídas aleatoriamente entre os membros;

- **rrmemory**: É semelhante ao roundrobin, só que possui memória. Ele lembra quando foi o último agente a receber chamadas na última passada.

Aplicações relacionadas ao DAC

Vamos explorar algumas aplicações relacionadas com DAC. Estas aplicações são necessárias a implantação de uma central de atendimento.

A aplicação queue()

Esta aplicação coloca na fila, definida em `queues.conf` a chamada entrante. A saída do help da mesma na linha de comando é a seguinte:

```
Queue a call for a call queue

[Description]
  Queue(queuename[|options[|URL][|announceoverride][|timeout][|AGI]):

Options:
          'd' -- data-quality (modem) call (minimum delay).
          'h' -- allow callee to hang up by hitting *.
          'H' -- allow caller to hang up by hitting *.
          'n' -- no retries on the timeout; will exit this application.
          'i' -- ignore call forward requests from queue members and do nothing
          'r' -- ring instead of playing MOH
          't' -- allow the called user transfer the calling user
          'T' -- to allow the calling user to transfer the call.
          'w' -- allow the called user to write the conversation to disk via
Monitor
          'W' -- allow the calling user to write the conversation to disk via
Monitor
```

Pode não ser usada nenhuma opção ou várias. Sendo que as opções são as seguintes:

- "d" - Qualidade de dados (modem) ou menor atraso (call);

- "h" - Permite à extensão chamada encerrar a ligação enviando "*";

- "H" - Permite à extensão de origem encerrar a ligação enviando "*";

- "n" - Não tenta novamente após o timeout, encerra a aplicação e vai para a próxima prioridade;

- "i" - Ignora as transferências de chamadas feitas pelos membros da fila;

- "r" - Toca a campainha ao invés da música em espera;

- "t" - Permite ao usuário chamado transferir a ligação do usuário de origem;

- "t" - Permite ao usuário de origem transferir a ligação do usuário chamado;

- "w" - Permite ao usuário chamado realizar a gravação da chamada via `monitor`;

- "W" - Permite ao usuário de origem realizar a gravação da chamada via `monitor`.

Além de ser transferida uma ligação pode ser estacionada e atendida por outro usuário.

Caso o canal suporte a URL opcional será enviada ao usuário chamado.

O parâmetro opcional, `AGI` executará um script AGI no canal de origem quando o mesmo for conectado a um membro da fila.

Quando esta aplicação termina sua execução atribui a variável ${QUEUE} uma das seguintes strings:

- TIMEOUT
- FULL
- JOINEMPTY
- LEAVEEMPTY
- JOINUNAVAIL
- LEAVEUNAVAIL

A aplicação Agentlogin()

Esta aplicação faz o login de um agente no sistema. A saída de seu help é o seguinte:

```
Call agent login

[Description]
  AgentLogin([AgentNo][|options]):

Options:

's' silent login - do not announce the login ok
```

Enquanto o agente não fizer o logout ele poderá receber chamadas, quando uma nova chamada for feita a ele o mesmo ouvirá um bip e poderá recusar a chamada discando "*". Esta aplicação possui apenas uma opção:

"s" - Login silencioso, não anuncia o "ok" do login.

A aplicação addQueueMember()

Adiciona dinamicamente uma interface (ex.: `SIP/3000`) a uma fila. Caso a interface já exista retornará um erro.

```
AddQueueMember(queuename[|interface][|penalty]):
```

A aplicação removeQueueMember()

Remove dinamicamente uma interface de uma fila. Caso a interface não pertence a fila retornará um erro:

```
RemoveQueueMember(queuename[|interface])
```

Comandos no console

Os seguintes comandos são úteis e podem ser disparados a partir da CLI:

- "agent show" - Mostra todos os agentes;
- "show queues" - Mostra todas as filas;
- "queue show <name>" - Mostra detalhes específicos da fila <name>.

Configuração

Para configurar um DAC, basta seguir os seguintes passos:

Passo 1: Criar a fila

A fila é criada no arquivo queues.conf.

Exemplo de arquivo queues.conf:

```
[telemarketing]
music = default
;announce = queue-telemarketing
;context = qoutcon
timeout = 2
retry = 2
maxlen = 0
member => Agent/300
member => Agent/301
[auditing]
music = default
;announce = queue-auditing
;context = qoutcon
timeout = 15
retry = 5
maxlen = 0
member => Agent/600
member => Agent/601
```

Passo 2: Configurar os parâmetros dos agentes

As configurações dos agentes são feitas no arquivo agents.conf.

Exemplo de arquivo agents.conf:

```
;
; Agent configuration
;

[agents]
; Define maxlogintries to allow agent to try max logins before
; failed.
; default to 3
maxlogintries=5
; Define autologoff times if appropriate.  This is how long
; the phone has to ring with no answer before the agent is
; automatically logged off (in seconds)
autologoff=15
; Define autologoffunavail to have agents automatically logged
; out when the extension that they are at returns a CHANUNAVAIL
; status when a call is attempted to be sent there.
; Default is "no".
;autologoffunavail=yes
```

```
; Define ackcall to require an acknowledgement by '#' when
; an agent logs in using agentcallbacklogin.  Default is "no".
;ackcall=no
; Define endcall to allow an agent to hangup a call by '*'.
; Default is "yes". Set this to "no" to ignore '*'.
;endcall=yes
; Define wrapuptime.  This is the minimum amount of time when
; after disconnecting before the caller can receive a new call
; note this is in milliseconds.
;wrapuptime=5000
; Define the default musiconhold for agents
; musiconhold => music_class
;musiconhold => default
;
; Define the default good bye sound file for agents
; default to vm-goodbye
;agentgoodbye => goodbye_file
; Define updatecdr. This is whether or not to change the source
; channel in the CDR record for this call to agent/agent_id so
; that we know which agent generates the call
;updatecdr=no
;
; Group memberships for agents (may change in mid-file)
;
;group=3
;group=1,2
;group=
```

Passo 3: Criar os agentes

Os agentes também são criados no arquivo agents.conf.

Exemplo de criação de agentes:

```
;agent => agentid,agentpassword,name
[agents]
agent => 300,300,Test Rep - 300
agent => 301,301,Test Rep . 301
agent => 600,600,Test Ver - 600
agent => 601,601,Test Ver . 601
```

Passo 4: Colocar as filas no plano de discagem

As filas precisam estar no plano de discagem para poderem ser acessadas.

Exemplo de inclusão de filas no extensions.conf:

```
; Telemarketing queue.
exten=>_0800XXXXXXX,1,Answer
exten=>_0800XXXXXXX,2,SetMusicOnHold(default)
exten=>_0800XXXXXXX,3,DigitTimeout,5
exten=>_0800XXXXXXX,4,ResponseTimeout,10
exten=>_0800XXXXXXX,5,Background(welcome)
exten=>_0800XXXXXXX,6,Queue(telemarketing)

; Transfer to the queue auditing
exten => 8000,1,Queue,(auditing)
exten => 8000,2,Playback(demo-echotest); No auditor available
exten => 8000,3,Goto(8000,1) ; Verify auditor again

; Agent login for the telemarketing and auditing queues
```

```
exten => 9000,1,Wait(1)
exten => 9000,2,AgentLogin()
```

Passo 5: Configurar a gravação das filas

Você pode habilitar a gravação das chamadas de uma fila, aqui vamos utilizar o mixMonitor para a gravação. Esta opção pode ser habilitada na própria aplicação queue. A gravação só será feita a partir do momento que o agente atendeu a ligação, a parte da espera do cliente na fila não será gravada.

Para configurar este recurso, basta especificar monitor-format=mixMonitor no queue.conf. Você pode especificar um arquivo para a gravação através do comando "Set (MONITOR_FILENAME=<filename>).

Exemplo de trecho do arquivo queue.conf que habilita a gravação:

```
;
monitor-format = wav
;
monitor-type = MixMonitor
;
monitor-join = yes
```

Operação da fila

Um exemplo de uma fila em operação:

- O agente de telemarketing faz o login através da extensão "#9000" fornecendo o seu usuário e senha. Os agentes da fila de auditoria seguem o mesmo procedimento
- Enquanto estiver na fila o agente ouvirá música em espera, caso definido. Quando uma chamada entra na fila de telemarketing o agente ouvirá um bip e será conectado com a chamada
- Para finalizar a chamada o agente pode:
    o Discar "*" para encerrar a ligação e permanecer na fila;
    o Fazer logoff e sair da fila;
    o Discar "#8000" para transferir a chamada para a auditoria.

Recursos avançados

Existem diversos outros recursos adicionais que um DAC pode ter, vamos explorar alguns deles.

Menu para o usuário

Você pode definir um menu para o usuário, enquanto ele estiver esperando. Para este menu, você pode usar extensões de um dígito. Para habilitar esta opção, defina o contexto para o menu na configuração da fila.

Penalidades

Pode ser atribuída uma "penalidade" para cada agente. O Asterisk pode distribuir as chamadas, primeiro para os agentes com uma penalidade menor. Para tornar mais claro isso, vamos tomar como exemplo:

- Como os nossos clientes preferem ser atendidos por uma mulher poderíamos definir uma penalidade igual a 0 para todas as agentes e uma penalidade maior que 0 para os agentes, desta maneira as ligações da fila seriam encaminhadas primeiro para as agentes.

- Suponha que você contrate um estagiário para prestar atendimento ao lado de um agente com experiência. Poderíamos atribuir uma penalidade igual a 10 para o estagiário e 0 para o agente antigo, para que as ligações sejam encaminhadas para o último e caso o mesmo se encontre ocupado as ligações são encaminhas da o estagiário.

Exemplo de configuração:

```
[suporte]
member=300,0,Paulo   ; agente experiente
member=300,10,ZeRuela      ; estagiário
```

Prioridades

As filas operam no esquema FIFO(First In First Out) ou seja a primeira chamada recebida será a primeira chamada atendida. Caso você queira dar privilégios para certo grupo de clientes, você pode atribuir prioridades diferentes aos mesmos.

Exemplo:

```
; clientes VIP
exten=>111,1,Playback(welcome)
exten=>111,2,Set(QUEUE_PRIO=10)
exten=>111,3,Queue(costumerservice)

; Clientes normais
exten=>112,1,Playback(welcome)
exten=>112,2,Set(QUEUE_PRIO=5)
exten=>112,3,Queue(costumerservice)
```

A aplicação agentcallbacklogin() está obsoleta.

A aplicação agentcallbacklogin() foi removida a partir da versão 1.4. Um documento chamado queues-with-callback-members.txt está incluído no diretório /doc da distribuição do Asterisk. Neste documento, você irá encontrar instruções detalhadas em como recriar os recursos desta aplicação.

Estatísticas da fila

Todos os eventos das filas são logados em /var/log/asterisk/queue_log. O formato do log da fila está publicado em um documento chamado queuelog.txt no diretório /doc do Asterisk. Abaixo algins dos eventos registrados.

- ABANDON(position|origposition|waittime)
- AGENTDUMP
- AGENTLOGIN(channel)
- AGENTCALLBACKLOGIN(exten@context)
- AGENTLOGOFF(channel|logintime)
- AGENTCALLBACKLOGOFF(exten@context|logintime|reason)
- COMPLETEAGENT(holdtime|calltime|origposition)
- COMPLETECALLER(holdtime|calltime|origposition)
- CONFIGRELOAD
- CONNECT(holdtime|bridgedchannel|uniqueid)
- ENTERQUEUE(url|callerid)
- EXITEMPTY(position|origposition|waittime)
- EXITWITHKEY(key|position)
- EXITWITHTIMEOUT(position)
- QUEUESTART
- RINGNOANSWER(ringtime)
- SYSCOMPAT
- TRANSFER(extension|context|holdtime|calltime)

Você pode construer seu próprio utilitário para processar estes eventos ou usar um pacote estatístico pronto. Nós testamos dois utilitários destes com sucesso.

- Qlog analyzer (http://www.micpc.com/qloganalyzer/) – Excelente pacote open source.
- Queue metrics (http://queuemetrics.com/) – Um dos pacotes mais completes de estatísticas de fila. Um dos pacotes mais completos de estatísticas de fila.

Resumo

Neste capítulo você aprendeu para que serve um DAC, sua arquitetura e como configurar um. Também aprendeu a configurar alguns recursos avançados de um DAC.

Questionário

1. Cite quatro estratégias de roteamento do sistema de fila de atendimento.

_____

_____

_____

2. É possível gravar a conversação dos agentes usando _____ no arquivo `agents.conf`.

3. Para logar um agente usa-se o comando `Agentlogin([agentnumber])`. Quando o agente termina a chamada ele pode pressionar:

☐ `*` para desconectar e permanecer na fila

☐ Desligar o telefone e ser desconectado da fila

☐ Pressionar `#8000` e a chamada será transferida para a fila de auditoria

☐ Pressionar `#` para desligar.

4. As tarefas obrigatórias para configurar uma fila de atendimento são:

☐ Criar a fila

☐ Criar os agentes

☐ Configurar os agentes

☐ Configurar a gravação

☐ Colocar no plano de discagem

5. Qual a diferença entre os aplicativos `AgentLogin()` e `AgentCallBackLogin()`.

_____

_____

_____

_____

6. Quando em uma fila de atendimento, você pode definir um determinado número de opções que o usuário pode discar. Isto é feito incluindo um _____ na fila.

☐ Agente

☐ Menu

☐ Contexto

☐ Aplicativo

7. As aplicações de apoio `AddQueueMember`, `AgentLogin`, `AgentCallBackLogin` e `RemoveQueueMember` devem ser incluídas no: _____

☐ Plano de discagem

☐ Interface de linha de comando

☐ Arquivo `queues.conf`

☐ Arquivo `agents.conf`

8. É possível gravar os agentes, mas para isto é preciso de um gravador externo.

☐ Verdadeiro

☐ Falso

9. O parâmetro `wrapuptime` é o tempo que o agente precisa após o término de uma chamada para se preparar para a próxima ou completar processos em relação a chamada atendida

☐ Verdadeiro

☐ Falso

10. Uma chamada pode ser priorizada dependendo do `CallerID` dentro de uma mesma fila. A afirmativa está:

☐ Correta

☐ Incorreta

12

Registro detalhado de chamadas

O Asterisk, assim como outras plataformas de telefonia, permite a bilhetagem das ligações telefônicas em um registro detalhado de chamadas, conhecido pela sigla em inglês CDR (Call Detail Records). Existem diversos programas no mercado que importam os bilhetes gerados pelas centrais telefônicas e tratam estes bilhetes para fins de conferência com a conta telefônica, controles internos e estatísticas.

A partir do Asterisk 1.8, além do CDR está disponível uma nova interface chamada CEL (Log de eventos do canal). O CEL gera mais informações sobre o que está havendo com a chamada do que o CDR a assim permite a construção de um sistema de tarifação mais robusto e detalhado do que seria possível apenas com o CDR.

Objetivos:

Ao final deste capítulo o leitor deverá estar apto a:

- Entender onde e em que formato, são gerados os bilhetes
- Gerar os bilhetes do Asterisk em uma base de dados MySQL;
- Implantar um sistema de autenticação de discagem integrado com a bilhetagem

Formato dos bilhetes do Asterisk

O Asterisk gera os bilhetes, também conhecidos como CDR (Call Detail Records, ou, registro detalhado das chamadas), para cada chamada. Os registros são armazenados em um arquivo texto separado por vírgula, também conhecido como CSV (comma separated value), no diretório `/var/log/asterisk/cdr-csv`. Os principais campos da bilhetagem são:

CDR	Descrição	Tipo	Tam.

Accountcode	Número da conta usado	String	20
Src	Identificação da origem	String	80
Dst	Extensão de destino	String	80
Dcontext	Contexto de destino	String	80
Clid	Texto de identificação de chamada	String	80
Channel	Canal usado	String	80
Dstchannel	Canal de destino	String	80
Lastapp	Última aplicação	String	80
Lastdata	Últimos parâmetros da aplicação	String	80
Start	Início da chamada	Date/Time	
Answer	Resposta da chamada	Date/Time	
End	Fim da chamada	Date/Time	
Duration	Tempo total desde a discagem,em segundos	Integer	
Billsec	Tempo total bilhetável, em segundos	Integer	
Disposition	O que aconteceu com a chamada: ANSWERED (atendida), NO ANSWER (não atendida), BUSY (ocupada), FAILED (falhou)	String	20
Amaflags	Indicador, DOCUMENTATION (documentar), BILLING (bilhetar), OMMIT (omitir), IGNORE (ignorar).	String	20
User field	Campo definido pelo usuário	String	255
Uniqueid	Identificador único para a parte A	String	32
Linkedid	Identificador único que une múltiplos CDRs	String	32
peeraccount	O código da conta da parte B	String	80
Sequence	Um valor numérico que junto com o uniqueid e linkedid pode identificar um CDR específico	Integer	

Segue um exemplo em duas linhas do arquivo csv importado para uma tabela.

AccountCode	CallerID No.	Extension	Contexto	CallerID texto	Canal Origem	Canal Destino
1234	4830258576	*72*1234*8584	admin	"G. Kuerten" <4830258576>	SIP/8576-5f30	SIP/8584-9153
1234	4830258576	*72*1234*8584	admin	"G. Kuerten" <4830258576>	SIP/8576-96f5	SIP/8584-3312
1234	4830258576	*72*1234*8584	admin	"G. Kuerten" <4830258576>	SIP/8576-74ac	SIP/8584-297b
1234	4830258576	2012348584	admin	"G. Kuerten" <4830258576>	SIP/8576-2c5d	SIP/8584-9870
1234	4830258584	2012348576	default	"R. Nadal" <4830258584>	SIP/8584-03fd	SIP/8576-645c

Aplicação	Parâmetros	Início	Atendimento	Fim	Dur.	Bil.	Disposição	Amaflags
Dial	SIP/8584|30|tT	27/3/2006 16:05	27/3/2006 16:05	27/3/2006 16:05	5	3	ANSWERED	DOCUMT
Dial	SIP/8584|30|tT	27/3/2006 16:16	27/3/2006 16:16	27/3/2006 16:16	6	4	ANSWERED	BILLING
Dial	SIP/8584|30|tT	27/3/2006 16:22	27/3/2006 16:22	27/3/2006 16:22	9	5	ANSWERED	BILLING
Dial	SIP/8584|30|tT	27/3/2006 16:37	27/3/2006 16:37	27/3/2006 16:37	5	2	ANSWERED	BILLING
Dial	SIP/8576|30|tT	27/3/2006 16:37	27/3/2006 16:37	27/3/2006 16:37	9	5	ANSWERED	BILLING

Códigos de conta e contabilização automática.

Você pode especificar códigos de conta e os indicadores de bilhetagem (AMA – Automated Message Accounting) em cada um dos canais (`sip.conf`, `iax.conf`, `chan_dahdi.conf`, etc).

As `amaflags` definem o que fazer com o CDR do canal. Estas `flags` podem assumir os seguintes valores:

- Default: Configura o padrão do sistema

- Omit: Não registrar as chamadas

- Billing: Marcar o registro para bilhetar

- Documentation: Marcar o registro para documentação

Assim como você pode configurar os `amaflags`, você pode configurar para cada canal um código de contabilização. O código da conta pode ser uma string de até 20 caracteres. Com ele você pode contabilizar por departamento, por exemplo, vendas, produção, assistência técnica.

Exemplo: (`sip.conf`)

```
[8576]
amaflags=default
accountcode=Suporte
```

```
type=friend
username=8576
```

Métodos de armazenamento do CDR

A bilhetagem pode ser armazenada de diversas formas. A formas mais importantes em minha opinião são:

- Arquivos CSV: Podem ser importados facilmente para planilhas e para softwares de bilhetagem, é a forma mais comum para configurações de pequeno porte;
- Banco de dados: A utilização de bancos de dados é mais segura e robusta que o uso de arquivos CSV. Existem diversas interfaces gráficas que interagem com os CDRs armazenados em bancos de dados, como por exemplo, o A2billing (software livre) e o AsteriskStatus da Areski (www.areski.net).

Drivers de armazenamento disponíveis

- cdr_csv – Arquivos texto separados em vírgula
- cdr_SQLite – Banco de dados SQLite
- cdr_pgsql – Banco de dados Postgres
- cdr_odbc – Banco de dados suportado por unixODBC
- cdr_mysql – Banco de dados MySQL
- cdr_FreeTDS – Bancos de dados Sybase e MSSQL
- cdr_yada – Banco de dados yada
- cdr_manager – bilhetagem para o Asterisk Manager
- cdr_radius – Bilhetagem em um servidor radius,

A gravação dos CDRs é feita em todos os módulos ativos no /etc/asterisk/modules.conf. Caso o parâmetro autoload esteja em yes todos os módulos disponíveis são carregados.

Armazenando em CSV

Como já dissemos o Asterisk coloca os dados em um arquivo CSV por padrão. Isto é feito pelo módulo cdr_csv.so. Se você conseguir visualizar os dados nos arquivos verifique se o Asterisk está carregando-o usando o comando "module show" se não estiver, verifique o arquivo /etc/asterisk/modules.conf.

Armazenando em uma base de dados MySQL.

O Asterisk também pode armazenar registros de CDR em um banco de dados MySQL. Devido ao licenciamento das bibliotecas do MySQL a aplicação de bilhetagem em MySQL não é mais parte integrante do Asterisk. Ele vem como um adicional que você terá de descompactar a compilar separadamente caso deseje fazer uso desta aplicação.

Siga as seguintes instruções para compilar o suporte a MySQL no se Asterisk

Passo 1: Instale os pacotes `mysql-server`, `mysql-devel` e o `asterisk-addons` correspondente a sua versão.

```
yum install mysql-server
yum install mysql-client
yum install mysql-devel
cd /usr/src/asterisk-12.0.0
/etc/init.d/mysqld start
./configure
make menuconfig
```

Passo 2: Selecione o componente cdr_mysql e recompile o Asterisk com a opção de gerar CDRs para o MySQL

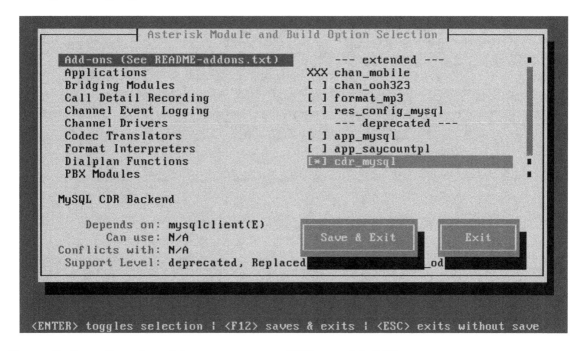

Passo 3: Compile o Asterisk com suporte a CDR com MySQL

```
make
make install
```

Passo 4: Faça os ajustes necessário no arquivo `cdr_mysql.conf`. As configurações devem apontar para onde o servidor que rodará o MySQL.

```
[global]
hostname=localhost
dbname=asteriskcdrdb
password=asterisk
```

```
user=asterisk
port=3306
;sock=/var/run/mysqld/mysqld.sock
;userfield=1
```

Passo 5: Edite o arquivo `modules.conf` para incluir a carga do módulo `cdr_addon_mysql.so`. Normalmente isto não é necessário, pois o padrão é `autoload=yes`.

Passo 6: Crie o banco de dados para o `cdr_mysql`. O esquema para acesso a base pode ser encontrado em: https://wiki.asterisk.org/wiki/display/AST/MySQL+CDR+Backend.

#mysql

```
CREATE TABLE cdr (
        calldate datetime NOT NULL default '0000-00-00 00:00:00',
        clid varchar(80) NOT NULL default '',
        src varchar(80) NOT NULL default '',
        dst varchar(80) NOT NULL default '',
        dcontext varchar(80) NOT NULL default '',
        channel varchar(80) NOT NULL default '',
        dstchannel varchar(80) NOT NULL default '',
        lastapp varchar(80) NOT NULL default '',
        lastdata varchar(80) NOT NULL default '',
        duration int(11) NOT NULL default '0',
        billsec int(11) NOT NULL default '0',
        disposition varchar(45) NOT NULL default '',
        amaflags int(11) NOT NULL default '0',
        accountcode varchar(20) NOT NULL default '',
        uniqueid varchar(32) NOT NULL default '',
        userfield varchar(255) NOT NULL default '',
        peeraccount varchar(20) NOT NULL default '',
        linkedid varchar(32) NOT NULL default '',
        sequence int(11) NOT NULL default '0'
);
```

Crie os índices abaixo para acelarar o acesso aos dados.

```
ALTER TABLE `cdr` ADD INDEX ( `calldate` );
ALTER TABLE `cdr` ADD INDEX ( `dst` );
ALTER TABLE `cdr` ADD INDEX ( `accountcode` );
```

Uma dica de uso é copiar e colar estes comandos SQL em um arquivo texto como cdr.sql ,então executar o seguinte comando.

mysql –u asterisk –p asteriskdb <cdr.sql

Alterando o formato da bilhetagem

Você pode alterar o formato da bilhetagem no arquivo `cdr_custom.conf`.

```
;
; Mappings for custom config file
;
[mappings]
Master.csv                                                                  =>
"${CDR(clid)}","${CDR(src)}","${CDR(dst)}","${CDR(dcontext)}","${CDR(chann
el)}","${CDR(dstchannel)}","${CDR(lastapp)}","${CDR(lastdata)}","${CDR(sta
```

```
rt)}","${CDR(answer)}","${CDR(end)}","${CDR(duration)}","${CDR(billsec)}",
"${CDR(disposition)}","${CDR(amaflags)}","${CDR(accountcode)}","${CDR(uniq
ueid)}","${CDR(userfield)}"
```

Aplicações e funções relacionadas à bilhetagem

Diversas aplicações e funções estão relacionadas à bilhetagem vamos explorar algumas delas.

A função CDR(account)

Configura um código de conta antes de se chamar uma aplicação como o `dial`, por exemplo. Sua sintaxe é a seguinte:

```
Set(CDR(account)=account)
```

O código da conta pode ser verificado através da variável `${CDR(accountcode)}`

A função (CDR(amflags)

Configura o indicador de bilhetagem, as opções são default, omit, documentation, billing. Sua sintaxe é a seguinte:

```
Set(CDR(amaflags)=amaflags)
```

A aplicação NoCDR()

Faz com que nenhum CDR seja gravado para certa chamada.

A aplicação ResetCDR()

Apaga um CDR, opcionalmente armazenando o CDR atual antes de zerá-lo se a opção "w" for especificada.

A função CDR(userfield)

Esta função configura o campo definido pelo usuário do CDR. Se você estiver usando o cdr_addon_mysql certifique-se de ter userfield=1 no cdr_mysql.conf. Se estiver usando cdr_csv, edite o arquivo fonte (cdr_csv.c) e recompile o Asterisk para habilitar o campo do usuário. O comando não tem efeito se não estiver habilitado no código fonte ou na configuração do MySQL (cdr_mysql.conf).

A aplicação AppendCDRUserField()

Adiciona dados ao campo definido pelo usuário (userfield) no CDR. Sua sintaxe é a seguinte:

```
AppendCDRUserField(<value>)
```

Autenticação de Usuários

Algumas empresas fazem a tarifação das ligações particulares realizados por seus colaboradores. O Asterisk permite usar um esquema de autenticação onde os dados de tarifação dos usuários autenticados sejam gravados em um CDR. A autenticação pode ocorrer com uma senha passada como parâmetro para o comando authenticate, com um arquivo de senhas quando precedido por / ou com o AstDB.

Sua sintaxe é a seguinte:

```
Authenticate(password[|options])
Authenticate(/passwdfile|[|options])
Authenticate(</db-keyfamily|d>options)
```

As opções possíveis são:

- a - Configura o código da conta no CDR com o a senha que for entrada. Isto é útil se for desejado bilhetar estas ligações;

- d - Interpreta o caminho como uma família chave no banco de dados;

- r - Remove a chave da base de dados após um tentativa de autenticação com sucesso (funciona apenas com a opção d);

- j - Pula para a prioridade n+101 no caso de autenticação inválida.

Exemplo: (Autenticação para ligações internacionais)

```
exten=_000.,1,Authenticate(/senha|daj)
exten=_000.,2,Dial(DAHDI/g1/${EXTEN:1},20,tT)
exten=_000.,3,Hangup()
exten=_000.,102,Playback(naoautorizado)
exten=_000.,103,Hangup()
```

Para cadastrar as senhas use a linha de comando na console

```
CLI>database put senha 123456 1
```

Usando as senhas do Correio Eletrônico

Com o uso da aplicação VMAuthenticate, podemos utilizar as senhas já definidas para o correio de voz para a autenticação dos usuários. A sintaxe desta aplicação é a seguinte:

```
VMAuthenticate([mailbox][@context][|options])
```

Se uma caixa postal for especificada, apenas a senha da caixa postal será considerada válida. Se a caixa postal não for especificada, a variável de canal AUTH_MAILBOX será configurada com a caixa postal autenticada. Se a opção "s" for utilizada nenhum prompt será executado.

Exemplo: (Autenticação para ligações internacionais)

```
exten=_000.,1,VMAuthenticate(${CALLERID}@ramais|ajs)
exten=_000.,2,Dial(DAHDI/g1/${EXTEN:1},20,tT)
```

```
exten=_000.,3,Hangup()
exten=_000.,102,Playback(naoautorizado)
exten=_000.,103,Hangup()
```

Resumo

Neste capítulo aprendemos como atribuir códigos de contabilização aos canais (ramais e troncos) do Asterisk. Aprendemos como configurar a bilhetagem para ser armazenada em arquivos texto e também em bases de dados. Por fim entendemos os mecanismos de autenticação que permitem um controle maior da tarifação no Asterisk.

Questionário

1. Por default o Asterisk bilheta as chamadas para `/var/log/asterisk/cdr-csv`.

    ☐ Falso
    ☐ Verdadeiro

2. O Asterisk só permite bilhetar para bases de dados:

    ☐ MySQL
    ☐ Oracle nativo
    ☐ MSSQL
    ☐ Arquivos texto CSV
    ☐ Bases de dados pelo unix_ODBC

3. O Asterisk bilheta apenas em um tipo de armazenagem

    ☐ Falso
    ☐ Verdadeiro

4. Os indicadores disponíveis para a bilhetagem (`amaflags`) são:

    ☐ Default
    ☐ Omit
    ☐ Tax
    ☐ Rate
    ☐ Billing
    ☐ Documentation

5. Se você deseja associar um departamento ou um código de contabilização ao CDR, você deve usar o comando _____. O código da conta pode ser verificado pela variável

_____.

6. A diferença entre as aplicações `NoCDR` e `ResetCDR` é que o `NoCDR` não gera nenhum bilhete, enquanto o `ResetCDR` zera o tempo da chamada no registro.

    ☐ Falso
    ☐ Verdadeiro

7. Para usar um campo definido pelo usuário (`UserField`) é necessário re-compilar o Asterisk.

    ☐ Falso
    ☐ Verdadeiro

8. Os três métodos de autenticação disponíveis para a aplicação `Authenticate` são:

    ☐ Senha
    ☐ Arquivo de senhas
    ☐ Banco berkley DB (dbput e dbget)
    ☐ VoiceMail

9. As senhas de correio eletrônico são especificadas em outra parte do arquivo `voicemail.conf` e não são as mesmas do correio de voz.

☐ Falso
☐ Verdadeiro

10. A opção do comando `Authenticate` __ faz com que a senha seja colocada no código de contabilização do cdr.

☐ a
☐ j
☐ d

Página deixada em branco intencionalmente

13

Segurança no Asterisk

Desde o início da implantação de sistemas de telefonia IP, a questão da segurança vem ganhando maior importância. Temos visto diariamente novos ataques a servidores de telefonia IP. Um dos piores aspectos dos ataques as centrais telefônicas é que eles causam prejuízos reais, imediatos e mensuráveis. Os casos de fraude, como roubo de serviço, onde um criminoso invade a sua central telefônica e disca para números com tarifa reversa tais como premium rate numbers ou números que geram créditos é cada vez mais comum. A conta vem no fim do mês para ser paga ou sua linha telefônica é bloqueada. As fraudes chegam facilmente a centenas de milhares de reais.

O que fazer? Neste capítulo apresentaremos algumas estratégias para lidar com os problemas. A primeira estratégia é a prevenção e a segunda, o controle de danos.

Objetivos

Ao final deste capítulo você deve estar apto à:

- Identificar os principais tipos de ataque à uma central telefônica
- Instalar o fail2ban para prevenir ataques do tipo SIP brute force
- Instalar e configurar o TLS para evitar ataques à sinalização
- Instalar e usar SRTP integrado ao Asterisk para evitar um grampo telefônico não autorizado

Principais ataques à telefonia IP

Os principais tipos de ataque à estrutura de telefonia IP podem ser classificados em:

1. Negação de serviço (DoS/DDoS)

2. Roubo de serviço (Uso fraudulento da rede pública de telefonia)

3. Grampeamento de telefone não autorizado através de sniffers e arp spoofing.

DDoS/DOS

Ataques do tipo DoS e DDoS são comuns. A principal proteção que se pode aplicar para prevenir este tipo de ataque é impedir acesso externo as portas do Asterisk sempre que possível. Outro medida para mitigar este problema é manter o servidor atualizado livre de vulnerabilidades conhecidas. Os principais tipos de ataque DoS são Fuzzing, SIP flooding, IAX2 Flooding e RTP Flooding. Estes ataques podem derrubar totalmente o seu servidor ou simplesmente degradar a performance até que a qualidade de voz seja inaceitável. Algumas das principais ferramentas estão listadas abaixo, não listamos todas porque algumas já estão obsoletas e outras são pagas.

- Fuzzing :
  - Protos Test Suite https://www.ee.oulu.fi/research/ouspg/PROTOS_Test-Suite_c07-sip. Esta é uma ferramenta de testes que faz milhares de testes enviando pacotes malformados para o seu servidor. É bom para testar se o servidor está vulnerável e se ele suporta todo tipo de mensagens
  - Voiper – http://voiper.sourceforge.net/. Gera mais de 200.000 testes com todos os atributos SIP e verifica se seu servidor é capaz de processar adequadamente estas mensagens.
- Flooding:
  - INVITE Flooder - http://www.hackingvoip.com/tools/inviteflood.tar.gz
  - IAX Flooder - http://www.hackingvoip.com/tools/iaxflood.tar.gz
  - RTP Flooder - http://www.hackingvoip.com/tools/rtpflood.tar.gz

Técnicas de mitigação de ataques DoD/DDoS

As principais recomendações são:

1. Não expor seu servidor na Internet sem proteção.

2. Na rede interna usar uma VLAN separada para voz sobre IP onde apenas os telefones tenham acesso. Fazer o pruning da VLAN de telefonia para as estações de trabalho que não precisam acesso a central.

3. Manter o sistema operacional e o Asterisk atualizados.

4. Usar VPN ou TLS para telefones externos conectados na Internet.

Roubo de Serviço (Toll Fraud/Service Theft)

O objetivos principal deste tipo de ataque é obter ganho financeiro. Este é de longe o ataque mais comum contra centrais telefônicas IP. Recentemente uma quadrilha na Romênia foi debelada, eles venderam mais de um milhão de euros em minutos roubados e causaram um prejuízo às vitimas de mais de nove milhões de euros. No nosso servidor na Internet recebemos mais de 20 tentativas de enumeração de ramais por dia. Principais ferramentas:

1. SIPVicious: http://code.google.com/p/sipvicious/. Isto é na verdade um conjunto de ferramentas onde a mais utilizada é o svcrack. Ela é extremamente fácil de usar. Eu recomendo que você use contra o seu servidor e verifique imediatamente se as senhas dos seus usuários estão vulneráveis. A segunda forma de obter as senhas dos telefones é diretamente dos telefones.

2. Interface Web do Telefone. Se a interface web estiver ativa e a senha do telefone continuar a padrão como ocorre em muitas instalações, basta entrar no telefone e verificar a senha. Muitos telefones não mostram a senha configurada, mas alguns permitem salvar um backup da configuração onde o nome e a senha aparecem em texto puro. Você pode usar o svcrash para identificar telefones abertos na Internet e testar a senha padrão.

3. TFTPTheft: O roubo de senhas via TFTP também é possível usando uma ferramenta de força bruta TFTP. Em muitas redes é possível identificar um servidor tftp que possui a configuração dos telefones. Em muitos casos estas configurações são arquivos XML que contém o usuário e a senha. O TFTP é um protocolo sem autenticação a única coisa que você precisa é descobrir o nome do arquivo. Se você sabe o MAC address do telefone que quer atacar isto normalmente é simples, usualmente *mac*.cfg é o nome do arquivo. Se o atacante não souber, ele pode simplesmente tentar todos os endereços MAC existentes (força bruta). De posse do arquivo de configuração, basta ler o nome e a senha para iniciar a discagem não autorizada.

4. SIP Digest Leak: Este é um ataque relativamente novo. A ideia é roubar o Digest que e uma senha MD5 e quebra-la de forma off-line. A idéia é simples e interessante. O atacante faz uma ligação para a vítima. A vítima atende e não ouve nada. A vítima então desliga o telefone e neste momento o telefone IP manda uma mensagem BYE para o atacante encerrando a ligação. Quando o atacante recebe o BYE ele envia um erro do tipo "401 Authentication Required" com um nonce específico. O cliente monta um digest com este nonce, realm e sua senha e despacha para o atacante que de posse de todos os dados pode decodificar facilmente a senha.

Riscos e Mitigação de fraudes

Se sua rede é interna, você pode simplesmente implementar TLS ou VPN e encryptar a sinalização. Esta é a solução melhor e mais segura.

Em alguns casos como o de provedores VoIP que precisam dar acesso a porta SIP não encryptada, outras ações podem ser tomadas. Muitas redes hoje usam o utilitário Fail2Ban.

Na medida em que são detectadas múltiplas tentativas de acesso não autorizado o sistema automaticamente bane o IP do ofensor. Veremos como implementar Fail2Ban neste capítulo.

Outro conjunto de estratégias adicionais que eu recomendo visa a redução de danos. São medidas simples mais eficazes.

1. Habilite apenas os destinos necessários. Muitos ataques ocorrem para países com tarifas elevadas como os do Oriente Médio. Na maioria dos casos sem que o usuário precisasse discar para estes acessos.
2. Limite os telefones que podem fazer ligações internacionais.
3. No caso do ataque TFTPTheft, minha recomendação é usar o protocolo HTTPS para provisionar os telefones. Alguns telefones permitem a criptografia dos arquivos de configuração.
4. O problema do Digest Leak é um pouco mais grave e só pode ser mitigado neste momento pelo uso de TLS.

Escuta telefônica

Em redes com voz sobre IP desprotegidas ficou cada vez mais fácil escutar conversas telefônicas. Uma técnica conhecida como ARP Spoofing foi criada a mais de dez anos e demonstrada no utilitário "cain e abel" e dsniffer. Estas tecnologias permitem a captura de pacotes de estações de trabalho mesmo em um ambiente com switches. Apesar de terem sido criadas há muito tempo, a maioria das redes ainda não possui proteção contra este tipo de ação. Existem diversas ferramentas para capturar pacotes de voz como o Vomit, Ethercap, mas nenhuma é tão abrangente ou fácil de usar como o UCSniff. Então vamos nos concentrar por enquanto apenas nesta ferramenta.

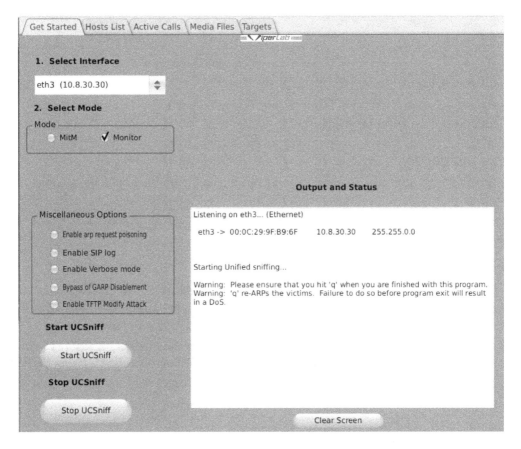

O UCSniff é uma ferramenta de teste de penetração desenvolvida pelo ViperLabs que permite até mesmo fazer VideoSniffing. O objetivo é ajudar os administradores a reconhecer vulnerabilidades em partes da sua rede. A ferramenta ombina recursos como VLAN Hopper, MitM (Man in the middle) a é direcionada especificamente para VoIP. Ela roda em Linux e Windows. Algumas das características da ferramenta:

- Suporte à voz e vídeo
- Descobrimento automático da VLAN de voz com CDP
- Suporte à VLAN Hopping
- Monitoramento em tempo real de voz e vídeo
- Sniffing através de switches Ethernet
- Criação automática dos streams de áudio a frente e a ré em um único arquivo wav.
- Gravação automática de de conversações nos codecs G.722, G729, G723, uaw, alaw.
- Suporte a ARP Poisoning MitM.

- Suporta SIP, Cisco SCCP/Skinny, Avaya, Avaya H323, Microsoft OCS
- Suporta Cisco UCM 6.1, 7.0 e 7.1
- Modificação TFTP no meio do request

Como se pode ver é uma ferramenta muito abrangente e perigosa. Em mãos erradas e dentro da empresa pode criar muita confusão

Riscos e mitigação

O risco de um ataque do tipo "man in the middle" é baixo para hackers fora da rede, mas alto para usuários internos. Se um hacker invadir um dos servidores pode usar como plataforma de lançamento para gravar conversas telefônicas. É preciso ter acesso a pelo menos uma porta do switch para poder lançar o ataque.

Para mitigar os riscos há duas opções:

1. Bloquear o ARP Poisoning que permite o ataque MitM. Alguns switches da Cisco possuem um recurso chamado ARP inspection. Há também programas como o ARPWatch que permitem identificar quando ataques como este estão ocorrendo.
2. A solução definitiva e mais adequada ao problema é o uso de TLS/SRTP. Em outras palavras Transport Layer Security/Secure RTP onde todas as conversas são encriptadas. Se sua rede tem ligações telefônicas sensíveis, TLS/SRTP é praticamente obrigatório.

Ataques a sinalização e bilhetagem

Outros tipos de ataque que podem ser feitos são os ataques a sinalização SIP. Os mais comuns são RegistrationHijacking, InviteReplay, Bye Teardown, FakeBusy, ByeDrop, ByeDelay, Registration Poisoning, DNS Posisoning.

Como o Asterisk se comporta com os diversos tipos de ataque à sinalização e bilhetagem:

Item	Descrição	Tipo	Asterisk Vulnerável?	Resultado Esperado
1	Um ofensor registra uma mensagem de INVITE previamente autenticado. Então na mensagem seguinte ele usa o mesmo digest para fazer uma nova chamada.	Replay Attack	Não	O Asterisk rejeita a mensagem. Cada challenge tem um nonce diferente.

2	Um ofensor grava uma mensagem de REGISTER, modifica o expires header para 0. O atacante então re-envia a mensagem como uma tentativa de desregistrar.	Register Hijacking	Improvável, pode acontecer no caso de "Man-In-The Middle"	O Asterisk autentica todas as mensagens de registro, mas pode acontecer em um ataque do tipo MitM.
3	Um ofensor, que já está registrado usa seu userID e senha, mas com outro usuário. Assim ele transfere o custo de ligações para outro usuário. Este ataque é feito falsificando o campo "From".	Request Spoofing	Não	O Asterisk verifica o conteúdo do campo FROM em comparação com o campo AUTH.
4	An attacker tears down a conversation between two users by sending his own BYE request to either of the users.	Session Teardown	SIP standard does not define authentication mechanism for BYE request.	Proxy rejects the BYE message

Ações preventivas

Como ações preventivas vamos adotar, Senhas fortes, o Fail2Ban para evitar ataques do tipo força bruta contra as senhas SIP. Para barrar ataques contra sinalização vamos mostrar como configurar TLS/SRTP. Lembre-se que TLS/SRTP são experimentais no Asterisk, então implemente com cuidado. Preste atenção especificamente no consumo de memória (Houveram alguns reports de memory leaks), o TLS usa o TCP que é orientado a conexão que deve usar mais recursos do servidor.

Senhas fortes

Não importa o quão repetitivo eu seja aqui. Senhas fracas são o principal problema de segurança no Asterisk. Não use senhas fracas, use senhas em todas as interaces WEB dos telefones, do freePBX, do Elastix. Use senhas com pelo menos 8 caracteres, um alfanumérico e um símbolo especial. Já vimos casos de hackers invadindo os telefones para buscar as senhas (usando dicionários de texto), por isso tome cuidado com os telefones também.

Implantação do Fail2Ban

O utilitário Fail2Ban é muito útil para banir endereços IP de usuários que tentam enumerar ramais no Asterisk e usar ataques do tipo força bruta. Ele vai bloquear o IP após um determinado número de tentativas frustradas de acesso.

Passo 1: Instale o utilitário no CentOS ou no Debian

Para CentOS use:

yum install fail2ban

Para o Debian use:

apt-get install fail2ban

Passo 2: Cie uma nova configuração de filtro para o fail2ban

vi /etc/fail2ban/filter.d/asterisk.conf

```
[INCLUDES]

[Definition]

failregex = NOTICE.* .*: Registration from '.*' failed for '<HOST>' - Wrong
password
            NOTICE.* .*: Registration from '.*' failed for '<HOST>' - No
matching peer found
            NOTICE.* .*: Registration from '.*' failed for '<HOST>' -
Username/auth name mismatch
            NOTICE.* .*: Registration from '.*' failed for '<HOST>' - Device
does not match ACL
            NOTICE.* .*: Registration from '.*' failed for '<HOST>' - Peer
is not supposed to register
            NOTICE.* <HOST> failed to authenticate as '.*'$
            NOTICE.* .*: No registration for peer '.*' \(from <HOST>\)
            NOTICE.* .*: Host <HOST> failed MD5 authentication for '.*' (.*)
            NOTICE.* .*: Failed to authenticate user .*@<HOST>.*
```

Passo 3: Edite o arquivo /etc/fail2ban/jail.conf

Neste arquivo você pode personalizar o `bantime` e o `maxretry`, que é o tempo que um determinado IP permanecerá banido e a quantidade de tentativas erradas que o sistema suporta. Outro item desta configuração que merece atenção é o `logpath`. Alguns sistemas como o FreePBX usam o logpath em local diferente como `/var/log/asterisk/full`. Verifique no seu sistema qual o arquivo de log correto.

```
[asterisk-iptables]

enabled = true
filter  = asterisk
```

```
action    = iptables-allports[name=ASTERISK, protocol=all]
            sendmail-whois[name=ASTERISK,                    dest=root,
sender=fail2ban@example.org]
logpath = /var/log/asterisk/messages
maxretry = 5
bantime = 259200
```

Passo 4: Alterar a forma de registro de log do Asterisk. É preciso mudar como o Asterisk registra a data e hora no log. O formato padrão não funciona com o Fail2Ban. Altere o arquivo /etc/asterisk/logger.conf

vi /etc/asterisk/logger.conf

```
[general]
dateformat=%F %T
```

Para recarregar o módulo responsável pelos logs, use:

asterisk -rx "logger reload"

Passo 5: Verifique se o fail2ban está operando usando:

iptables -L -v

A saída do comando deve mostrar algo parecido com o que está abaixo.

```
Chain       INPUT       (policy    ACCEPT      0        packets,       0         bytes)
pkts bytes target                 prot opt in     out      source                destination
354K  312M fail2ban-ASTERISK  all  -  any     any    anywhere              anywhere
```

Implantando TLS/SRTP no Asterisk 1.8

Vou separar esta seção em duas partes. Na primeira abordaremos o TLS que permite a criptografia da sinalização e na segunda parte abordaremos o SRTP que permite a criptografia da mídia (áudio/vídeo). O objetivo aqui é ser bem prático mostando como configurar o Asterisk para estes recursos.

TLS

O TLS (Transport Layer Security) é o mecânismo de criptgrafia usado pelo SIP para proteger a sinalização. Ele foi emprestado do HTTP e se comporta de forma quase idêntica. Existem alguns drafts e padrões que regulam a interpretação dos certificados digitais para SIP como a RFC5922 RFC5246. É importante também entender que o TLS não é uma panaceia, você precisa continuar a usar senhas fortes, pois o TLS da forma como é implantado no Asterisk (pelo menos até a versão 1.8.3) não prevê a autenticação do cliente. Note que isto é normal, pois em um servidor HTTPS, você precisa se autenticar usando nome e senha. Em outras palavras, o TLS lhe dá duas garantias, a primeira é que você está usando uma conexão criptografada e a segunda que você esta falando com o verdadeiro servidor, o que pode ser verificado através do certificado digital assinado por uma autoridade de certificação. Veja a tabela abaixo:

Tipo de Ataque	Proteção
Ataques de sinalização	SIM O TLS garante a integridade das mensagens
Ataques to tipo Man in the Middle para sinalização	SIM O TLS garante a autenticidade do servidor
Ataques do tipo força bruta para quebrar senhas fracas	NÃO O TLS como implantado no Asterisk não permite a verificação do cliente e desta forma não implementa autenticação forte.
Escuta Telefônica	NÃO O TLS faz a criptografia da sinalização, mas não da mídia (áudio/vídeo). Para isso existe o SRTP.

Certificados digitais auto-assinados

Existem dois tipos de certificados que você pode usar, os auto-assinados e os comerciais. Os certificados auto-assinados são emitidos pelo seu próprio servidor. Apesar de permitirem a criptografia, você tem de copiá-los e verifica-los manualmente em cada telefone. Durante o estabelecimento de uma chamada você deve verificar se o certificado assinado apresentado pelo servidor confere com o certificado emitido e a assinatura da autoridade de certificação. Outa opção mais segura é ter o certificado assinado por uma autoridade de certificação comercial como por exemplo, Verisign, Comodo, Godaddy entra tantas outras.

Para implantar a criptografia na sinalização do Asterisk é necessário seguir alguns passos. Existem duas formas de gerar os certificados, manualmente ou usando o utilitário ast_tls_cert.

Configurando o TLS no Asterisk com certificados auto-assinados:

Segue um guia passo a passo de como implantar o TLS.

Passo 1. Crie uma chave privada RSA usando criptografia 3DES com 4096 bits de comprimento para sua autoridade de certificação (CA)

```
cd /etc/asterisk/keys
openssl genrsa -des3 -out ca.key 4096
```

Nota: Você vai precisar criar uma senha de proteção desta chave.

```
ebootcamp:/etc/ssl# openssl genrsa -des3 -out ca.key 4096
Generating RSA private key, 4096 bit long modulus
.............................................................................
...................++
.............................................................................
.............++
e is 65537 (0x10001)
Enter pass phrase for ca.key:
Verifying - Enter pass phrase for ca.key:
```

Passo 2: Crie o certificado que será o seu certificado de mais alto nível. Escolha a data de expiração do certificado com cuidado. Todos os certificados que você tiver assinado com este certificado vão expirar quando o certificado de mais alto nível expirar. Escolha alguns anos aqui. Na saída do comando, você vai ter de responder a uma série de questões. Segue abaixo um exemplo:

openssl req –new –x509 –days 730 –key ca.key –out ca.crt

```
Enter pass phrase for ca.key:
You are about to be asked to enter information that will be incorporated
into your certificate request.
What you are about to enter is what is called a Distinguished Name or a DN.
There are quite a few fields but you can leave some blank
For some fields there will be a default value,
If you enter '.', the field will be left blank.
-----
Country Name (2 letter code) [AU]:BR
State or Province Name (full name) [Some-State]:Santa Catarina
Locality Name (eg, city) []:Florianopolis
Organization Name (eg, company) [Internet Widgits Pty Ltd]:VOFFICE
Organizational Unit Name (eg, section) []:
Common Name (eg, YOUR name) []:Flavio E. Goncalves
Email Address []:info@voffice.com.br
```

Passo 3: Criar o certificado do seu servidor.

Crie a chave 3DES com 4096 bits

openssl genrsa -des3 -out asteriskguide.com.key 4096

Crie o pedido do certificado

openssl req -new -key asteriskguide.com.key –out asteriskguide.com.csr

```
Enter pass phrase for asteriskguide.com.key:
You are about to be asked to enter information that will be incorporated
into your certificate request.
What you are about to enter is what is called a Distinguished Name or a DN.
There are quite a few fields but you can leave some blank
For some fields there will be a default value,
If you enter '.', the field will be left blank.
-----
Country Name (2 letter code) [AU]:BR
State or Province Name (full name) [Some-State]:Santa Catarina
Locality Name (eg, city) []:Florianopolis
Organization Name (eg, company) [Internet Widgits Pty Ltd]:VOFFICE
```

```
Organizational Unit Name (eg, section) []:
Common Name (eg, YOUR name) []:Flavio E. Goncalves
Email Address []:info@voffice.com.br

Please enter the following 'extra' attributes
to be sent with your certificate request
A challenge password []:supersecret
An optional company name []:VOFFICE
3. Ajustar o certificado para o funcionamento com o Asterisk
4. Configurar o servidor para usar o TLS
```

Passo 4: Assine o certificado com a chave da autoridade de certificação

```
openssl x509 -req -days 730 -in asteriskguide.com.csr -CA ca.crt -CAkey ca.key -set_serial
01 -out asteriskguide.com.crt
```

Passo 5: Preparar os certificados para o Asterisk. O Asterisk requer que o CA e o certificado estejam no mesmo arquivo, então usaremos o cat para concatenar os dois arquivos.

```
cat asteriskguide.com.key >asterisk.pem
cat asteriskguide.com.crt >>asterisk.pem
```

Passo 6: Remover a senha do certificado e reiniciar o Asterisk. Se você manter a senha terá de usá-la cada vez que reinicializa o Asterisk.

```
openssl rsa -in asteriskguide.com.key -out asteriskguide.com.key.insecure
mv asteriskguide.com.key asteriskguide.com.key.secure
mv asteriskguide.com.key.insecure asteriskguide.com.key
```

Passo 7: Configurar o arquivo sip.conf no Asterisk.

Edite o arquivo sip.conf e configure o acesso via TLS.

```
[general]
context=default
udpbindaddr=192.168.1.237
port 5060
tcpenable=yes
tcpbindaddr=192.168.1.237
tlsenable=yes
tlsbindaddr=192.168.1.237
tlscertfile=/etc/ssl/asterisk.pem
tlscafile=/etc/ssl/ca.crt
tlscipher=ALL
tlsclientmethod=tlsv1

[flavio]
type=peer
secret=supersecret
host=dynamic
context=local
dtmfmode=rfc2833
disallow=all
allow=ulaw
transport=tls
context=local
```

Passo 8: Copie o certificado da autoridade (ca.crt) para o computador usando ssh ou winscp.

Passo 9: Configure o softfone para usar TLS. Eu conheço apenas dois softphones com suporte a TLS que são gratuitos, o minisip (http://www.minisip.org/) e o Blink (http://www.icanblink.com). Os exemplos abaixo foram feitos com o Blink.

Crie uma conta no blink acionando o link Add Account...

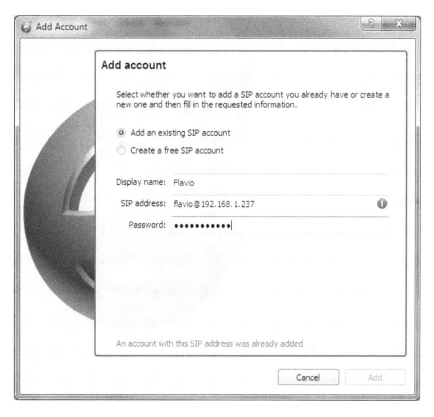

Adicione as suas credenciais como na figura acima. Em seguida, configure o softfone para usar TLS na conexão.

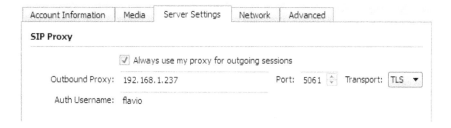

Adicione o certificado da autoridade no softfone.

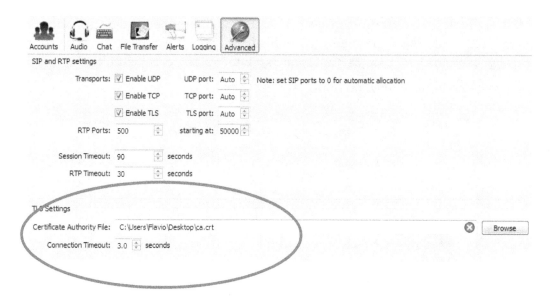

Passo 10: Teste o registro do telefone usando TLS e a porta 5061. Se o telefone registrar na porta 5061 o TLS está corretamente configurado.

Passo 11: Opcional, usando um atalho

Eu preferi nesta edição mostrar passo a passo como gerar os certificados para que você tivesse mais controle na geração. No entanto,existe um script para geração dos certificados que é muito mais simples encontrado no código fonte em contrib/scripts/ast_cert_tls. Para gerar um script de configuração usando o atalho, você pode usar:

ast_tls_cert -C 192.168.1.237 -O "ASTERISKGUIDE" -d /etc/asterisk/keys

Descrição das opções:

- O "-C" e usado para definer seu host ou endereço IP
- O "-O" define a unidade organizacional
- O "-d" define o diretório de saída das chaves.

Fazendo Chamadas seguras com SRTP

O SRTP (Secure Real Time Protocol) é o responsável pela criptografia da mídia. Ele vai proteger suas chamadas de escutas telefônicas. O SRTP é definido pela RFC 3711. Um das dificuldades do SRTP é que a RC3711 não define um padrão de gerenciamento de chaves. Os dois padrões mais populares entre os fabricantes de softfones são o MIKEY, SDES. e ZRTP. o Asterisk usa o SDES com opode ser visto na solicitação do INVITE abaixo. Preste atenção em particular aos cabeçalhos crypto do pacote SDP (Session Description Protocol). É essencial que o TLS esteja operando para proteger as chaves transmitidas. O ZRTP desenvolvido por Philipp Zimmermann, um dos "papas" da criptografia também pode ser usado e permite a criptografia fim à fim.

```
INVITE sip:8000@192.168.1.237 SIP/2.0
Via:                                                      SIP/2.0/tls
192.168.1.192:65525;rport;branch=z9hG4bKPj9fa224a14b17488ea15625ead833ea3a
Max-Forwards: 70
From:                                                         "Flavio"
<sip:flavio@192.168.1.237>;tag=35afe6cc11274934867b24e43c805638
To: <sip:8000@192.168.1.237>
Contact: <sip:pyhkxnjz@192.168.1.192:65524;transport=tls>
Call-ID: 530a339c72af47f0a76e7ecb2a58ac43
CSeq: 5669 INVITE
Allow: SUBSCRIBE, NOTIFY, PRACK, INVITE, ACK, BYE, CANCEL, UPDATE, MESSAGE
Supported: 100rel
User-Agent: Blink 0.2.5 (Windows)
Authorization:       Digest       username="flavio",       realm="asterisk",
nonce="72ff51ad",                           uri="sip:8000@192.168.1.237",
response="ba8c10672751baa7007d82eb34e2340e", algorithm=MD5
Content-Type: application/sdp
Content-Length: 544

v=0
o=- 3509174186 3509174186 IN IP4 192.168.1.192
s=Blink 0.2.5 (Windows)
c=IN IP4 192.168.1.192
t=0 0
m=audio 50004 RTP/SAVP 9 104 103 102 0 8 101
a=rtcp:50005
a=rtpmap:9 G722/8000
a=rtpmap:104 speex/32000
a=rtpmap:103 speex/16000
a=rtpmap:102 speex/8000
a=rtpmap:0 PCMU/8000
a=rtpmap:8 PCMA/8000
a=rtpmap:101 telephone-event/8000
a=fmtp:101 0-15
a=crypto:1                                    AES_CM_128_HMAC_SHA1_80
inline:WrtZH82ztz93albRNT8o+oMcK9GvlAHRoaR1STvJ
a=crypto:2                                    AES_CM_128_HMAC_SHA1_32
inline:4Ma9jJOCEEGMPzzkmgyf6ttp1qhN16yumdXB7eRv
a=sendrecv
```

Configurando SRTP no Asterisk

Configurato o SRTP no Asterisk é muito simples, basta incluir a instrução encrypt=yes. Uma vez que você force o encrypt=yes, todas as chamadas serão seguras entre o telefone IP e o servidor Asterisk. Você poderá também fazer chamadas seguras entre telefones. Segue abaixo a configuração do Asterisk e do softfone.

Passo 1: Configuração do Asterisk

```
[flavio]
type=peer
secret=supersecret
host=dynamic
context=local
dtmfmode=rfc2833
```

```
disallow=all
allow=ulaw
transport=tls
encryption=yes
context=local
```

Passo 2: Configuração do Softfone

Ações para contenção de danos

Se ocorrer do seu servidor ser comprometido, é importante ter estratégias de redução de danos. Algumas destas estratégias são:

1. Verifique os logs pelo menos uma vez por semana e procure ligações fora do padrão como por exemplo, ligações com mais de duas horas de duração, para destinos que não são comuns para sua empresa ou em grande número de um único ramal. Quanto mais cedo você detectar um servidor comprometido, menor o prejuízo. O pior lugar para detectar um problema é na conta telefônica no fim do mês.

2. Limite o número de chamadas simultâneas por canal SIP. Se o hacker só pode fazer uma chamada por vez, o prejuízo pode ser limitado em comparação a 30 ligações simultâneas. Use a instrução `call-limit` na definição do peer no arquivo sip.conf.

3. Evite rotas muito genéricas. Por exemplo a invés de ter uma rota como `exten=_00.,1,dial(DAHDI/g1/${EXTEN}` que permite ligar para qualquer número internacional, prefira algo como `exten=_00XX1.,1,Dial(DAHDI/g1/${EXTEN})` que permite

ligações apenas para um determinado país. Dá mais trabalho, pois você tem de incluir país por país, mas você não vai ser pego de "calças curtas" com ligações para Moldavia, ou outro destino pouco provável, na segunda de manhã

4. Para rotas muito caras use um mecanismo de autenticação adicional como o aplicativo `authenticate()`.

Sumário

Neste capitulo você aprendeu sobre os riscos de operar um PABX com conexão a Internet. Operar um PABX na Internet nos dias de hoje sem as medidas de proteção adequadas pode causar prejuízos na casa das centenas de milhares de dólares. As duas ações principais são prevenir e reduzir os danos. Para prevenir os danos você DEVE usar **senhas fortes** e considerar o uso de sinalização criptografada usando TLS. Para prevenir danos você pode limitar o número de canais simultâneos, desabilitar destinos que raramente são usados e ter cuidado nas autorizações de cada usuário. Para evitar grampos você pode usar o SRTP para criptografar a voz.

Questionário

1. Qual a medida mais importante na segurança de servidores Asterisk para evitar o roubo de serviço.

☐ Implantar SRTP

☐ Manter o Asterisk atualizado

☐ Implantar TLS

☐ Usar Senhas fortes

2. SIP fuzzing é um ataque do tipo:

☐ DoS através do envio de pacotes mal-formados ao servidor

☐ Roubo de serviço onde as senhas são quebradas por força-bruta

☐ Escuta telefônica onde é possível ouvir as ligações

☐ DDoS com envio de pings com tamanho maior que 64K

3. Os ataques to tipo TFTP theft ocorrem quando o servidor está configurado para provisionar os telefones por TFTP. Eles pode ser evitado através do uso do protocolo _____.

☐ FTP

☐ HTTP

☐ HTTPS

☐ SCP

4. Os ataques do tipo Man in the Middle se utilizam de uma técnica conhecida como

☐ TFTP Theft

☐ ARP Spoofing

☐ MAC Poisoning

☐ DSNIFF

5. É uma ferramenta de escuta telefônica para VoIP que usa a técnica MitM.

☐ ARP Spoofing

☐ UCsniff

☐ SIPVicious

☐ SIP Scan

6. Para habilitar o TLS no Asterisk é preciso (Múltiplas respostas)

☐ Criar um certificado digital para o servidor Asterisk

☐ Assinar o certificado digital com uma autoridade de certificação

☐ Copiar o certificado da autoridade de certificação (CA) para o cliente

☐ Criar um certificado digital para o cliente

☐ Copiar o certificado digital para o cliente

7. A implantação de SRTP do Asterisk usa o sistema de gerenciamento de chabes do tipo

☐ Mikey

☐ SDES

☐ ZRTP

☐ Pluto

8. O utilitário para gerar os certificados para o Asterisk encontrado em /contrib/scripts é o :

☐ ast_tls_cert

☐ gen_tls

☐ gen_ast_tls

☐ tls_generator

9. São estratégias válidas para se proteger de uma escuta telefônica VOIP

☐ Implantar detectores de escuta telefônica analógicos

☐ Usar o utilitário ARPWatch para detectar nós fazendo ARP spoofing

☐ Habilitar ARP Spoofing detection nos switches eu suportam

☐ Usar SRTP

10. O Asterisk suporta autenticação forte pelo cliente usando certificados digitais no SIP e TLS.

☐ Verdadeiro

☐ Falso

Página deixada intencionalmente em branco

14

Recursos para desenvolvimento e integração de aplicações

Em alguns casos será necessário ampliar a funcionalidade do Asterisk com o uso de aplicações externas. Em centrais telefônicas convencionais, isto era normalmente feito através de uma interface de integração telefonia computador, também conhecida como CTI. Como o Asterisk já é um software, ele já possui diversas formas de integração e não fica limitado apenas a uma interface de CTI. Neste capítulo vamos cobrir a integração com outras aplicações através do Asterisk AMI (Asterisk Manager Interface), AGI (Asterisk Gateway Interface), dos comandos `asterisk -rx` e do aplicativo `system`. A partir destes recursos é possível construir aplicações de URA, discadores, `popup` de tela, monitoramento e relatórios. Considerações sobre escalabilidade e segurança também serão abordadas. Recentemente, na versão 12 o Asterisk possou a permitir a integração de programas externos através de http usando o ARI (Asterisk Restful Interface).

Objetivos deste capítulo

Ao final deste capítulo o leitor deverá estar apto à:

- Descrever as opções de acesso ao Asterisk por programas externos;
- Usar o comando `asterisk -rx` para executar um comando de console;
- Usar a aplicação `system` para chamar programas externos no plano de discagem;
- Explicar o que é e como funciona o AMI;
- Configurar o arquivo `manager.conf` e habilitar a interface de gerenciamento;
- Executar um comando no Asterisk através do AMI com o uso do PHP;
- Executar um `AGI` simples.

Principais formas de estender o Asterisk

O Asterisk possui diversas formas de fazer a interface com programas externos, tal como o correio de voz, onde por exemplo ele executa um comando externo para enviar e-mails. Vamos abordar as seguintes formas de ampliarr o Asterisk:

- Linha de comando no console

- Aplicação `system`

- Asterisk Manager Interface - AMI

- Asterisk Gateway Interface - AGI

Estendendo o Asterisk através do console

Uma aplicação pode facilmente chamar o Asterisk através da console usando o comando:

```
#asterisk -rx <comando>
```

Por exemplo:

```
#asterisk -rx "stop now"
```

E mesmo um comando que tenha uma saída no console pode ser chamada, como por exemplo:

```
asterisk:~# asterisk -rx "sip show peers"
Name/username          Host        Dyn Nat ACL Port   Status
4000/4000              10.1.1.6    D       5060   Unmonitored
1 sip peers [1 online , 0 offline]
```

Estendendo o Asterisk usando o aplicativo System()

A aplicação `system` permite a chamada de uma aplicação externa a partir do plano de discagem.

Exemplo 1: Pop-up de tela com o identificador da chamada via Windows Pop-up.

```
exten        =>        200,1,NoOp(${CALLERID(num)}          ${DATETIME})
exten => 200,2,System(/bin/echo -e "'Incoming Call From: ${CALLERID(num)}
\\r   Received:   ${DATETIME}'"|/usr/bin/smbclient  -M  target_netbiosname)
exten               =>                          200,3,Dial,sip/sipuser|30|t
exten => 200,4,Congestion
```

Exemplo 2: Envio da imagem recebida para um e-mail através do fax2email

```
exten=>fax,1,Set(FAXFILE=/var/spool/asterisk/fax/${CALLERID(num)}.tif)
exten=>fax,n,Set(FAXFILENOEXT=/var/spool/asterisk/fax/${CALLERID(num)})
exten=>fax,n,rxfax(${FAXFILE})
exten=>fax,n,System('/usr/bin/fax2mail ${CALLERID(num)} "${CALLERID(name)}"
FaxNum RecipName email@address.com ${FAXFILENOEXT} p')
```

O que é o AMI

O AMI (Asterisk Manager Interface) permite a um programa cliente conectar-se a uma instância do Asterisk e enviar comandos ou ler eventos do PABX sobre uma conexão TCP/IP. Integradores vão achar esses recursos particularmente úteis para rastrear o estado dos canais dentro do Asterisk. O AMI é um protocolo de linha simples baseado no conceito de `chave:valor` é utilizado sobre um socket TCP. O Asterisk em si não está preparado para receber muitas conexões sobre o AMI, por isto se você possuir muitos clientes do AMI considere usar um proxy de AMI como AstManProxy.

Que linguagem utilizar?

Hoje é muito difícil selecionar uma linguagem de programação, pois elas são muitas. Existem exemplos de programação de AMI em Java, Perl, Python, PHP, C, C# entre muitas outras. É possível programar o AMI de qualquer linguagem que suporte uma interface socket ou que simule Telnet. Para este documento, escolhemos PHP pela sua popularidade.

Funcionamento do protocolo

O funcionamento do AMI é o seguinte:

- Antes de emitir quaisquer comandos para o Asterisk, você deve estabelecer uma sessão AMI;

- A primeira linha de um pacote terá uma chave `Action` quando enviada por um cliente;

- A primeira linha de um pacote terá uma chave `Response` ou `Event` quando enviada pelo Asterisk.

- Pacotes podem ser transmitidos em qualquer direção após a autenticação.

Tipos de pacotes

O tipo de pacote é determinado pela existência das seguintes chaves:

- `Action`: Um pacote enviado por um cliente conectado ao Asterisk solicitando que uma ação seja feita. Existe um conjunto finito de ações disponíveis para o cliente, determinada pelos módulos atualmente carregados no Asterisk. Só uma ação será processada por vez. O pacote contém o nome da operação e seus parâmetros.

- `Response`: É a resposta enviada pelo Asterisk à última ação solicitada por um cliente.

- `Event`: Dados pertencendo a um evento gerado de dentro do Asterisk ou por um módulo.

Ao enviar pacotes do tipo `Action` para o Asterisk os clientes incluem um parâmetro `ActionID`. Como não existe nenhuma garantia na ordem das respostas, o `ActionID` é usado para garantir que uma resposta corresponde a uma determinada ação.

Os pacotes de eventos são usados em dois contextos diferentes. De um lado eles informam o cliente sobre mudanças no Asterisk (novos canais sendo criados e desconectados ou agentes entrando e saindo de uma fila). A segunda forma de uso dos eventos é transportar as respostas a pedidos dos clientes.

Configurando usuários, permissões e fazendo login

Para acessar o AMI é necessário estabelecer uma conexão TCP/IP escutando uma porta TCP (normalmente 5038). Para isto é necessário configurar o arquivo `/etc/asterisk/manager.conf` e criar uma conta de usuário. Além da conta é necessário configurar um conjunto de permissões.

Existe um conjunto finito de permissões, `read` para leitura, `write` para gravação ou ambos. Estas permissões são definidas no arquivo `/etc/asterisk/manager.conf`.

```
[general]
enabled=yes
port=5038
bindaddr=127.0.0.1

[admin]
secret=senha
read=system,call,log,verbose,command,agent,user
write=system,call,log,verbose,command,agent,user
deny=0.0.0.0/0.0.0.0
permit=127.0.0.1/255.255.255.255
```

Login no AMI

Para fazer o login e autenticar-se no AMI, você precisa enviar uma ação do tipo `Login` com seu nome de usuário e senha. Algo como abaixo:

```
Action:login
Username:admin
Secret:senha
```

Exemplo: Fazer o login no AMI com PHP:

```
<?php

$socket = fsockopen("127.0.0.1","5038", $errno, $errstr, $timeout);
fputs($socket, "Action: Login\r\n");
fputs($socket, "UserName: admin\r\n");
fputs($socket, "Secret: senha\r\n\r\n");

?>
```

Se você não quiser receber os eventos, pode usar:

```
<?php
```

```
$socket = fsockopen("127.0.0.1","5038", $errno, $errstr, $timeout);
fputs($socket, "Action: Login\r\n");
fputs($socket, "UserName: admin\r\n");
fputs($socket, "Secret: senha\r\n\r\n");
fputs($socket, "Events: off\r\n\r\n");

?>
```

Pacotes do tipo Action

Quando você envia ao Asterisk uma ação, algumas chaves extras podem ser fornecidas como parâmetros. Por exemplo, um número a ser chamado. Isto é feito na forma de passagem de pares, `chave:valor` após o `Action`. É possível também passar variáveis para o plano de discagem.

```
Action: <action type><CRLF>
<Key 1>: <Value 1><CRLF>
<Key 2>: <Value 2><CRLF>

Variable: <Variable 1>=<Value 1><CRLF>
Variable: <Variable 2>=<Value 2><CRLF>
...
<CRLF>
```

Comandos do tipo "Action"

Você pode usar o comando `manager show commands` para descobrir as ações disponíveis na AMI. Na versão 1.2.7 os comandos disponíveis são:.

Ação	Privilégio	Sinopse
AbsoluteTimeout	call,all	Configura o timeout absoluto
AgentCallbackLogin	agent,all	Configura um agente como feito com `agentcallbacklogin`
AgentLogoff	agent,all	Faz o `logoff` do agente
Agents	agent,all	Mostra os agentes e seus status
ChangeMonitor	call,all	Altera o arquivo de gravação de um canal
Command	command,all	Executa um comando na CLI
digit	system,all	Pega uma entrada no DB
DBPut	system,all	Coloca uma entra no DB
EventsControl	<none>	Fluxo de Eventos
ExtensionState	call,all	Mostra o status de uma extensão
Getvar	call,all	Pega uma variável de canal

Hangup	call,all	Encerra o canal
IAXnetstats	<none>	Mostra o status do IAX
IAXpeers	<none>	Mostra os `peers` IAX
ListCommands	<none>	Mostra os comandos de gerencia disponíveis
Logoff	<none>	Faz logoff do manager
MailboxCount	call,all	Verifica a quantidade de mensagens em uma caixa de correio
MailboxStatus	call,all	Verifica uma caixa de correio
Monitor	call,all	Monitora um canal
Originate	call,all	Faz uma chamada
ParkedCalls	<none>	Lista as chamadas estacionadas
Ping	<none>	Comando `keepalive`
QueueAdd	agent,all	Adiciona uma interface a uma fila
QueuePause	agent,all	Torna temporariamente não disponível um membro de uma fila
QueueRemove	agent,all	Remove uma interface de uma fila
Queues	<none>	Filas
QueueStatus	<none>	Status das filas
Redirect	call,all	Transfere uma chamada
SetCDRUserField	call,all	Seta o campo `UserField` do CDR
Setvar	call,all	Atribui um valor a variável de canal
SIPpeers	System,all	Lista os `peers` SIP (modo texto)
SIPshowpeer	System,all	Mostra o `peer` SIP (modo texto)
Status	call,all	Lista o status dos canais
StopMonitor	call,all	Encerra a monitoração de um canal

Se você precisar dos detalhes de um comando específico você pode utilizar o comando `manager show command <command>`

Exemplo:

```
asterisk*CLI>manager show command originate
```

```
Action: Originate
Synopsis: Originate Call
Privilege: call,all
Description:    Generates    an    outgoing    call    to    a
Extension/Context/Priority or
  Application/Data
Variables: (Names marked with * are required)
        *Channel: Channel name to call
        Exten: Extension to use (requires 'Context' and 'Priority')
        Context: Context to use (requires 'Exten' and 'Priority')
        Priority: Priority to use (requires 'Exten' and 'Context')
        Application: Application to use
        Data: Data to use (requires 'Application')
        Timeout: How long to wait for call to be answered (in ms)
        CallerID: Caller ID to be set on the outgoing channel
        Variable:  Channel  variable  to  set,  multiple  Variable:
headers are allowed
        Account: Account code
        Async: Set to 'true' for fast origination
```

Pacotes do tipo "Event"

Existem diversos tipos de eventos, entre eles:

- Evento do tipo Link: Disparado quando dois canais de voz são conectados e a troca de dados de voz inicia. Notas: Vários eventos de link podem ser vistos para uma única chamada. Isto pode ocorrer quando o Asterisk falha em configurar uma ponte nativa para uma chamada. Nestes casos o Asterisk fica entre os dois telefones e configura normalmente uma tradução de CODECs.

Exemplo:

```
                              Event:            Link
                    Channel1:         SIP/101-3f3f
                    Channel2:            DAHDI/2-1
                    Uniqueid1:        1094154427.10
        Uniqueid2: 1094154427.11
```

- Evento do tipo unlink: Disparado quando um link entre dois canais de voz é desligado, um pouco antes de completar a chamada.

Exemplo:

```
                              Event:          Unlink
                    Channel1:         SIP/101-3f3f
                    Channel2:            DAHDI/2-1
                    Uniqueid1:        1094154427.10
                    Uniqueid2:        1094154427.11
```

```
        14.7.8 Eventos disponíveis no Asterisk
```
Outros tipos de evento são:

AbstractAgentEvent	HoldEvent	PeerStatusEvent
AbstractParkedCallEvent	JoinEvent	QueueEntryEvent

AbstractQueueMemberEvent	LeaveEvent	QueueEvent
AgentCallbackLoginEvent	LinkageEvent	QueueMemberAddedEvent
AgentCallbackLogoffEvent	LinkEvent	QueueMemberEvent
AgentCalledEvent	LogChannelEvent	QueueMemberPausedEvent
AgentCompleteEvent	ManagerEvent	QueueMemberRemovedEvent
AgentConnectEvent	MeetMeEvent	QueueMemberStatusEvent
AgentDumpEvent	MeetMeJoinEvent	QueueParamsEvent
AgentLoginEvent	MeetMeLeaveEvent	QueueStatusCompleteEvent
AgentLogoffEvent	MeetMeStopTalkingEvent	RegistryEvent
AgentsCompleteEvent	MeetMeTalkingEvent	ReloadEvent
AgentsEvent	MessageWaitingEvent	RenameEvent
AlarmClearEvent	NewCallerIdEvent	ResponseEvent
AlarmEvent	NewChannelEvent	ShutdownEvent
CdrEvent	NewExtenEvent	StatusCompleteEvent
ChannelEvent	NewStateEvent	StatusEvent
ConnectEvent	OriginateEvent	UnholdEvent
DBGetResponseEvent	OriginateFailureEvent	UnlinkEvent
DialEvent	OriginateSuccessEvent	UnparkedCallEvent
DisconnectEvent	ParkedCallEvent	UserEvent
DNDStateEvent	ParkedCallGiveUpEvent	ZapShowChannelsCompleteEvent
ExtensionStatusEvent	ParkedCallsCompleteEvent	ZapShowChannelsEvent
FaxReceivedEvent	ParkedCallTimeOutEvent	
HangupEvent	PeerEntryEvent	
HoldedCallEvent	PeerlistCompleteEvent	

Asterisk Gateway Interface

AGI é uma interface de gateway para o Asterisk similar ao CGI usado pelos servidores WWW. Ele permite o uso de diferentes linguagens de programação como o Perl, PHP, C entre outras para estender a funcionalidade do Asterisk. O AGI é chamado a partir do plano de discagem definido em `extensions.conf`. Uma aplicação muito utilizada para o AGI é a criação de URAs com acesso a banco de dados.

Existem três tipos de AGIs.

- AGI Normal: chamado diretamente no servidor Asterisk.

- FastAGI: que chama o AGI em um outro servidor a partir de uma interface TCP socket.

- EAGI: dá à aplicação a possibilidade de acessar e controlar o canal de som além da interação com o plano de discagem.

- DEADAGI: que dá acesso a um canal mesmo depois do hangup. Normalmente utilizado na extensão h.

Formato da aplicação:

```
asterisk*CLI>core show application agi
asterisk*CLI>
  -= Info about application 'AGI' =-

[Synopsis]
Executes an AGI compliant application

[Description]
  [E|Dead]AGI(command|args): Executes an Asterisk Gateway Interface
compliant
program on a channel. AGI allows Asterisk to launch external programs
written in any language to control a telephony channel, play audio,
read DTMF digits, etc. by communicating with the AGI protocol on
stdin
and stdout.
Returns -1 on hangup (except for DeadAGI) or if application requested
  hangup, or 0 on non-hangup exit.
Using 'EAGI' provides enhanced AGI, with incoming audio available
out of band
on file descriptor 3

Use the CLI command 'agi show' to list available agi commands
```

Você pode verificar os comandos agi existentes com o comando agi show:

```
asterisk*CLI> agi show
              answer    Answer channel
      channel status    Returns status of the connected channel
        database del    Removes database key/value
    database deltree    Removes database keytree/value
        database get    Gets database value
        database put    Adds/updates database value
                exec    Executes a given Application
            get data    Prompts for DTMF on a channel
    get full variable    Evaluates a channel expression
          get option    Stream file, prompt for DTMF, with timeout
        get variable    Gets a channel variable
              hangup    Hangup the current channel
                noop    Does nothing
        receive char    Receives  one  character  from  channels
supporting it
```

```
       receive text    Receives text from channels supporting it
        record file    Records to a given file
          say alpha    Says a given character string
         say digits    Says a given digit string
         say number    Says a given number
       say phonetic    Says a given character string with phonetics
           say date    Says a given date
           say time    Says a given time
       say datetime    Says a given time as specfied by the format
given
         send image    Sends images to channels supporting it
          send text    Sends text to channels supporting it
     set autohangup    Autohangup channel in some time
       set callerid    Sets callerid for the current channel
        set context    Sets channel context
      set extension    Changes channel extension
          set music    Enable/Disable Music on hold generator
       set priority    Set channel dialplan priority
       set variable    Sets a channel variable
        stream file    Sends audio file on channel
control stream file    Sends audio file on channel and allows the
listner to control the stream
           tdd mode    Toggles TDD mode (for the deaf)
            verbose    Logs a message to the asterisk verbose log
      wait for digit    Waits for a digit to be pressed
```

Para propósitos de depuração você pode usar `agi debug`.

Usando o AGI

No exemplo abaixo vamos usar o PHP-CLI, em outras palavras o `php` na linha de comando. Certifique-se de que o `php-cli` esteja instalado apropriadamente.

Siga os seguintes passos para usar scripts AGI em PHP:

Passo 1: Os scripts de agi são colocados no diretório `/var/lib/asterisk/agi-bin`.

Passo 2: Atribua permissões de execução a seus arquivos `php`.

```
#chmod 755 *.php
```
Passo 3: Interagindo com o shell (específico para o php)

As primeiras linhas do script têm de ser:

```
#!/usr/bin/php -q
<?php
```
Passo 4: Abrir os canais de entrada e saída.

```
$stdin = fopen('php://stdin', 'r');
$stdout = fopen('php://stdout', 'w');
$stdlog = fopen('agi.log', 'w');
```
Passo 5: Gerenciar a entrada vinda do ambiente do Asterisk

O Asterisk sempre envia um conjunto de informações cada vez que o AGI é chamado.

```
agi_request:testephp
```

```
agi_channel: DAHDI/1-1
agi_language: en
agi_type: DAHDI
agi_callerid:
agi_dnid:
agi_context: default
agi_extension: 4000
agi_priority: 1
```

Salve estas informações com o seu script:

```
while (!feof($stdin)) {
  $temp = fgets($stdin);
  $temp = str_replace("\n","",$temp);
  $s = explode(":",$temp);
  $agivar[$s[0]] = trim($s[1]);
  If (($temp == "") || ($temp == "\n")) {
    break;
  }
}
```

Isto vai criar um array chamado $agivar. As opções disponíveis são:

- "agi_request" – O nome do arquivo AGI;

- "agi_channel" – O canal que originou o AGcI;

- "agi_language" – A linguagem configurada no momento;

- "agi_type" – O tipo de canal que originou o AGI (Ex. Sip, DAHDI);

- "agi_uniqueid" – Identificação única da chamada;

- "agi_callerid" – Identificador da chamada (Ex. Flavio <8590>);

- "agi_context" – Contexto de origem;

- "agi_extension" – Extensão chamada;

- "agi_priority" – Prioridade;

- "agi_accountcode" – Código da conta do canal de origem.

Para acessar uma variável use $agivar[<varname>].

Passo 6 – Usar o canal AGI

Neste ponto você pode começar a falar com o Asterisk. Use a função fputs para enviar comandos agi. Você pode usar o comando echo também.

```
fputs($stdout,"SAY        NUMBER        4000        '79#'        \n");
fflush($stdout);
```

Notas com relação ao uso de aspas

- As opções de comando no AGI não são opcionais, elas devem aparecer na string do comando

- Algumas opções devem ser passadas em aspas `<escape digits>`

- Algumas opções não devem ser passadas em aspas `<digit string>`

- Algumas opções podem ir dos dois modos

- Você pode usar aspas simples quando necessário

Passo 7 – Passar variáveis

Variáveis de canal podem ser definidas dentro do AGI, mas as variáveis de canal não são passadas ao AGI. O exemplo abaixo não funciona.

```
SET VARIABLE MY_DIALCOMMAND "SIP/${EXTEN}"
```
O exemplo abaixo funciona:

```
SET VARIABLE MY_DIALCOMMAND "SIP/4000"
```
Passo 8: Respostas do Asterisk

Os seguintes comandos são necessários verificar as respostas do Asterisk:

```
$msg                          =                          fgets($stdin,1024);
fputs($stdlog,$msg . "\n");
```
Passo 9: Mate os processos que ficaram travados (zombies)

Se o seu script falhar por alguma razão, ele vai ficar preso. Use o comando `killproc` para limpá-lo antes de testar de novo.

Exemplo:

O AGI abaixo captura o valor de uma variável do plano de discagem e utiliza este valor para realizar uma consulta em um banco de dados MySQL.

```php
#!/usr/bin/php -q
<?php
ob_implicit_flush(true);
set_time_limit(6);
error_reporting(0);
$in = fopen("php://stdin","r");
$stdlog = fopen("/var/log/asterisk/agi.log", "w");

// Habilita modo debugging (mais verbose)
$debug = true;

// Do function definitions before we start the main loop
function read() {
  global $in, $debug, $stdlog;
  $input = str_replace("\n", "", fgets($in, 4096));
  if ($debug) fputs($stdlog, "read: $input\n");
  return $input;
}

function write($line) {
  global $debug, $stdlog;
  if ($debug) fputs($stdlog, "write: $line\n");
  echo $line."\n";
}
```

```php
    // Colocaos headers AGI dentro de um array
    while ($env=read()) {
      $s = split(": ",$env);
      $agi[str_replace("agi_","",$s[0])] = trim($s[1]);
      if (($env == "") || ($env == "\n")) {
        break;
      }
    }

    // Funcao que conecta ao banco de dados
    function connect_db() {
     $db_connection    =    mysql_connect('localhost','root','senha')    or    die
    (mysql_error());
     $db_select = mysql_select_db('estoque') or die (mysql_error());
    }

    // Programa Principal
    connect_db();

    // Armazena valor da variável OPCAO em
    write("GET VARIABLE OPCAO");
    $c = read();
    $produto = substr($c,14);
    $produto = substr($call,0,-1);

    $query = "SELECT quantidade FROM produtos WHERE produto='$produto'";
    $query_result = @mysql_query($query);
    $result = mysql_fetch_row($query_result);

    $valor = "$result[0]";

    write("EXEC SayDigits \" $valor \"\n");
    read();

    fclose($in);
    fclose($stdlog);
    exit;

    ?>
```

No arquivo `extensions.conf` poderia ser feito algo como mostrado abaixo:

```
exten => s,1,Set(OPCAO=4001)
exten => s,n,agi(nomedoagi.agi)
exten => s,n,HangUp
```

DeadAGI

Você deve usar o `DeadAGI` quando você não tem um canal vivo, em geral você executa um DeadAgi na extensão `h` (hangup). Neste caso você deve usar o aplicativo `deadagi` ao invés de AGI.

FASTAGI

O Fast AGI configura uma conexão do AGI via TCP, a porta 4573 é utilizada por default. Se usa o FastAGI no formato `agi://`.

Exemplo:

```
exten => 0800400001, 1, Agi(agi://192.168.0.1)
```
Quando a conexão TCP é perdida ou desconectada, o comando AGI termina e a conexão TCP é fechada seguindo a desconexão da chamada.

Este recurso pode auxiliá-lo a reduzir a carga de CPU do seu servidor de telefonia rodando scripts pesados em outro servidor.

Você pode obter mais detalhes do FastAGI no diretório fonte, veja os arquivos `agi/fastagi-test`.

A empresa OrderlyCalls possui um servidor JAGI que implementa o FastAGI para o JAVA. Mais informações em **www.orderlycalls.com**.

Alterando o código fonte

O Asterisk é desenvolvido em linguagem C (não C++). Ensinar como programar em C e como alterar o código fonte do Asterisk está fora do escopo deste livro. De qualquer forma para aqueles que se interessarem tem algumas páginas que podem ajudar.

Existe uma boa documentação sobre o código fonte do Asterisk em:

www.asterisk.org/developers

Neste site tem boas dicas de como aplicar patches de correção ao Asterisk e principalmente tem uma documentação das APIs gerada pelo software Doxygen

http://www.asterisk.org/doxygen/

Para aqueles que estão familiarizados com C pode ser interessante alterar aplicações existentes. Não é preciso nem salientar os cuidados e perigos desta prática.

Resumo

Neste capítulo você aprendeu como interfacear programas externos com o Asterisk. Iniciamos com o comando `asterisk -rx` que permite passar comandos para a console. Em seguida vimos a aplicação `system` que chama aplicações externas. AMI, Asterisk Manager Interface é um dos mecanismos mais poderosos do Asterisk e a que mais se aproxima de uma interface de CTI existente nas centrais digitais. Para chamar uma aplicação de dentro do plano de discagem, usamos o AGI. Descobrimos também suas diferentes variações, tais como: `Deadagi`, para canais "mortos", `EAGI` (que passa o fluxo de áudio junto), `FastAGI` (uso de programas remotos) e o `AGI` simples que roda os programas na mesma máquina do Asterisk.

Questionário

1. Qual dos seguintes não é um método de interfaceamento com o Asterisk

- ☐ AMI
- ☐ AGI
- ☐ Asterisk –rx
- ☐ System()
- ☐ External()

2. AMI, que quer dizer Asterisk Manager Interface permite que comandos possam ser passados ao Asterisk via porta TCP. Este recurso é habilitado por default.

- ☐ Correto
- ☐ Incorreto

3. O AMI é muito seguro, pois sua autenticação é feita usando MD5 Challenge/Response

- ☐ Verdadeiro
- ☐ Falso

4. Para compensar pela falta de segurança e escalabilidade da Interface AMI podemos usar:

- ☐ O AMI não tem maiores problemas de segurança e escalabilidade
- ☐ Astmanproxy
- ☐ Sysproxy

5. O FastAGI permite o uso de aplicações remotas via socket TCP, normalmente na porta 4573.

- ☐ Falso
- ☐ Verdadeiro

6. O Deadagi é usado em canais ativos do tipo DAHDI, Sip, mas não pode ser usado com IAX.

- ☐ Falso
- ☐ Verdadeiro

7. Aplicações que usam o AGI só podem ser programadas usando PHP.

- ☐ Falso
- ☐ Verdadeiro

8. O comando _____ mostra todas as aplicações disponíveis para uso em AGIs

9 O comando _____ mostra todos os comandos disponíveis para uso com AMI

10. Para depurar um AGI você deve usar o comando

_____.

15

Asterisk Real-Time

Introdução

Como você já sabe a configuração do Asterisk é feita através de vários arquivos texto dentro de `/etc/asterisk`. Apesar da facilidade proporcionada pela simplicidade dos arquivos de configuração em texto simples, eles apresentam algumas desvantagens, como:

- Necessidade de recarga do sistema a cada alteração.
- Criação de grande volume de usuários.
- Dificuldade na criação de interfaces de provisionamento.
- Impossibilidade de integração com as bases existentes.

O Asterisk Real Time ou ARA como é conhecido foi criado por Anthony Minessale II, Mark Spencer e Constantine Filin e foi projetado para permitir uma integração transparente entre a estrutura de configuração interna e bases de dados SQL. Drivers para LDAP também estão disponíveis. Este sistema também é conhecido como "Asterisk External Configuration" e é configurado no arquivo `/etc/asterisk/extconfig.conf`, o qual permite a você mapear quaisquer arquivos de configuração (mapeamentos estáticos) para uma base de dados, ou mapear entradas em tempo real que permitam a criação dinâmica de objetos `peers` sem a necessidade de fazer uma recarga.

Objetivos deste capítulo

Ao final deste capítulo o leitor deve estar apto a:

- Entender as vantagens e limitações do Asterisk Real Time;
- Instalar o MySQL para ser usado com o ARA;
- Compilar e instalar o ARA para o uso com o MySQL;
- Testar este sistema em um ambiente controlado.

Modo de funcionamento do Asterisk Real Time

Na nova arquitetura Real time, todo o código específico para bancos de dados foi movido para drivers de canal.

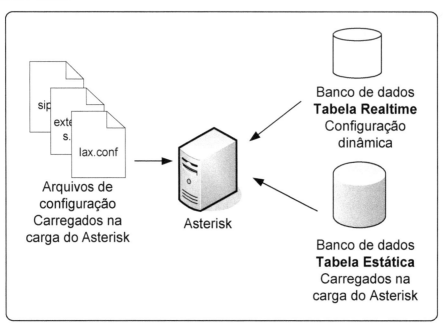

O canal apenas chama uma rotina genérica que faz uma pesquisa na base de dados. Isto no fim é muito mais simples e limpo do ponto de vista do código fonte. O banco de dados é acessado com três funções:

- STATIC: É usado para configurar uma configuração estática quando um módulo é carregado;

- REALTIME: É usado para pesquisar objetos durante uma chamada, ou outro evento;

- UPDATE: É usado para atualizar os objetos.

O suporte de banco de dados no canal não foi alterado. Existem os peers e users chamados de normais ou estáticos e os peers e users real time (colocados no banco de dados). Os estáticos, não importa, se carregados de um banco de dados ou de um arquivo texto, são mantidos em memória e são carregados apenas quando ocorre uma chamada. Após o término da chamada o peer ou user é apagado. Por causa disso não existe suporte a NAT ou MWI (Message Waiting Indicator). Você pode habilitar Real Time Caching com o parâmetro rtcachefriends=yes no arquivo sip.conf. Desta maneira será possível usar NAT e MWI, entretanto, você vai precisar fazer um recarga se houver alguma alteração.

Laboratório 1: Instalando o Asterisk Real/Time

Neste caso vamos assumir que você já possua as bibliotecas MySQL instaladas no seu Asterisk, como feito no capítulo 13.

Passo 1: Selecione o módulo res_config_mysql no menu de compilação.

```
cd /usr/src/asterisk-12.0.0
make menuconfig
```

Dentro da opção add-ons selecione res_config_mysql

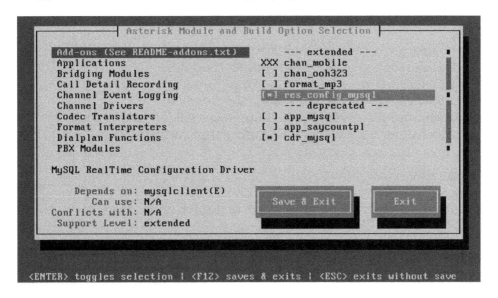

Passo 2: Recompile o Asterisk

```
make
make install
```

Passo 3: Reinicie o Asterisk e confirme que os pacotes estão instalados com o comando: "module show".

Configurar o Asterisk Real Time.

O ARA é configurado no arquivo extconfig.conf. Nele podem ser notadas nitidamente duas seções, uma estática que substitui os arquivos de configuração. A segunda seção é a relacionado ao Real Time que vai criar dinamicamente as entidades necessárias ao seu funcionamento. Normalmente se usa arquivos textos para a configuração estática e o banco de dados para as entradas dinâmicas. Neste caso a primeira sessão não foi alterada

```
                          res_mysql.conf

[settings]
; Static configuration files:
;
; file.conf => driver,database[,table]
;queues.conf => odbc,asterisk,ast_config

; Realtime configuration engine
;
iaxusers => mysql,asteriskdb,iax_buddies
iaxpeers => mysql,asteriskdb,iax_buddies
sipusers => mysql,asteriskdb,sip_buddies
sippeers => mysql,asteriskdb,sip_buddies
voicemail => mysql,asteriskdb,voicemail
extensions => mysql,asteriskdb,extensions_table
```

Formato do arquivo extconfig.conf

```
;
; Static and realtime external configuration
; engine configuration
;
; Please read doc/README.extconfig for basic table
; formatting information.
;
[settings]
;
; Static configuration files:
;
; file.conf => driver,database[,table]
;
; maps a particular configuration file to the given
; database driver, database and table (or uses the
; name of the file as the table if not specified)
;
;uncomment to load queues.conf via the odbc engine.
;
;queues.conf => odbc,asterisk,ast_config
;
; The following files CANNOT be loaded from Realtime storage:
;       asterisk.conf
;       extconfig.conf (this file)
;       logger.conf
;
; Additionally, the following files cannot be loaded from
; Realtime storage unless the storage driver is loaded
; early using 'preload' statements in modules.conf:
;       manager.conf
;       cdr.conf
;       rtp.conf
;
```

```
; Realtime configuration engine
;
; maps a particular family of realtime
; configuration to a given database driver,
; database and table (or uses the name of
; the family if the table is not specified
;
;example => odbc,asterisk,alttable
;iaxusers => odbc,asterisk
;iaxpeers => odbc,asterisk
;sipusers => odbc,asterisk
;sippeers => odbc,asterisk
;voicemail => odbc,asterisk
;extensions => odbc,asterisk
;queues => odbc,asterisk
;queue_members => odbc,asterisk
```

Configuração estática

A configuração estática é onde você armazena o equivalente aos arquivos `.conf` regulares na base de dados. Estas configurações são lidas na carga do Asterisk. Alguns módulos também relêem isto quando ocorre um recarga.

Exemplo da configuração estática:

```
;<conf       filename>      =>      <driver>,<databasename>[,table_name]
queues.conf                 =>              mysql,asteriskdb,queues_conf
sip.conf                    =>              odbc,asteriskdb,sip_conf
iax.conf => ldap,MyBaseDN,iax
```

Acima temos três exemplos. O primeiro exemplo irá relacionar `queues.conf` a tabela `queues_conf` no banco de dados. No segundo exemplo o arquivo `sip.conf` será ligado a tabela `sip_conf` no banco de dados `astersikdb` definido na configuração do ODBC. A terceira irá relacionar o arquivo `iax.conf` à tabela `iax` usando um driver LDAP. `MyBaseDN` é a base BN para a pesquisa.

Usando os exemplos acima, quando a aplicação `app_queue.so` carregar, o driver ODBC RealTime irá executar uma query e puxar as informações necessárias. O mesmo é verdadeiro para o `chan_sip.so` e assim por diante.

Configuração dinâmica

A configuração dinâmica (segunda parte do arquivo `extconfig.conf`) é onde a configuração será carregada, atualizada e descarregada em tempo real. Com esta parte não é necessária um recarga para se atualizar as configurações.

A sua sintaxe é a seguinte:

```
<family name> => <driver>,<database name>[,table_name]
```

Exemplo:

```
sippeers             =>            mysql,asteriskdb,sip_peers
sipusers             =>            mysql,asteriskdb,sip_users
queues               =>            mysql,asteriskdb,queue_table
```

```
queue_members              =>         mysql,asteriskdb,queue_member_table
voicemail => mysql,asteriskdb,test
```

Acima nós temos cinco linhas de configuração. Na primeira nós ligamos a família `sippeers` com a tabela `sip_peers` no banco MySQL e assim por diante. Note que `sippeers` e `sipusers` poderiam ser relacionados a mesma tabela.

Configuração da base de dados

Agora precisamos saber de que forma precisamos criar as tabelas no banco de dados. De uma forma geral as colunas na sua tabela devem ter os mesmos campos dos arquivos de configuração. Por exemplo, para um arquivo de configuração do tipo `SIP` ou `IAX` que tem a seguinte estrutura:

```
[4000]
host=dynamic
secret=senha
context=default
context=ramais
```

Pode ser armazenado em uma base de dados numa tabela como a abaixo:

Name	host	secret	context	ipaddr	port	Regseconds
4000	dynamic	senha	default;ramais	10.1.1.1	4569	1765432

Para uso com o `IAX`, a tabela deve possuir ao menos os seguintes campos `name`, `port`, `regseconds`. Para os outros campos você pode configurar uma coluna para cada campo desejado. Por exemplo, se você desejar colocar o `CallerID`, adicione a coluna correspondente à tabela.

Uma tabela SIP deve seguir uma estrutura semelhante a abaixo:

name	host	secret	context	ipaddr	port	regseconds	username
4000	dynamic	senha	default	10.1.1.1	5060	1765432	4000

Já uma tabela de correio de voz.

uniqueid	mailbox	context	password	email	fullname
1	4000	default	4000	joao@silva.com	Joao Silva

O `uniqueid` deve ser único para cada usuário de correio de voz e deve ser auto-incrementado. O `uniqueid` não precisa ter qualquer relação com a caixa de correio ou o contexto.

Uma tabela de extensões deve se parecer com o que está abaixo:

id	context	Exten	priority	app	appdata
1	Ramais	4000	1	dial	SIP/4000&IAX2/4000

Criando um plano de discagem Realtime.

No plano de discagem você terá de usar o comando "switch" para fazer uso do RealTime. O plano de discagem atual continua valendo, você apenas precisa incluir um comando `switch=>` para incluir as extensões definidas no banco de dados.

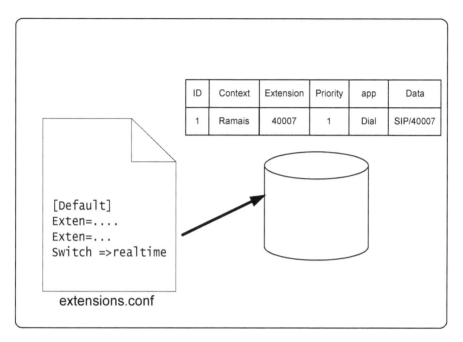

Exemplo de configuração:

```
[ramais]
switch => realtime
```

ou

```
[ramais]
Switch =>realtime/ramais@extensions
```

Laboratório 2 – Instalar o banco e criar as tabelas

Neste laboratório vamos preparar o banco de dados para receber os parâmetros do Asterisk. Vamos preparar apenas as tabelas REALTIME. A parte estática das configurações continuará nos arquivos texto.

Criar as tabelas no MySQL

Passo 1: Entre no MySQL como root.

```
#mysql -u root -p
```

Passo 2: Crie uma base de dados para o ARA.

```
mysql>create database asteriskdb;
```

Passo 3: Crie um usuário com acesso a base de dados do Asterisk

```
mysql>grant all privileges on `asteriskdb`.* to 'asterisk'@'localhost'
identified by 'asterisk';
```

Quando solicitada a senha use asterisk

Passo 4: Criar as tabelas necessárias.

A estrutura da tabela realtime pode ser encontrada em:

- https://wiki.asterisk.org/wiki/display/AST/SIP+Realtime%2C+MySQL+table+structure

e é mostrada abaixo. Note que um grande número de novos campos foi adicionado desde as últimas versões.

```
#
# Table structure for table `sipfriends`
#

CREATE TABLE IF NOT EXISTS `sipfriends` (
        `id` int(11) NOT NULL AUTO_INCREMENT,
        `name` varchar(10) NOT NULL,
        `ipaddr` varchar(15) DEFAULT NULL,
        `port` int(5) DEFAULT NULL,
        `regseconds` int(11) DEFAULT NULL,
        `defaultuser` varchar(10) DEFAULT NULL,
        `fullcontact` varchar(35) DEFAULT NULL,
        `regserver` varchar(20) DEFAULT NULL,
        `useragent` varchar(20) DEFAULT NULL,
        `lastms` int(11) DEFAULT NULL,
        `host` varchar(40) DEFAULT NULL,
        `type` enum('friend','user','peer') DEFAULT NULL,
        `context` varchar(40) DEFAULT NULL,
        `permit` varchar(40) DEFAULT NULL,
        `deny` varchar(40) DEFAULT NULL,
        `secret` varchar(40) DEFAULT NULL,
        `md5secret` varchar(40) DEFAULT NULL,
        `remotesecret` varchar(40) DEFAULT NULL,
        `transport` enum('udp','tcp','udp,tcp','tcp,udp') DEFAULT NULL,
        `dtmfmode` enum('rfc2833','info','shortinfo','inband','auto') DEFAULT
NULL,
        `directmedia` enum('yes','no','nonat','update') DEFAULT NULL,
        `nat` enum('yes','no','never','route') DEFAULT NULL,
        `callgroup` varchar(40) DEFAULT NULL,
        `pickupgroup` varchar(40) DEFAULT NULL,
        `language` varchar(40) DEFAULT NULL,
        `allow` varchar(40) DEFAULT NULL,
```

```
`disallow` varchar(40) DEFAULT NULL,
`insecure` varchar(40) DEFAULT NULL,
`trustrpid` enum('yes','no') DEFAULT NULL,
`progressinband` enum('yes','no','never') DEFAULT NULL,
`promiscredir` enum('yes','no') DEFAULT NULL,
`useclientcode` enum('yes','no') DEFAULT NULL,
`accountcode` varchar(40) DEFAULT NULL,
`setvar` varchar(40) DEFAULT NULL,
`callerid` varchar(40) DEFAULT NULL,
`amaflags` varchar(40) DEFAULT NULL,
`callcounter` enum('yes','no') DEFAULT NULL,
`busylevel` int(11) DEFAULT NULL,
`allowoverlap` enum('yes','no') DEFAULT NULL,
`allowsubscribe` enum('yes','no') DEFAULT NULL,
`videosupport` enum('yes','no') DEFAULT NULL,
`maxcallbitrate` int(11) DEFAULT NULL,
`rfc2833compensate` enum('yes','no') DEFAULT NULL,
`mailbox` varchar(40) DEFAULT NULL,
`session-timers` enum('accept','refuse','originate') DEFAULT NULL,
`session-expires` int(11) DEFAULT NULL,
`session-minse` int(11) DEFAULT NULL,
`session-refresher` enum('uac','uas') DEFAULT NULL,
`t38pt_usertpsource` varchar(40) DEFAULT NULL,
`regexten` varchar(40) DEFAULT NULL,
`fromdomain` varchar(40) DEFAULT NULL,
`fromuser` varchar(40) DEFAULT NULL,
`qualify` varchar(40) DEFAULT NULL,
`defaultip` varchar(40) DEFAULT NULL,
`rtptimeout` int(11) DEFAULT NULL,
`rtpholdtimeout` int(11) DEFAULT NULL,
`sendrpid` enum('yes','no') DEFAULT NULL,
`outboundproxy` varchar(40) DEFAULT NULL,
`callbackextension` varchar(40) DEFAULT NULL,
`registertrying` enum('yes','no') DEFAULT NULL,
`timert1` int(11) DEFAULT NULL,
`timerb` int(11) DEFAULT NULL,
`qualifyfreq` int(11) DEFAULT NULL,
`constantssrc` enum('yes','no') DEFAULT NULL,
`contactpermit` varchar(40) DEFAULT NULL,
`contactdeny` varchar(40) DEFAULT NULL,
`usereqphone` enum('yes','no') DEFAULT NULL,
`textsupport` enum('yes','no') DEFAULT NULL,
`faxdetect` enum('yes','no') DEFAULT NULL,
`buggymwi` enum('yes','no') DEFAULT NULL,
`auth` varchar(40) DEFAULT NULL,
`fullname` varchar(40) DEFAULT NULL,
`trunkname` varchar(40) DEFAULT NULL,
`cid_number` varchar(40) DEFAULT NULL,
```

```
      `callingpres`
enum('allowed_not_screened','allowed_passed_screen','allowed_failed_screen','
allowed','prohib_not_screened','prohib_passed_screen','prohib_failed_screen',
'prohib') DEFAULT NULL,
      `mohinterpret` varchar(40) DEFAULT NULL,
      `mohsuggest` varchar(40) DEFAULT NULL,
      `parkinglot` varchar(40) DEFAULT NULL,
      `hasvoicemail` enum('yes','no') DEFAULT NULL,
      `subscribemwi` enum('yes','no') DEFAULT NULL,
      `vmexten` varchar(40) DEFAULT NULL,
      `autoframing` enum('yes','no') DEFAULT NULL,
      `rtpkeepalive` int(11) DEFAULT NULL,
      `call-limit` int(11) DEFAULT NULL,
      `g726nonstandard` enum('yes','no') DEFAULT NULL,
      `ignoresdpversion` enum('yes','no') DEFAULT NULL,
      `allowtransfer` enum('yes','no') DEFAULT NULL,
      `dynamic` enum('yes','no') DEFAULT NULL,
      PRIMARY KEY (`id`),
      UNIQUE KEY `name` (`name`),
      KEY `ipaddr` (`ipaddr`,`port`),
      KEY `host` (`host`,`port`)
) ENGINE=MyISAM;
```

Execute os seguintes comandos:

```
use asteriskdb
```

Faça um copy and paste da tabela para a tela do MySQL

Utilize sua ferramenta favorita de edição de banco de dados para inserir os dados no banco. Sugerimos o MySQL Workbench (gratuito) no próprio site do MySQL ou o phpMyAdmin como interface web. Os exemplos abaixo foram criados com phpMyAdmin.

Laboratório 3 – Configurar e testar o ARA

Neste laboratório vamos configurar o arquivo extconfig.conf para a utilização do nosso banco de dados.

Passo 1: Configurar o acesso ao banco MySQL

Insira as seguintes linhas no res_mysql.conf

```
[general]
dbhost=127.0.0.1
dbname=asteriskdb
dbuser=asterisk
dbpass=asterisk
dbport = 3306
```

Passo 2: Configurar o `extconfig.conf` e reinicializar o Asterisk.

Insira as seguintes linhas no `extconfig.conf`:

```
; Realtime configuration engine
sipfriends => mysql,asteriskdb,sipfriends
```

Passo 3: Criar e testar um ramal RealTime.

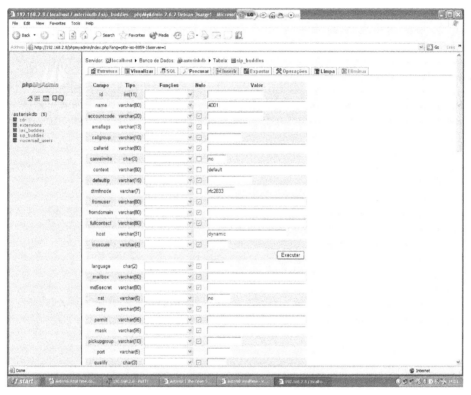

Crie um `friend` SIP colocando um registro na tabela `sip_buddies` e tente se autenticar neste ramal a partir de sua estação.

Passo 4: Testar uma ligação entre ramais.

Faça uma ligação entre o ramal `4000` e o `4001` e verifique com o comando de console `sip show peers` o ramal. Você vai notar que o ramal em tempo real não aparece na lista de `peers` como os estáticos. Se você precisar usar suporte a NAT ou indicador de mensagens de correio de voz, use a instrução `rtcachefriends=yes` no arquivo `sip.conf`.

Passo 5: Habilitar NAT e MWI.

Coloque o comando `rtcachefriends=yes` na seção `[general]` do arquivo `sip.conf`. Agora teste novamente a chamada entre os dois ramais. Verifique o comando `sip show peers`. Porque ele aparece agora ?

Passo 6: Criar mais um ramal.

Crie mais um ramal na base de dados com número `40007`. Faça o registro do telefone no `40007` sem fazer recarga no Asterisk.

Resumo

Neste capítulo você aprendeu que o Asterisk Real Time permite colocar as configurações do Asterisk em um banco de dados. Os bancos suportados são MySQL, qualquer base de dados que suporte unixODBC e LDAP. A configuração do ARA possui duas partes, estática, que substitui os arquivos de configuração em texto e RealTime que permite a criação dinâmica de objetos no Asterisk. Em seguida foi feita a instalação, configuração e testes do sistema RealTime.

Questionário

1. O Asterisk Real Time é um recurso que faz parte da distribuição do Asterisk?

☐ Verdadeiro
☐ Falso

2 – Para compilar o Asterisk Real Time e usá-lo com Mysql é preciso baixar que bibliotecas?

☐ Libmysqlclient12-dev
☐ Mysql-server-4.1
☐ Perl
☐ Php

3 – A configuração dos endereços e portas de acesso ao banco de dados MySQL é feita no arquivo:

☐ extensions.conf
☐ sip.conf
☐ res_mysql.conf
☐ extconfig.conf

4 - O arquivo extconfig.conf é onde configuramos que tabelas serão usadas pelo RealTime. Neste arquivo temos duas áreas distintas para configurar

☐ Arquivos de configuração estática
☐ Configuração do Realtime
☐ Configuração das rotas de saída
☐ Configuração das portas e endereço IP do banco de dados

5 – Na configuração estática, uma vez feita a carga dos objetos contidos na configuração eles são criados dinamicamente no Asterisk quando necessário.

☐ Verdadeiro
☐ Falso

6 – Quando um canal SIP (ramal) é configurado Realtime, não é possível usar recursos como qualify ou "mwi – indicador de mensagem em espera" porque simplesmente o canal não existe até ser usado. Isto causa os seguintes problemas:

☐ Este telefone só poderá ligar, mas não vai receber ligações
☐ Não é possível usar, NAT, pois o qualify é usado para manter o NAT aberto.
☐ Não é possível indicar ao telefone mensagens em espera no correio de voz.
☐ Não é possível usar o ramal, pois a configuração do SIP é sempre estática

7 – Se eu quiser usar a configuração Realtime com ramais SIP, mas quiser ter suporte à NAT e MWI eu devo usar:

☐ O Realtime não foi criado para uso com NAT
☐ Você pode usar o comando rtcachefriends=yes no arquivo sip.conf

☐ Apenas MWI é possível

☐ Para usar NAT é preciso que a configuração seja estática.

8 – Você pode continuar usando os arquivos texto de configuração, mesmo após configurar o Asterisk Real Time.

☐ Verdadeiro

☐ Falso

9 – O `phpmyadmin` é obrigatório no uso do Asterisk Real Time

☐ Verdadeiro

☐ Falso

10 – O banco de dados tem de ser criado obrigatoriamente com todos os campos contidos no arquivo de configuração correspondente?

☐ Verdadeiro

☐ Falso

Apêndice A

Onde encontrar mais informações

As principais referências que podem ser encontradas sobre o Asterisk até onde pude levantar são:

Sites:

- www.asterisk.org
- wiki.asterisk.org
- www.voip-info.org

Listas de discussão:

- listas.asteriskbrasil.org
- lists.digium.com

Livros:

- Smith, Jared; Meggelen, Jim Van; Madsen Leif; Asterisk The Future of Telephony, Primeira Edição, Setembro de 2005, O Reilly Books.
- Mahler, Paul, VoIP telephony with Asterisk, 2004, Signate.

Apêndice B

Resposta dos Exercícios

Respostas do Capítulo 1

1. Marque as opções corretas. O Asterisk tem quatro componentes básicos de arquitetura

- ■ CANAIS
- ■ PROTOCOLOS
- ☐ AGENTES
- ☐ TELEFONES
- ■ CODECS
- ■ APLICAÇÕES

2. Marque as opções corretas, O Asterisk permite os seguintes recursos:

- ■ Unidade de Resposta Automática
- ■ Distribuição automática de chamadas
- ■ Telefones IP
- ■ Telefones Analógicos
- ☐ Telefones digitais de qualquer fabricante.

3. Para tocar música em espera o Asterisk necessita de um CD Player ligado em um ramal FXO. A afirmação está:

- ☐ CORRETA
- ■ INCORRETA

4. É responsável pelo atendimento automático de clientes, normalmente toca um "prompt" e espera que usuário selecione uma opção. Am alguns casos pode ser usada em conjunto com um banco de dados e conversão texto para fala.

Estamos falando de uma:

■ URA

■ IVR

☐ DAC

☐ Unified Messaging

5 – Nas plataformas de telefonia convencional, normalmente URA, DAC e Correio de voz estão incluídos no PABX. Esta afirmação está:

☐ CORRETA

■ INCORRETA

6 – Marque as opções corretas. É possível interligar usando o Asterisk várias filiais através de voz sobre IP reduzindo a despesa com ligações de longa distância. Em uma filial:

■ O Asterisk pode ser a central telefônica para todos os usuários.

■ O Asterisk pode se integrar uma central telefônica existente

☐ Podem ser usados apenas IP fones ligados a um Asterisk centralizado

7 – O Asterisk pode ser utilizado como uma plataforma para central de atendimento. Quais são os principais tipos de centrais de atendimento?

■ Sim

☐ Não

8. O Asterisk é capaz de suporte no máximo 200 ramais em um único servidor

■ Falso

☐ Verdadeiro

9. No Asterisk é possível processar a transcodificação e o cancelamento de eco

■ Por software usando a CPU do servidor

■ Por hardware usando uma placa TC400B

☐ Por hardware usando um módulo de cancelamento de eco na placa E1

☐ Não é possível transcodificar no Asterisk

☐ O Asterisk só faz cancelamento de eco por software

10. O FXS é usado para _____ enquanto o FXO é usado para _____

☐ Troncos, Ramais

☐ Telefones analógicos, Telefones Digitais

☐ ISDN, MFC/R2

■ Ramais, Troncos

11 – Existem basicamente 3 modelos de Contact-Center no mercado. Marque todas que se aplicam:

■ Receptivo

■ Ativo

■ Misto

☐ Preditivo

☐ Blended

Respostas do Capítulo 2

1. Qual a configuração mínima para o Asterisk.

Não existe uma configuração mínima, mas é recomendável no mínimo:

Pentium 300 Mhz

256 MB RAM

100 MB de disco

2. As placas de telefonia para o Asterisk têm um processador próprio (DSP), não precisando assim de muita CPU do servidor.

☐ Correto

■ Incorreto

3. Para que a telefonia IP funcione com perfeição é necessário que a rede possua QoS fim-a-fim.

■ Correto

☐ Incorreto

4. É possível obter uma boa qualidade de voz em uma rede que não esteja congestionada com switches de 100 Mbps.

■ Correto

☐ Incorreto

5. Liste abaixo as bibliotecas necessárias para compilar o Asterisk.

gcc - GNU C Compiler and Support Files

cvs – Concurrent Versions System

ncurses – New curses libraries

ncurses-devel – Bibliotecas para desenvolvimento com ncurses

bison – The GNU parser generetor

Termcap – Termcap library

openssl – Secure Sockets and TLS Layer Security

openssl-developer – Bibliotecas do openssl.

6. Quando você faz uma instalação do Asterisk, o melhor é não instalar os pacotes gráficos como o KDE e GNOME, pois o Asterisk é sensível na questão de CPU e interfaces gráfica roubam muitos ciclos de CPU do servidor.

■ Correto

☐ Incorreto

7. Os arquivos de configuração do Asterisk ficam em **/etc/asterisk**.

8. A fonte de maior prioridade para temporização no Asterisk 1.6.2 é:

■ res_timing_timerfd

☐ res_timing_dahdi.so

☐ res_timimg_pthread.so

9. Para instalar os arquivos de configuração de exemplo você precisa executar o seguinte comando.

#make samples

10. Porque é importante inicializar o Asterisk com um usuário diferente de root.

Para evitar que no caso do Asterisk ser invadido através de um ataque do tipo buffer-overflow o invasor tenha direito de root no servidor.

Respostas do Capítulo 3

1. São exemplos de arquivos de configuração de canais Asterisk.

☐ /etc/dahdi/system.conf

■ chan_dahdi.conf

■ sip.conf

■ iax.conf

2. É importante definir o contexto no arquivo de canais, pois quando uma ligação deste canal (sip, iax, DAHDI) chegar ao Asterisk ele será tratado no arquivo extensions.conf neste contexto.

■ Correto

☐ Incorreto

3. SIP Session Initiated Protocol é o protocolo da ITU usado para conexões de voz sobre IP. Ele é bastante antigo e vem sendo substituído recentemente pelo H.323.

☐ Correto

■ Incorreto

4. Dada a configuração abaixo do arquivo sip.conf, na seção [general] está definido o endereço IP 10.1.30.45, onde o SIP estará esperando por conexões. Se fosse necessário que todas as placas de rede da máquina esperassem por uma conexão SIP, bindaddr deveria estar configurado para: **0.0.0.0**

```
[general]
bindport = 5060
bindaddr = 10.1.30.45
context = default
disallow = speex
disallow = ilbc
allow = ulaw
maxexpirey = 120
defaultexpirey = 80
```

5. A principal diferença entre o comando playback() e o comando background() é que o primeiro simplesmente toca uma mensagem e passa ao comando seguinte, enquanto o último aguarda que você digite algo e desvia para algum lugar no plano de discagem baseado nos dígitos discados.

■ Correto

☐ Incorreto

7. Quando uma ligação entra no Asterisk por uma interface de telefonia (FXO) sem identificação de chamada, esta ligação é desviada para a extensão especial:

☐ '0'

☐ '9'

■ 's'

☐ 'i'

8. Os formatos válidos para o comando `goto()` são:

■ goto(contexto,extensão,prioridade)

☐ goto(prioridade, contexto, extensão)

■ goto(extensão,prioridade)

■ goto(prioridade

Respostas do capítulo 4

1 – A sinalização de supervisão inclui:

- ■ On-hook (no gancho)
- ■ Off-hook (fora do gancho)
- ■ Ringing (campainha)
- ☐ Dtmf

2 – A sinalização de informação inclui:

- ☐ Dtmf
- ■ Tom de discagem
- ■ Número inválido
- ■ Tom de retorno
- ■ Sinal de congestionamento
- ■ Sinal de Ocupado
- ☐ Pulso decádico

3 – Existem três tipos de interface analógica FXS, FXO e E+M. Marque as afirmativas corretas.

☐ FXS – Foreign Exchange Station pode ser ligada diretamente 'a uma interface de ramal de uma central analógica existente.

■ FXO – Foreign Exchange Office é uma interface que pode ser ligada a rede pública.

■ FXS – Foreign Exchange Station é uma interface que fornece tom e por isso pode ser ligada diretamente a um telefone.

■ E+M – Também conhecida como tie-line pode gerar tom nas duas direções.

4 – Para configurar o hardware de uma placa DAHDI você deve configurar os arquivos:

■ /etc/dahdi/system.conf
☐ dhadi.conf
☐ unicall.conf
■ chan_dahdi.conf

5 – Em uma placa DAHDI, no arquivo `/etc/dahdi/system.conf` você configura o hardware independente do Asterisk, no arquivo `/etc/asterisk/chan_dahdi.conf` você configura o canal DAHDI do Asterisk.

■ Verdadeiro
☐ Falso

6 – Em uma placa TDM400 uma entrada de energia vinda diretamente da fonte do micro é necessária quando existe a presença de circuitos:

☐ FXO
■ FXS
☐ E+M
☐ ISDN

7 – Um dos principais problemas que causam ecos e chiados em uma placa DAHDI é causado por:

☐ Problemas de compilação do Asterisk
☐ Cabos com problemas
■ Conflitos de interrupção no PC
☐ Interferência Eletromagnética

8 – Quando uma placa apresenta problemas de ECO é possível usar as seguintes medidas para sanar ou minimizar o problema (selecione todas as que se aplicam).

■ Alterar os ganhos relacionados à transmissão e recepção (**txgain**, **rxgain**)
■ Alterar o algoritmo de cancelamento de eco (oslec, mg2)

- ■ Usar cancelamento de eco por hardware (hpec–high performance echo cancelation)
- ☐ Ativar a detecção do progresso das chamadas
- ☐ Inverter os fios tip and ring

9. Em alguns casos, quando se deseja uma bilhetagem precisa em canais analógicos é preciso ativar um recurso que permita a detecção exata do momento do atendimento da chamada para que se possa determinar a duração correta desde o início do atendimento. No Brasil é preciso solicitar a companhia telefônica a ativação do recurso:

- ☐ Reversão do atendimento
- ☐ Reversão da bilhetagem no atendimento
- ■ Reversão da polaridade no atendimento
- ☐ Geração de tom de atendimento

10. O sistema de identificação de chamadas no Brasil é ativado pela opção DTMF. O sistema Brasileiro é ligeiramente diferente dos sistemas Europeus (também conhecidos como DTMF). Por isto existem duas forma de ativar a recepção do identificador de chamadas em canais FXO no Brasil.

- ■ Aplicação de um patch de correção para suportar o padrão brasileiro.
- ■ Uso de um conversor DTMF-FSK configurando o Asterisk para o padrão Bell
- ☐ A opção DTMF funciona perfeitamente no Brasil
- ☐ Você pode usar Bell para algumas operadoras como a GVT

Respostas do Capítulo 5

1 – A respeito de circuitos digitais E1 e T1, marque as afirmativas corretas.

- ☐ E1 é uma sinalização digital a 1.544 Mbits/s
- ☐ T1 é usado principalmente no Brasil e nos países da Europa
- ■ Em um circuito E1 são possíveis trinta canais enquanto em um T1 apenas 24.
- ■ ISDN é uma sinalização CCS enquanto MFC/R2 é CAS

2 – A sinalização CAS/R2 padrão Brasil pode ser implantada usando:

- ■ Uma placa Khomp configurada para R2
- ☐ Usando uma placa Digium configurada para R2 usando o Asterisk padrão
- ■ Usando uma placa Digivoice configurada para R2
- ■ Usando uma placa Digium com o Asterisk modificado para suportar a biblioteca OpenR2

3 – Para configurar o hardware de uma placa Dahdi você deve configurar o arquivo:

- ■ /etc/dahdi/system.conf

- ■ chan_dahdi.conf
- ☐ zaptel.conf
- ☐ serial.conf

4 – Em uma placa Dahdi, no arquivo `/etc/dahdi/system.conf` você configura o hardware independente do Asterisk, no arquivo `chan_dahdi.conf` você configura o canal dahdi do Asterisk.

- ■ Verdadeiro
- ☐ Falso

5 – A sinalização R2 definida pela ITU é padronizada no mundo todo e não existem variações.

- ☐ Verdadeiro
- ■ Falso

6. A sinalização CCS é superior a sinalização CAS porque possui um menor tempo de estabelecimento e finalização de chamada e pode também passar informações no seu canal de dados como por exemplo o identificador de chamada.

- ■ Verdadeiro
- ☐ Falso

7. O utilitário dahdi_genconf é usado para:
- ☐ Carregar o firmware da placa DAHDI
- ■ Detectar e gerar automaticamente as configurações das placas compatíveis com DAHDI
- ☐ Gerar o arquivo extensions.conf
- ☐ Gerar o arquivo sip.conf

8. Se você possui um circuito E1 chegando com um conector BNC e uma placa com conectores RJ45, você vai precisar adquirir um _____ para compatibilizar a interface física.
- ☐ Cabo Split
- ☐ Transceiver
- ☐ Ferro de solda
- ■ Ballun

9. Para fazer busca automática dos troncos livres nas ligações de saída você deve usar a sintaxe:
- ☐ DAHDI/1
- ☐ DAHDI/*
- ■ DAHDI/g1
- ☐ Zaptel/g1

10. O ISDN BRI é uma variação do ISDN que permite dois canais "B" de voz/dados e possui um canal "D" para sinalização. Embora incomum no Brasil, esteve

disponível em alguns estados como Santa Catarina e Rio de Janeiro em meados da década de 90. O ISDN BRI é muito comum na Europa, mas pouco comum nos EUA.

■ Verdadeiro

☐ Falso

Respostas do Capítulo 6

1. Cite pelo menos quatro benefícios do uso de voz sobre IP

Redução das tarifas, Mobilidade, URA Integrada em IP, Agentes Remotos.

---

2. Convergência é a unificação das redes de voz, vídeo e dados em uma única rede e seu principal benefício é a redução com os custos de manutenção de redes separadas.

■ Correto

☐ Incorreto

3. O Asterisk não pode usar simultaneamente recursos de PSTN (Rede pública de telefonia e de voz sobre IP, pois os codecs não são compatíveis).

☐ Correto

■ Incorreto

4. A Arquitetura do Asterisk é de um SIP proxy com possibilidade outros protocolos.

☐ Correto

■ Incorreto

5. Dentro do modelo OSI, os protocolos SIP, H.323 e IAX2 estão na camada de:

☐ Apresentação

☐ Aplicação

☐ Física

■ Sessão

☐ Enlace

6. SIP é hoje o protocolo mais aberto (IETF) sendo implementado pela maioria dos fabricantes.

■ Correto

☐ Incorreto

7. O H.323 é um protocolo sem expressão, pouco usado e foi abandonado pelo mercado em favor do SIP.

☐ Correto

■ Incorreto

8. O IAX2 é um protocolo proprietário da Digium, apesar da pouca adoção por fabricantes de telefone o IAX é excelente nas questões de:

■ Uso de banda

☐ Uso de vídeo

■ Passagem por redes que possuem NAT

☐ Padronizado por órgãos como a IETF e ITU

9. "Users" podem receber chamadas

☐ Correto

■ Incorreto

10. Sobre codecs assinale o que é verdadeiro

■ O G711 é o equivalente ao PCM (Pulse Code Modulation) e usa 64 Kbps de banda.

☐ O G.729 é gratuito por isto é o mais utilizado, usa apenas 8 Kbps de banda.

■ GSM vem crescendo pois ocupa 12 Kbps de banda e não precisa de licença.

■ G711 ulaw é comum nos EUA enquanto a-law é comum na Europa e no Brasil.

☐ G.729 é leve e ocupa pouca CPU na sua codificação.

Respostas do Capítulo 7

1. Podemos citar como principais benefícios do IAX a economia de banda e facilidade de passar por Firewalls com NAT.

■ Correto

☐ Incorreto

2. No protocolo IAX os canais de sinalização e mídia passam separados. Esta afirmação é:

☐ Correta

■ Incorreta

3. O IAX emprega os seguintes tipos de frames

■ Frame Completo

☐ Frame Incompleto

■ Mini-Frame

☐ Trunked Frame

4. A banda passante usada pelo protocolo IAX é a soma da carga de voz (payload) mais os cabeçalhos (Marque todas as que se aplicam)

■ IP

■ UDP

■ IAX

☐ RTP

☐ cRTP

5. É importante ter a mesma configuração para o payload do codec (20 a 30 ms) que a sincronização dos frames no modo trunked (20 ms – padrão)

☐ Verdadeiro

☐ Falso

6. Quando o IAX é usado no modo trunk, apenas um cabeçalho é usado para transmitir múltiplas ligações. A afirmação acima está:

■ Correta

☐ Incorreta

7. O protocolo IAX2 é o mais comum para conectar provedores de telefonia IP, pois passa fácil pelo NAT. A afirmação acima está

☐ Correta

■ Incorreta

8. Em um canal IAX como o abaixo, a opção <secret> pode ser tanto uma senha como uma <u>chave digital.</u>

IAX/[<user>[:<secret>]@]<peer>[:<portno>][/<exten>[@<context>][/<options>]]

9. O contexto é adicionado para cada cliente IAX, isto permite que diferentes clientes possuam diferentes contextos. Pode-se pensar em contexto como uma classe de ramal onde o cliente será colocado. A afirmação está

■ Correta

☐ Incorreta

10. O comando IAX2 show registry mostra informações sobre:

☐ Os usuários registrados

■ Os provedores ao qual o Asterisk se conectou.

Respostas do Capítulo 8

1. O SIP é um protocolo do tipo texto similar ao _____ e _____.

☐ IAX

■ HTTP

☐ H323

■ SMTP

2. O SIP pode ter sessões do tipo: (marque todos que se aplicam)

■ Voz

☐ Correio Eletrônico

■ Vídeo

■ Chat

■ Jogos

3. Podemos citar como componentes do SIP o: (marque todos que se aplicam)

■ User Agent

■ Media gateway

☐ PSTN Server

■ Proxy Server

■ Registrar Server

4. Antes que um telefone possa receber chamados, ele precisa se **Registrar**.

5. O SIP pode operar em modo PROXY e modo REDIRECT, a diferença entre eles é que no caso do PROXY a sinalização sempre passa pelo computador intermediário (SIP Proxy) enquanto no modo REDIRECT os clientes sinalizam diretamente.

■ Correto

☐ Incorreto

6. No modo PROXY o fluxo de mídia e a sinalização passam pelo "SIP proxy" e não diretamente de um cliente para o outro.

☐ Correto

■ Incorreto

7. O Asterisk atua como um SIP Proxy.

☐ Correto

■ Incorreto

8. A opção `directmedia=yes/no` é de importância fundamental, pois vai definir se o fluxo de mídia vai passar pelo Asterisk ou não. A afirmação está:

■ Correta

☐ Incorreta

9. O Asterisk suporta sem problemas supressão de silêncio em canais SIP. A afirmação está:

☐ Correta

■ Incorreta

10. O tipo mais difícil de NAT para transpor é o:

☐ Full Cone

☐ Restricted Cone

☐ Port Restricted Cone

■ Simétrico

Respostas do Capítulo 9

1. Para incluir um contexto que depende do horário, você pode usar:

```
include=> context|<times>|<weekdays>|<mdays>|<months>
```

O commando abaixo:

```
include=>expediente|08:00-18:00|mon-fri|*|*
```

■ Executa as extensões de segunda a sexta das 08:00 às 18:00

☐ Executam as opções todos os dias em todos os meses

☐ O comando é inválido

2. Quando o usuário disca "0" para pegar a linha o Asterisk automaticamente corta o áudio. Isto é ruim, pois o usuário está acostumado a discar o "0" e ouvir o tom externo de discagem. Para criar este comportamento que o usuário está acostumado, pode-se usar comando <u>ignorepat=>.</u>

3. Os comandos:

```
exten => 8590/482518888,1,Congestion
exten => 8590,1,Dial(DAHDI/1,20)
exten => 8590,2,Voicemail(u8590)
exten => 8590,102,Voicemail(b8590)
```

Faz com que um usuário que ligou para a extensão 8590:

■ Receba um sinal de ocupado se o CallerID=482518888

☐ Receba um sinal de ocupado independente do número discado

■Vá para o canal DAHDI/1 se o número não for 482518888

■Vá para o VoiceMail() se o canal DAHDI/1 estiver ocupado ou não atender, exceto no caso onde o CallerID for 482518888

4. Para concatenar várias extensões basta separá-las com o sinal **&**.

5. Um menu de voz normalmente é criado com o comando inicial **Answer()** e **Background().**

6. Você pode incluir arquivos dentro dos seus arquivos de configuração com o comando #include.

7. O Asterisk permite que se use no plano de discagem uma base de dados baseada em:

☐ Oracle

☐ MySQL

■ Berkley DB

☐ PostgreSQL

8. Quando você usa o comando Dial(tipo1/identificar1&tipo2/identificar2) com vários identificadores, o Asterisk disca para cada um na seqüência e espera 20 segundos ou o tempo de timeout antes de passar para o outro número. A afirmação é:

■ Falsa

☐ Verdadeira

9. No comando Background a música de fundo tem de ser tocada inteiramente antes que o usuário possa digitar algo. A afirmação é:

■ Falsa

☐ Verdadeira

10. Os formatos válidos par o comando Goto() são:

☐ Goto (context,extension)

■ Goto(context,extension,priority)

■ Goto(extension,priority)

■ Goto(priority)

11. Switches são usados para direcionar para outro PABX. A afirmação acima está:

■ Correta

☐ Incorreta

12. Uma macro pode ser usada para automatizar uma série de operações em seqüência para uma extensão específica. O primeiro argumento passado pela chamada da macro é o:

■ ${ARG1}

☐ ${ENV1}

☐ ${V1}

☐ ${X}

Respostas do Capítulo 10

1. Com relação à Call Parking assinale as afirmativas verdadeiras.

☐ Por Default a extensão 800 é usada para Call Parking

☐ Quando for para o outro telefone para disque 700 para recuperar a chamada

■ Por Default a extensão 700 é usada para Call parking

■ Digite a extensão anunciada para recuperar a chamada

2. Para que o Call Pickup funcione é preciso que as extensões estejam no mesmo GRUPO. No caso de extensões DAHDI isto é configurado em CHAN_DAHDI.CONF.

3. No caso de transferência de chamadas existem as transferências ÀS CEGAS, onde o ramal de destino não é consultado antes e a transferência ASSISTIDA onde é possível verificar se o usuário está na extensão.

4. Para fazer uma transferência assistida você usa o #2 enquanto para fazer uma transferência às cegas (blind) você usa #1.

☐ #1, #2

■ #2, #1

☐ #3, #1

☐ #4, #2

5. Para fazer conferência no Asterisk é necessário usar o aplicativo MEETME().

6. Se for necessário administrar uma conferência, você pode usar o aplicativo _____ e tirar um usuário da sala.

☐ MeetMe()

☐ MeetMeConsole()

☐ MeetMeAdministrator()

■ MeetmeAdmin()

Respostas do Capítulo 11

1. Cite quatro estratégias de roteamento do sistema de fila de atendimento.

ringall: Toca todos os canais disponíveis até que um atenda.

roundrobin: Distribui as chamadas pelas interfaces igualmente.

leastrecent: Distribui para a interface que menos recebeu chamadas

fewestcalls: Toca aquela com menos chamadas completadas.

random: Toca uma interface aleatória

rrmemory: Roundrobin com memória, lembra onde deixou a última chamada.

2. É possível gravar a conversação dos agentes usando **record=yes** no arquivo agents.conf.

3. Para logar um agente usa-se o comando Agentlogin([agentnumber]). Quando o agente termina a chamada ele pode pressionar:

■ * para desconectar e permanecer na fila

■ Desligar o telefone e ser desconectado da fila

☐ pressionar #7000 e a chamada será transferida para a fila de auditoria

■ Pressionar # para desligar.

4. As tarefas obrigatórias para configurar uma fila de atendimento são:

■ Criar a fila

☐ Criar os agentes

☐ Configurar os agentes

☐ Configurar a gravação

■ Colocar no plano de discagem

5. Qual a diferença entre os aplicativos AgentLogin() e AgentCallBackLogin().

O Agent Login() faz com que o usuário fique com o fone

aguardando uma ligação enquanto no AgentCallBackLogin()

o agente coloca o telefone no gancho e aguarda uma chamada.

6. Quando em uma fila de atendimento, você pode definir um determinado número de opções que o usuário pode discar. Isto é feito incluindo um _____ na fila.

☐ Agente

☐ Menu

■ Contexto

☐ Aplicativo

7. As aplicações de apoio AddQueueMember(), AgentLogin() , AgentCallBackLogin e RemoveQueueMember() devem ser incluídas no: _____

■ Plano de discagem

☐ Interface de linha de comando

☐ Arquivo queues.conf

☐ Arquivo agents.conf

8. É possível gravar os agentes, mas para isto é preciso de um gravador externo.

☐ Verdadeiro

■ Falso

9. "Wrapuptime" é o tempo que o agente precisa após o término de uma chamada para se preparar para a próxima ou completar processos em relação a chamada atendida

■ Verdadeiro

☐ Falso

10. Uma chamada pode ser priorizada dependendo do CallerID dentro de uma mesma fila. A afirmativa está:

☐ Correta

■ Incorreta

Respostas do capítulo 12

1. Por default o Asterisk bilheta as chamadas para /var/log/asterisk/cdr-csv.

- ☐ Falso
- ■ Verdadeiro

2. O Asterisk só permite bilhetar para bases de dados:

- ■ MySQL
- ☐ Oracle nativo
- ■ MSSQL
- ■ Arquivos texto CSV
- ■ Bases de dados pelo unix_ODBC

3. O Asterisk bilheta apenas em um tipo de armazenagem

- ■ Falso
- ☐ Verdadeiro

4. Os indicadores disponíveis para a bilhetagem (amaflags) são:

- ■ Default
- ■ Omit
- ☐ Tax
- ☐ Rate
- ■ Billing
- ■ Documentation

5. Se você deseja associar um departamento ou um código de contabilização ao CDR, você deve usar o comando **SetAccount()**. O código da conta pode ser verificado pela variável **${ACCOUNTCODE}**.

6. A diferença entre as aplicações NoCDR() e ResetCDR() é que o NoCDR() não gera nenhum bilhete, enquanto o ResetCDR() zera o tempo da chamada no registro.

- ☐ Falso
- ■ Verdadeiro

7. Para usar um campo definido pelo usuário (UserField) é necessário recompilar o Asterisk.

- ☐ Falso
- ■ Verdadeiro

8. Os três métodos de autenticação disponíveis para a aplicação Authenticate() são:

- ■ Senha

- ■ Arquivo de senhas

- ■ Banco berkley DB (dbput e dbget)

- ☐ VoiceMail

9. As senhas de correio eletrônico são especificadas em outra parte do arquivo voicemail.conf e não são as mesmas do correio de voz.

- ■ Falso

- ☐ Verdadeiro

10. A opção do comando Authenticate ___ faz com que a senha seja colocada no código de contabilização do cdr.

- ■ a

- ☐ j
- ☐ d
- ☐ r

Respostas do capítulo 13

1. Qual a medida mais importante na segurança de servidores Asterisk para evitar o roubo de serviço.

☐ Implantar SRTP

☐ Manter o Asterisk atualizado

☐ Implantar TLS

■ Usar Senhas fortes

2. SIP fuzzing é um ataque do tipo:

■ DoS através do envio de pacotes mal-formados ao servidor

☐ Roubo de serviço onde as senhas são quebradas por força-bruta

☐ Escuta telefônica onde é possível ouvir as ligações

☐ DDoS com envio de pings com tamanho maior que 64K

3. Os ataques to tipo TFTP theft ocorrem quando o servidor está configurado para provisionar os telefones por TFTP. Ele pode ser evitado através do uso do protocolo _____.

☐ FTP

☐ HTTP

■ HTTPS

☐ SCP

4. Os ataques do tipo Man in the Middle se utilizam de uma técnica conhecida como

☐ TFTP Theft

■ ARP Spoofing

☐ MAC Poisoning

☐ DSNIFF

5. É uma ferramenta de escuta telefônica para VoIP que usa a técnica MitM.

☐ ARP Spoofing

■ UCsniff

☐ SIPVicious

☐ SIP Scan

6. Para habilitar o TLS no Asterisk é preciso (Múltiplas respostas)

■ Criar um certificado digital para o servidor Asterisk

■ Assinar o certificado digital com uma autoridade de certificação

■ Copiar o certificado da autoridade de certificação (CA) para o cliente

☐ Criar um certificado digital para o cliente

☐ Copiar o certificado digital para o cliente

7. A implantação de SRTP do Asterisk usa o sistema de gerenciamento de chabes do tipo

☐ Mikey

■ SDES

☐ ZRTP

☐ Pluto

8. O utilitário para gerar os certificados para o Asterisk encontrado em /contrib/scripts é o :

■ ast_tls_cert

☐ gen_tls

☐ gen_ast_tls

☐ tls_generator

9. São estratégias válidas para se proteger de uma escuta telefônica VOIP

☐ Implantar detectores de escuta telefônica analógicos

■ Usar o utilitário ARPWatch para detectar nós fazendo ARP spoofing

■ Habilitar ARP spoofing detection nos switches que suportam este recurso

■ Usar SRTP

10. O Asterisk suporta autenticação forte pelo cliente usando certificados digitais no SIP e TLS.

☐ Verdadeiro

■ Falso

Respostas do capítulo 14

1. Qual dos seguintes não é um método de interfaceamento com o Asterisk

   ☐ AMI
   ☐ AGI
   ☐ Asterisk –rx
   ☐ System()
   ■ External()

2. AMI, que quer dizer Asterisk Manager Interface permite que comandos possam ser passados ao Asterisk via porta TCP. Este recurso é habilitado por default.

   ☐ Correto
   ■ Incorreto

3. O AMI é muito seguro pois sua autenticação é feita usando MD5 Challenge/Response

   ☐ Verdadeiro
   ■ Falso

4. Para compensar pela falta de segurança e escalabilidade da Interface AMI podemos usar:

   ☐ O Ami não tem nenhum problema de segurança e escalabilidade
   ■ Astmanproxy

   ☐ Sysproxy

5. O FastAGI permite o uso de aplicações remotas via socket TCP, normalmente na porta 4573.

   ☐ Falso
   ■ Verdadeiro

6. O Deadagi é usado em canais ativos do tipo DAHDI, Sip mas não pode ser usado com IAX.

   ■ Falso

   ☐ Verdadeiro

7. Aplicações que usam o AGI só podem ser programadas usando PHP.

   ■ Falso

   ☐ Verdadeiro

8. O comando **agi show** mostra todas as aplicações disponíveis para uso em AGIs.

9 O comando **manager show commands** mostra todos os comandos disponíveis para uso com AMI.

10. Para debugar um AGI você deve usar o comando **agi debug**.

Respostas do capítulo 15

1. O Asterisk Real Time é um recurso que faz parte da distribuição do Asterisk?

☐ Verdadeiro
■ Falso

2 – Para compilar o Asterisk Real Time e usá-lo com Mysql é preciso baixar que bibliotecas?

■ Libmysqlclient12-dev

■ Mysql-server-4.1

☐ Perl
☐ Php

3 – A configuração dos endereços e portas de acesso ao banco de dados MySQL é feita no arquivo:

☐ extensions.conf
☐ sip.conf
■ res_mysql.conf

☐ extconfig.conf

4 - O arquivo extconfig.conf é onde configuramos que tabelas serão usadas pelo RealTime. Neste arquivo temos duas áreas distintas para configurar

☐ Arquivos de configuração estática
■ Configuração do Realtime

☐ Configuração das rotas de saída
■ Configuração das portas e endereços IP do banco de dados

5 – Na configuração estática, uma vez feita a carga dos objetos contidos na configuração eles são criados dinamicamente no Asterisk quando necessário.

☐ Verdadeiro
■ Falso

6 – Quando um canal SIP (ramal) é configurado Realtime, não é possível usar recursos como "qualify" ou "mwi – indicador de mensagem em espera" porque simplesmente o canal não existe até ser usado. Isto causa os seguintes problemas:

☐ Este telefone só poderá ligar, mas não vai receber ligações
■ Não é possível usar, NAT pois o qualify é usado para manter o NAT aberto.

■ Não é possível indicar ao telefone mensagens em espera no correio de voz.

☐ Não é possível usar o ramal, pois a configuração do SIP é sempre estática

7 – Se eu quiser usar a configuração realtime com ramais SIP, mas quiser ter suporte a NAT e MWI eu devo usar:

☐ O realtime não foi criado para uso com NAT

■ Você pode usar o comando rtcachefriends=yes no arquivo sip.conf

☐ Apenas MWI é possível

☐ Para usar NAT é preciso que a configuração seja estática.

8 – Você pode continuar usando os arquivos texto de configuração, mesmo após configurar o Asterisk Real Time.

■ Verdadeiro

☐ Falso

9 – O phpmyadmin é obrigatório no uso do Asterisk Real Time

☐ Verdadeiro

■ Falso

10 – O banco de dados tem de ser criado obrigatoriamente com todos os campos contidos no arquivo de configuração correspondente?

☐ Verdadeiro

■ Falso

Apêndice C

Índice Remissivo

Voz sobre IP, 170

X

XLITE, 78

Z

Zapata, 12
Zaptel, 140
Zoiper, 79

www.ingramcontent.com/pod-product-compliance
Lightning Source LLC
La Vergne TN
LVHW062301060326
832902LV00013B/1998